ROMAN EMPIRE

罗马帝国的崛起和衰亡之路

揭示罗马帝国崛起和衰落的真正原因，启发思考全球化时代的当今世界！

默哈文 ◎ 编著

中国华侨出版社
·北京·

图书在版编目（CIP）数据

罗马帝国的崛起和衰亡之路 / 默哈文编著. — 北京：
中国华侨出版社，2019.10
ISBN 978-7-5113-8011-1

Ⅰ．①罗… Ⅱ．①默… Ⅲ．①罗马帝国—历史 Ⅳ.
①K126

中国版本图书馆 CIP 数据核字（2019）第 189857 号

● 罗马帝国的崛起和衰亡之路

编　著／默哈文
责任编辑／王　委
责任校对／孙　丽
封面设计／环球设计
经　销／新华书店
开　本／670 毫米×960 毫米 1/16　印张 /18　字数 /225 千字
印　刷／香河利华文化发展有限公司
版　次／2020 年 3 月第 1 版　2020 年 3 月第 1 次印刷
书　号／ISBN 978-7-5113-8011-1
定　价／45.00 元

中国华侨出版社　北京市朝阳区西坝河东里 77 号楼底商 5 号　邮编：100028
法律顾问／陈鹰律师事务所　　　　　编辑部：（010）64443056　　64443979
发行部：（010）64443051　　　　　传　真：（010）64439708
网　址：www.oveaschin.com　　E-mail：oveaschin@sina.com

前言

在地中海世界，古罗马一度独领风骚，它既是西方首屈一指的霸主，又是物质文明和精神文明交相辉映、高度发达的巍巍帝国。然而它的崛起之路并不平坦，过程不乏曲折和幽暗。公元前8世纪的罗马，只是一个毫不起眼的弹丸之地，周边的任何一个城邦都比它光辉耀眼，然而通过兼并战争和开明的移民政策，这个乏人问津的小城邦，一点点发展壮大，经过王政时代和共和时代，渐渐演变成了一个威震世界的庞大帝国。

罗马帝国鼎盛一时，它统治着世界五分之一的人口，融汇了众多的民族，行省遍布亚欧非三大洲。在民主派的努力下，行省人民几乎获得了罗马公民权。可以毫不夸张地说，罗马是古代世界的民族大熔炉，那时的人们普遍都在做着罗马梦。那么罗马为什么那么令人向往呢？它有甘甜的水源、丰盛的食物、多姿多彩的都市生活、千姿百态气象万千的建筑、百家争鸣的学术艺术氛围，可以全方位地满足人们的各种需求。它的恢宏恣肆，它的绚烂奔放，它的奢丽堂皇，让人无法抗拒，连清心寡欲的人也会为之动心。

不过浮华的表象下，潜藏着许多令人不安的因素。罗马的辉煌和繁荣是建立在军事扩张和奴隶制经济基础上的，它的成长史伴随着奴役、杀戮和血雨腥风，伴随着野蛮的掠夺和罪恶的剥削。罗马人有多快乐多舒适，外族奴隶和底层的劳动人民就有多痛苦多绝望。然而在当时的人们看来，这些黑暗面并不影响罗马的荣光与伟大。罗马拥有训练有素的庞大军队和近乎完美的军事体系，武器装备一流，军事力量领先世界，可凭借强大的武力源源不断地获取奴隶、土地、财富，把目力所及之处的全部资源据为己有，以此保证帝国的繁荣千秋万代地绵延下去。

的确，在帝国初期，罗马汇集了大量的财富和劳动力，工商业发达、贸易繁荣、物质极大丰富，建立起了人类历史上前所未有的高度发达的城市文明。那是它的黄金时代，是屋大维·奥古斯都一手开创的盛世时代。可惜好景不长，随着屋大维的离世，他缔造的黄金时代也跟着结束了。经过金光闪闪的黄金时代之后，昏君暴君辈出，合法的统治者被推翻，各地拥兵自重，军阀轮番上台，局面混乱不堪，直到五贤帝时代，才渐渐由乱而治，逐渐走向复兴。可惜五贤帝开创的后黄金时代，不足百年，这个美好的时代结束后，帝国又发生了大纷乱，内忧外患不断，整整一个世纪，处在动荡不安的状态。

后期的统治者在政治、军事、经济方面进行过许多大刀阔斧的改革，但是治标不治本，依然无法挽回危局。统治者发现，局面乱到了无法收拾的地步，自己独臂难支，已经不能凭借一己之力控制如此庞大辽阔的疆域了，被迫推行分而治之的政策，结果使得不断走下坡路的罗马帝国陷入了永久性的分裂。

罗马帝国分裂成东罗马和西罗马之后元气大伤，更糟糕的是，东西罗马由于文化理念、意识形态的不同，长期各自为政，不能共同应对危机。统治阶层依旧自私、贪婪、腐朽，在国难当头、蛮族不断入侵的情形下，还在忙于内斗，甚至滥杀良将，集权专制和帝王政治的阴暗、丑陋淋漓尽致地体现了出来，帝国不可避免地走向了覆灭。最先灭亡的是西罗马，东罗马因为占据了得天独厚的地理位置，凭险据守，延续了千年的国祚，但最终也难逃覆灭的命运。

目 录

第一章

新城崛起——永恒之城的光辉与暗影

罗马不是一天建成的，它的建造耗尽了数辈人的心血，最初它只是一座位于台伯河畔的袖珍小城，历尽千年的建设和扩张，它才变成了我们印象中的样子。罗马是帝国的政治、经济、文化中心和交通枢纽，城区设施完备；道路四通八达，密集如蛛网，从不同的方向伸向亚欧非各行省，便捷而高效，超乎我们的想象。高层公寓建筑，配以供水到户的自来水系统，显得十分现代化。宏伟壮观的高架水渠，将山中清冽的甘泉远距离输送到人口密集的大都市，有效解决了人们的用水问题。这些文明成果和科技成果非常令人震撼，显示出"永恒之城"的光辉与荣耀，但罗马最具代表性的不是它们，而是能容纳上千人观看角斗比赛的圆形大斗兽场，这个被鲜血浇灌的场地揭示了奴隶制的罪恶，也预示了罗马必然要从兴盛走向衰亡的命运。

七丘之城和母狼哺婴的传说

众所周知，古罗马是一个横跨亚欧非三大洲的国家，全盛时期，东起两河流域的美索不达米亚，西到大洋彼岸的不列颠，北至浩瀚幽暗的黑海，南抵广袤无垠的非洲大沙漠，国土面积超过500万平方公里，统治着上亿人口，曾经独领风骚、繁荣一时，是古代西方世界最发达最强盛的国家。罗马最初屹立在西方大陆时，只是一个小国寡民的城邦，领土只有弹丸之地，它能发展成雄踞三大洲的超级大国，是数个世纪征伐扩张的结果。那么罗马最早的国家雏形是怎么形成的呢？袖珍型的罗马城又是由谁创建的呢？

关于罗马的建成，流传着这样一个动人的传说。相传，罗马城是由流亡异乡的特洛伊人修建的。当年希腊联军花费了十年时间攻打特洛伊城，久攻不下，于是想出了一条妙计，把全副武装的士兵藏匿于巨型木马的肚子里，然后派人游说特洛伊人将木马运回成城内。到了夜里，士兵打开机关，从木马内鱼贯而出，把熟睡的特洛伊人杀死在睡梦中。特洛伊城一夜之间沦陷，被入侵者烧成一片废墟。

大部分特洛伊人死在那场木马屠城的历史事件中，幸运的是，特洛伊王子埃涅阿斯躲过了一劫，侥幸活了下来，他带着少量的幸存者漂洋过海来到了意大利半岛，在台伯河附近的拉丁姆平原安顿下来。大家发现那里土地肥沃、林木茂盛、风光旖旎，不仅风景优美、气候宜人，而且非常富饶，于是就在当地定居下来，并建立了亚尔巴龙伽王国。埃涅阿斯王子是亚尔巴龙伽王国的第一任国王，他的子孙后代世代统治着王国。后来亚尔巴龙伽王国发生了政变。国王的弟弟阿穆留斯冒天下之不韪，公然篡夺了王位，把老迈的哥哥轰下了台。

阿穆留斯担心哥哥的后代有朝一日会从自己的手里夺回国王的宝座，于是决定杀死至子，永绝后患。有一天他带着两个侄子外出打猎，伺机杀死了他们。王子死了，但公主还能为皇家延续血脉。为了规避这种风险，阿穆留斯强迫侄女西尔维亚离开宫廷，到神庙里担任女祭司。女祭司是不能结婚生子的，如此一来，就没有人会威胁到他的王位了。阿穆留斯设想得很好，以为杀死了侄子，让侄女永远做童贞女，自己便可以高枕无忧了。可是有些事情并不是人为能掌控的，比如爱情。西尔维亚公主正当妙龄，正值天真烂漫的年纪，容易被爱情冲昏头脑，女祭司的身份不足以困住她的肉体和灵魂。不久，西尔维亚公主恋爱了，并生下了一对双胞胎儿子。至于父亲是谁，人们全然不知。

女祭司未婚生子，是一种离经叛道的行为。无论如何，西尔维亚公主都不可能承认自己的罪行，更不可能透露孩子父亲的姓名。由于公主贵为金枝玉叶，人们不愿意把她和偷情之类的宫闱秽闻联系起来，所以一直对这个话题讳莫如深。阿穆留斯不明白西尔维亚公主突然怀孕的原因，竟天真地以为是神灵不忍看到国王断子绝孙，帮助公主怀下了子嗣。恰好有传闻说公主受孕是神的安排，孩子的父亲是战神玛尔斯。阿穆留斯听说后，十分害怕，连忙下令处死了西尔维亚公主，然后吩咐女奴把双胞胎兄弟扔到台伯河里溺死。

可能是因为连日下雨的原因，台伯河水位暴涨，滔滔的洪水卷着雪浪不断涌向岸边，发出震耳欲聋的轰鸣声。浪花拍在崖石上飞珠散玉，溅起高高的水花。女奴被眼前惊涛拍岸的景色吓呆了，不敢往深水里走，把装有孩子的篮子放到浅水边，便转身离开了。当时她想，过一会儿，河水的水位再上涨一些，大水就会淹没篮子，将里面的双胞胎活活淹死。即使淹不死，河水把篮子冲走，孩子也会饿死在一片汪洋之中。可是河水既没有淹没篮子，也没有把篮子冲走，奇迹发生了，篮子被冲到了岸边，两个孩子安然无恙。

双胞胎的啼哭声，惊动了一头到海边饮水的母狼。母狼走近了篮子，发现了两团粉嫩柔软的活物。它不仅没有伤害这对可爱的小生命，还用舌头舔了舔他们的小脸，然后用自己的乳汁喂饱了他们。母狼乳婴的一幕，恰好被一个牧羊人看到。牧羊人非常讶异，觉得这两个嗷嗷待哺的孩子一定是受神灵保佑的，于是把他们带回家中抚养，并给他们取了名字，哥哥叫罗慕路斯，弟弟叫勒莫。后来，牧羊人才知道这对双胞胎是老国王的外孙。为了让孩子逃脱阿穆留斯的迫害，牧羊人始终守口如瓶地保守着这个秘密，从未对任何人提起过孩子的身世。

在牧羊人的爱护和照料下，孪生兄弟得以健康成长。他们很快长成了体格健壮、身手矫健的男子汉。牧羊人见他们已经长大成人了，就把隐藏多年的秘密告诉了他们。兄弟俩得知自己的身世后，非常悲愤，决定返回王庭，手刃阿穆留斯，为可怜的母亲和两个无辜受害的舅舅报仇。几经周折，两兄弟终于大仇得报，杀死了恶贯满盈的篡位者阿穆留斯，把退隐多年的外公请回了王庭。尔虞我诈的宫廷斗争和残酷的杀戮，让罗慕路斯和勒莫心力交瘁，他们决定离开亚尔巴龙伽这个伤心地，到别处开始新生活。于是就在他们被牧羊人救起的地方修建了一座新城。

在给新城命名时，两兄弟发生了激烈的争执。这座城市是他们同心协力建造的，两人功劳相当，那么究竟该用谁的名字命名呢？谁才有资格成为这座城邦的合法统治者呢？为了争夺统治权，兄弟俩撕破了脸，越吵越凶，各不相让，最后罗慕路斯失手打死了弟弟勒莫。勒莫死后，罗慕路斯把他安葬在了新城对面的阿芬相山上。勒莫尸骨未寒，罗慕路斯便迫不及待地为新城的落成举办了奠基仪式。那天，全城的市民都参加了这个别开生面的仪式：众目睽睽之下，一对公牛和母牛拉着犁，在罗慕路斯的驱赶下，绕着新城所在的帕拉丁山冈缓步前进，它们走过的地方，留下了一道深深的沟壑。不知走了多久，罗慕路斯忽然将犁头高高抬起，按照犁沟的轮廓画地为城。不久，罗慕路斯以自己的名字给这座新城命名，罗马由此得名。

有人认为罗马建城的传说，有一定的真实性，至少它部分地反映了某些史实，比如考古学研究发现，特洛伊城是真实存在的，木马屠城事件并非凭空杜撰。在古希腊时期，确实有很多人从希腊半岛或希腊早期的殖民地，移民到意大利生活，移民大军中很有可能包括国破家亡的特洛伊人。那么罗马城是不是特洛伊人的后裔建造的呢？它的名字真的是罗慕路斯音译过来的吗？罗马是否是罗慕路斯的音译，已不可考，史学界众说纷纭，至今没有对这个问题盖棺定论，但关于罗马城建造者的身份，史学家已经没有争论了，他们就是黑发黑眼的拉丁人。

大约在10世纪初，拉丁人在台伯河畔建立了村落。到了公元前8世纪，附近几个山丘部落的村民，纷纷融入拉丁人的大家庭之中，村落规模发展壮大，渐渐演变成了城市。后来拉丁人修建了高大坚固的城墙和开阔的广场，使整个城市的面貌焕然一新。由于城市最初是建在七个小山丘上的，故而被誉为"七丘之城"。这就是罗马建城的整个过程。听起来平淡无奇，远没有母狼乳婴的故事和孪生兄弟建城的传说那么动人心魄。所以人们在情感上仍愿意相信这个充满人文色彩且已流传千载的美丽传说。

古代的罗马人相信自己的祖先是被狼喂养过的，以奔狼的后代自诩，时至今日，罗马城的城徽仍然是一头母狼。狼对于罗马人来说，有着非同一般的意义。罗马精神和狼性精神一脉相承，存在千丝万缕的联系。罗马人冷静、理性、高度自律，善于团队作战，喜欢挑战，富有冒险精神，符合狼文化的传统定义。罗马人正是凭借着狼性精神，不断开疆拓土，把小小的城池发展成了欧洲世界的中心，缔造了有史以来最庞大的帝国，用血与火书写了一首又一首辉煌壮丽的史诗。

设计抢夺萨宾妇女

罗马城初建时，人口少得可怜，那么它是怎么变成人声鼎沸的国际化大都市的呢？关于罗马人口扩张，后世流传着另外一个传说。相传，罗马之父罗慕路斯为了让城邦的人丁兴旺起来，到处招募移民，收容了形形色色的人。新城人口得以成倍增长。罗马收获了人口红利，许多负面问题也跟着接踵而至。由于这种来者不拒的政策，附近城邦的流氓、盗贼、逃犯、奴隶全都涌入了罗马，单身汉的数量激增。新移民中掺杂了太多的不法之徒，败坏了新城的社会风气，罗马男子开始崇尚暴力，热衷于耍狠斗勇，临近的部落都不愿把女儿嫁过来。罗马城的"剩男"问题变得越来越严重。

罗慕路斯担心城邦中的男子不能顺利娶妻生子，无法安家立业，搅乱社会治安，影响人口增长，整天忧心忡忡。在元老院的倡议下，他主动向周围的城邦抛出橄榄枝，要求建立睦邻友好的关系，并获得通婚的权力。但这个要求遭到了断然拒绝。有些国家不愿把本国的良家妇女嫁给罗马的乌合之众。他们嘲笑罗马男人粗野，不能为女人提供安全庇护所，说了很多贬低侮辱罗马的不敬之词。有些国家则用警惕的目光审视着他们中间突然崛起的新生力量，处处提防着罗马，不肯为之注入新鲜血液。罗慕路斯非常生气，差点对邻国沂诸武力。他无法忍受罗马青年被剥夺平等通婚的权利，因为在他看来，每个男人都享有恋爱、婚配和繁衍后代的权利，邻居们将罗马人拒之门外，不仅是违反道德的，而且非常不公平。

邻国的态度太强硬了，罗慕路斯意识到通过外交手段，根本达不成目的，决定改变策略。一连数日，他都在苦思良策。有一天，他忽然灵光一闪，想起了一个省事的法子——到邻国哄抢妇女。罗马人的邻居萨宾人口众多，满大街都是花枝招展的未婚女子。如果把她们掳来，一下子就能解决罗马单身汉众多的问题。不过在光天化日之下，明火执仗地抢劫邻国的妇女，传出去会被人笑话。再者，在大庭广众的环境中作案，风险太大。萨宾男人勇武好战，个个身强体健，要从他们眼皮底下把女人抢走，谈何容易呢？罗慕路斯思量再三，觉得此事只能智取，不可蛮干，于是精心策划了一场骗局。

罗慕路斯巧妙地掩饰了自己的不良意图，以庆祝康苏斯节为由，把邻居们都请到了罗马。康苏斯是罗马的收获之神，所以康苏斯节又被称为谷神节。谷神节虽然是庆祝五谷丰登的节日，但传统的节目为观看骑马比赛，非常刺激和引人入胜。近邻凯尼涅斯人、克鲁斯图弥尼人、安滕纳特斯人都被吸引过来了。萨宾人接到邀请后，也毫不犹豫地亲临节日活动现场。不少人带上了妻子和儿女，全家人一块观看比赛。

罗慕路斯精心布置了会场，在座席安排上动了歪脑筋，他把萨宾老人和男人安排在了最下面的座位上，中间层是罗马小伙子，上层是亭亭玉立、楚楚可人的萨宾少女。这样，罗马单身小伙子只要拾级而上，就能抱得美人归，萨宾男子来不及阻止。天真淳朴的萨宾人没有识破罗马人的诡计，误以为这样做是为了让少女们在观看比赛时拥有最佳视野。

万众瞩目的比赛开始了，宾客们欢呼雀跃，开心得不得了。大家都把注意力投入到紧张的赛事和壮观的场面上，谁也没有发现异常。赛会进入高潮时，人们全神贯注地盯着骑手，不时发出掌声和喝彩声。罗慕路斯趁观众兴致勃勃点评赛事时，不动声色地发出暗号。等待多时的罗马青年忽然离开座席，蜂拥着跑到上层，抢走了所有的萨宾少女。由于事发突然，少女们还没反应过来，就被掳走了，连挣扎反抗的机会都没有。总之，座席上的少女，犹如战利品一样，被洗劫一空，无论美丑，一个不剩。

大部分女孩被运到了平民家中，就地成婚。其中有个少女天生丽质，长得非常美貌，被一个叫塔拉修斯的贵族看上了。塔拉修斯点名要和她成婚。一大群人簇拥着这位美丽的少女往回走时，遇到了另一伙人，许多男人垂涎于少女的美色，企图阻拦他们把少女送往别处。他们反反复复重复一句话："这是带给塔拉修斯的。"有趣的是，如此生硬简短的一句话，居然成了罗马结婚仪式上必不可少的一部分，被赋予了浪漫温情的色彩。

抢亲事件发生时，观众们惊恐地看着眼前的一幕，茫然不知所措，大家败了兴致，纷纷悻悻而去。萨宾少女的父母们满怀着沉痛的心情离开了，临走前，他们对罗马人破口大骂，痛斥他们亵渎神明，指责对方在神祇面前行下可耻之事，并咬牙切齿地说，卑鄙的罗马人，将来一定会受到神明的惩罚。萨宾男人什么也没有说，他们担心自己的妻子被抢，连忙护送着女眷逃回了部落。

被劫持的少女羞愤交加，心里十分害怕，吓得花容失色。罗慕路斯亲自过来安抚她们，告诉她们这件事不全是罗马人的错，要不是她们的父母傲慢无礼，拒绝把女儿嫁给罗马单身男子，坚决不肯跟邻居通婚，抢亲这样恶劣的事情是绝对不会发生的。少女们一声不吭。罗慕路斯一直自说自话，絮絮叨叨地解释完了抢亲的原因之后，他话锋一转，开始引导少女们畅想未来。他信誓旦旦地保证说，每一个嫁入罗马的女子都将获得公民权，过上梦想中的完美生活，妇女们不仅能以自由民的身份相夫教子，还可以同罗马人共同分享财产和一切宝贵的东西。他希望萨宾少女放下芥蒂之心，把脉脉柔情和绵绵爱意给予那些渴望得到爱情和婚姻的罗马男人。

萨宾少女在罗慕路斯的劝说下，接受了自己的命运。历经惊吓和创伤，女人们很珍惜这来之不易的安稳生活。怨恨屈辱的情绪随之烟消云散。她们很快扮演起了女主人的角色。经过角色转换，她们发现丈夫并不像想象中的那样野蛮和可怖，那粗粝的外表下，同样隐藏着柔情蜜意。罗马青年眼看新娘的态度发生了改变，趁机好好表现，尽其所能关怀、安慰妻子，以减轻她们的思乡之苦和念亲之痛。

萨宾少女认可了这种强制性的婚姻。萨宾族人却不认可。他们把那次事件视为奇耻大辱，强烈要求罗马人把劫走的姑娘一个不落地还回来。罗慕路斯不假思索地拒绝了。他振振有词地说，这些姑娘和罗马青年举办了婚礼，如今已成为人妻，无论如何，罗马城邦是不会还人的。萨宾人恼羞成怒，愤然向罗马下达了战书。凯尼涅斯人、克鲁斯图弥尼人、安滕纳特斯人全都倒向了萨宾人的阵营，罗马人凭借强大的武力，将其一一击败。随之，萨宾军队和罗马军团在帕拉提努姆山谷地展开了激战。双方杀得难解难分，时而罗马人占上风，时而萨宾人占上风，两军互有伤亡，一时难以决出高下。

战斗进入僵持状态时，出现了惊人的一幕：已经嫁作人妇的萨宾女子放下了矜持和羞涩，毅然走出家门，气喘吁吁地跑到了两军对垒的战场上。也许是跑得太急，这些美丽的女人来不及梳洗，个个蓬头乱发，衣服也扯破了，样子邋里邋遢，然而凌乱中却不失柔美，她们大喊着冲向刀光剑影的两军中间，用自己柔弱的身体隔开浴血拼杀的敌对双方，一会儿声泪俱下地呼唤父兄同胞放下仇恨，一会儿扯着嗓子朝罗马人喊话，请求他们放下武器，不要伤害自己的亲人和家乡父老。妇女们流着眼泪异口同声地喊道："你们要是对这样的联姻不满意，心中怒火难消，那就朝我们发泄吧。我们宁愿死，也不愿亲眼看到自己的丈夫和父亲、兄弟互相残杀，失去任何一方，我们都将痛不欲生，与其成为悲伤的寡妇或失怙的孤儿，不如死在这里。"

女人们撕心裂肺的哭诉和饱含深情的演说，深深打动了战斗的双方。人们纷纷放下枪矢刀矛，达成了谅解。双方签订了和平条约，两个城邦合二为一，萨宾人集体搬迁，和罗马人住到了一起。统一联邦由罗马国王罗慕路斯和萨宾塔提乌斯共同统治。两个部族化干戈为玉帛，成了亲密的伙伴。

关于抢亲传说的真伪，史学界至今没有统一定论，史学家大致有三种看法：第一种观点认为这个故事纯属无稽之谈，完全是人们凭空杜撰出来的；第二种观点认为这个传说虽然不靠谱，但它以戏说的方式反映了罗马公社和萨宾公社联合的情况，有一定的史学价值；第三种观点认为这个传说是真实的，因为考古学家发现，距离罗马城 40 公里的地方，确实存在一个古城，经证实萨宾人在公元前 8 世纪时居住在那里，时间恰好与罗马建城的年代吻合。

罗马公社和萨宾公社是正常通婚，还是因抢亲事件走向结合的，我们已经不得而知了。唯一可以确定的是，罗马吸纳了许多新成员，不再是拉丁人自己的城市了。罗马是一座极具开放性和包容性的城市，它的早期居民是拉丁人，随着不同人种的涌入，渐渐演变成了一个色彩多样的民族大熔炉，因此变得活力四射、充满朝气和生机。它能把不同肤色、不同种族、不同信仰的人凝聚在一起，说明自身有着无可匹敌的吸引力。更可贵的是，罗马的统治者能本着一视同仁的态度，给予外来移民平等的公民权，这是许多现代文明国家都做不到的。由此可见，罗马能由一座小小的七丘之城发展成庞大的帝国，是有一定道理的。

奇迹发明：古罗马的"自来水"

优惠的移民政策，促进了罗马人口的井喷式增长，城区的面积增加了好几倍，有限的地下水已经不能满足城市人口的日常用水需求了。罗马面临着用水紧张的严峻问题。为了解决水荒，聪明的罗马人发明了世界上第一套自来水系统，有效改善了城市居民的生活质量和生活品质。

古人饮用自来水，享受供水到户的便利和惬意，简直就像天方夜谭一样不可思议，但这是千真万确的事实。当其他地区的人们费力地到河边井边挑水吃的时候，罗马人足不出户便能随心所欲地饮用和使用清洁优质的水源，这是同时期的古人想都不敢想的。那么罗马城的饮用水取自哪里呢？罗马人是怎么把它引到城区的呢？

众所周知，罗马城就在台伯河旁边，取水很方便，早期的自来水是不是来自台伯河呢？不是。台伯河的水质不够优良，挑剔的罗马人为了喝到口感和品质上乘的水，选择了舍近求远，他们架起了高架引水渠，铺设了蛛网般纵横交错的庞大输水系统，把远处的高山流水源源不断地引入人口密集的大都市。古罗马人很早就掌握了重力原理和虹吸效应原理，运用超越时代的科技手段，巧妙地完成了淡水的搬运工作，给千家万户提供了干净健康的水源，不仅成功解决了吃水的问题，还全面改变了城市民居的生活方式和生活状态。这本身就是一项壮举。

罗马人不惜成本隔山饮水，完成远距离运输，不是为了满足少数权贵的个人需求，也不是为了打造面子工程，而是为了造福全体公民，他们耗尽心血修建的高架引水工程确实是一项功在当代、利在千秋的伟大工程。那么这套水利工程是怎么运作的呢？首先，在崇山峻岭中依据地势修建一条蜿蜒起伏的供水管道，把富含矿物质的山泉水引到市内的蓄水池，然后再通过一套四通八达的输水网络，把水源送到千家万户以及公共喷泉和大浴场。

当时罗马市民住在整洁明亮的高层公寓内，居室卫生条件良好，城市也很干净，不必担心水源受到污染。由于房屋等建筑物都是用火山灰制成的混凝土和大理石建造的，具备良好的防震功能，若不是发生特大地震，不会出现墙倒屋塌的情况。城市没有残砖碎石，没有建筑垃圾，能充分保证水源纯净无污染。

罗马人认为饮用水不宜长久接受阳光照射，所以铺设了封闭的管道，没有露天引水。他们这样做是有科学根据的，水长时间暴露在阳光的照射下，导致里面的微生物增多，饮用后将损害人体健康。当然，远距离引水，除了避光外，还要考虑许多因素，比如水源的过滤问题。早期的罗马人已经掌握了简单的过滤水的技术，使水中的泥沙慢慢沉淀下来，让水质变得更清澈。更令人拍案叫绝的是，罗马人不仅远距离引入了甘甜宜人的山泉水，还把温泉水引到了市内，使之服务于家庭供暖和浴场。

罗马浴池分为三种，分别是热水浴池、温水浴池和凉水浴池。浴池内还修建了桑拿室。罗马人利用温泉加热，制作了先进的供热系统，用热水给地板加温，使室内温暖如春，即便躺在地上也会感觉非常温暖。这种绝妙的设计与现代的地暖非常相似。有了地暖和热水浴池，沐浴就变成了一种奢侈的享受，即使在大雪飘零的冬天，也不会影响泡澡的心情。这项市政工程针对全体公民开放，无论是鲜衣怒马的贵族，还是穿戴朴素的平民，抑或是衣衫褴褛的乞丐，都可以光顾浴场。白色大理石砌成的豪华大浴场，可供上千人共同沐浴。内部有惟妙惟肖、逼真传神的雕像和精美绝伦的壁画作装饰，还配备了健身房和花园，装修十分豪华，看起来一派金碧辉煌，令人目不暇接。

罗马贵族经常和平民百姓一块洗澡。浴场云集了不同阶层不同身份的人，就像一个热闹的俱乐部一样。年轻的贵族在愉快地享受泡澡乐趣时，刻意展示健康的肤色和青春健美的肌肉。广大劳动人民和贫困潦倒的乞丐没有条件保养自己，有的肥胖臃肿，有的瘦骨嶙峋，两者形成鲜明对比，互相坦诚相见时，彼此的体貌特征一览无余，这或多或少让后者感到很不舒服。然而在大多数时候，罗马穷人的状况都不算糟糕。罗马政府很重视市民的福利，实施了许多救济贫苦的惠民措施：比如给穷人发放粮食补贴和其他补贴；稳定面包、肉类等食品的物价，确保低收入群体三餐无忧；养育孤苦无依的孤儿，使之免费接受教育。

当然，免费到浴场洗浴也算是一项福利措施。由于温泉水有保健和防治疾病的作用，洗温泉浴便成了罗马穷人保持健康的最重要的手段。传说罗马最大的温泉浴场是布拉德王子修建的。布拉德原本是一个麻风病患者，因身染恶疾被打发到了乡下，受尽了冷遇和歧视。有一天，他在郊外的池塘边发现了一口冒着热气的温泉，当即脱掉衣服跳进去沐浴，不想困扰多年的麻风病竟不治而愈。布拉德喜出望外，继位后把温泉水抽到了石砌的蓄水池里，建起了一座奢华的大浴场。此后罗马城区内，涌现出了许多温泉浴场，大小浴池均面向所有市民开放。

罗马市内的家庭用水、喷泉、浴场用水，皆来自自然界的活水，这流淌不息的活水是用供水管道输送过来的。管道的材质分为三种，分别是石管、陶管和铅管。陶管造价低廉，石管干净卫生，铅管能增加水的甜度，每种管道都有各自的优点。罗马人对铅情有独钟，餐具、厨具、酒器都是用铅制成的，化妆品和药品里也添加了铅粉。据说罗马人在喝果酒时，会往里面放入些许铅粉，为的是让果酒品尝起来更加甜香爽口。可见，罗马人经常习惯性地摄入铅元素，用铅来铺设供水管道，也就不足以为奇了。

有人认为，罗马帝国毁于他们引以为傲的自来水系统，因为他们的供水管道是用铅做的。罗马人为了赋予饮用水清冽甘甜的口感，愚蠢地使用了有毒的供水管道，结果付出了难以想象的巨大代价。含铅自来水被他们毫无顾忌地大口大口地喝下，毒素在身体里经年累月地发酵，摧垮了他们的钢铁般的身躯，坏掉了他们的健康，使之由所向无敌的战士变成了羸弱不堪的地中海病夫，导致国家亡于蛮族之手。

罗马帝国真的亡于铅制的供水管道吗？答案是否定的，其实罗马人早就对铅的毒性有一定了解。他们之所以敢用铅来铺设供水管道，是因为铅管对水源的污染并不严重，不足以危害身体健康。由于水管中的水昼夜不停地流动，而且流速很快，无形中降低了铅溶解的风险。铅管使用时间长了，管壁上会附着一层厚厚的碳酸钙，这层碳酸钙物质好比一道保护层和隔绝层，将铅毒和水源完美地隔开，能有效避免重金属渗透水中。因此，铅管对罗马人的身体健康影响是非常有限的。更何况，罗马人并没有用铅管完全代替石管和陶管，铅管在供水管道中所占的比重也并不高，把罗马帝国的覆灭归咎于铅制的高架引水工程是不合理的。

罗马人的可贵之处在于，他们掌握了领先世界的科学技术，善于运用聪明才智，缔造更美好的生活，而且热衷于分享，愿意普及先进技术，使之服务于每一个公民。这正是罗马国运蒸蒸日上、国家富有强大凝聚力的秘密。对比同一时期的国家和后世历史时期的封建王国、集权制帝国，不仅科技落后、蒙昧无知，而且非常腐败黑暗，所有的优良资源和物质文明成果全被少数权贵霸占，国库资金大都用于个人享受，搜刮来的民脂民膏全被帝王将相挥霍一空，政府哪有余钱修建市政工程？又有谁愿意把钱用在广大平民和弱势群体身上呢？

强国"动脉"：四通八达的高速公路

一个国家有了繁盛的人口、完善的基础设施，未必能换来繁荣的经济和举足轻重的国际地位。罗马帝国能引领西方世界，必有过人之处。那么它的强国秘密究竟是什么？提起罗马，我们最为耳熟能详的一句谚语，莫过于"条条大路通罗马"。它的意思是罗马的交通网络四通八达，不管你身在何方，只要沿着公路坚持走下去，就能到达首都罗马。乍一听上去，觉得似乎有些夸张，其实这句谚语符合实情，古罗马时期，交通发达的程度超乎我们的想象，不要说在罗马城附近，即便在遥远的行省，你也能找到通向帝国首都的高速公路。是的，你没有听错，在遥远的古代，罗马人已经开始着手全面铺设高速公路了。

公路的畅通和普及，对一个国家的发展，意义是不言而喻的。快捷发达的公路系统，大大缩短了城市与城市之间的距离，加速了人员、资金、信息、商品的流动，打破了空间上的阻隔和障碍，使不同地区的资源得到最好的优化配置。高速公路不仅促进了国民经济的发展，带活了区域经济，而且正以不可思议的方式改变着人们的时空概念和生活理念，最重要的是，它推动了社会的进步，颠覆了一个时代，革新了地区和国家的风貌。

古罗马时期的文明扩张，与高速公路的配置和建设是相辅相成的。在古代，许多国家都不重视公路建设。它们的文明是建立在屈指可数的奢华建筑基础上的，故而局限于一隅之地，很难辐射或影响到更广大的地区。譬如古埃及，倾全国之人力、物力、财力，为法老修建举世瞩目的豪华陵墓——金字塔；古印度会集南亚次大陆所有的能工巧匠，采用最名贵的大理石和多如繁星的宝石，为国王的爱姬修筑美轮美奂的泰姬陵。这种专为统治阶层服务的国家，给后世留下了少量的文化遗产，却苦了当时无数代人，很难想象，当时的古人是怎么生活的。走在大街上，他们找不到像样的公路。少量平整干净的路面，都是官道。普通的道路，晴天尘土飞扬，脏乱不堪；雨天泥泞湿滑，几乎不能正常通行。这样的交通系统，怎么可能实现人、财、物的优化配置呢？

罗马帝国的高速公路网以首都罗马为中心，向四面八方辐射，北至万里之外的英伦三岛，南抵荒远的北非，几乎囊括了整个欧洲，并覆盖了亚欧大陆的一部分，长度超过29万公里，足以绕赤道7圈。令人啧啧称奇的是，古罗马在意大利、埃及、叙利亚铺设的道路，至今仍能正常使用，许多国家因此受益匪浅。

古罗马不缺高大宏伟的地标性建筑，它缔造的文明与任何一个文明古国相比都不逊色。而它铺设的高速公路网，要遥遥领先于其他国家。早在公元前500年，罗马人便已经着手修筑公路了。随着帝国版图的不断扩大，古罗马大道开始向亚欧非三大洲不同的方向延伸，几乎触及了每一个可触及的角落。如果从空中俯瞰，首都罗马很象一颗心脏，伸向四周的路网，酷似人体密集的血管。把罗马的交通系统比作人体的供血系统，是因为两者同样高效畅达。当年罗马正是凭借着这套畅通无阻的路网，游刃有余地向各地输送兵力、资金、商品和宝贵的情报信息，促成了商业的繁荣和军事的强大。

古罗马呕心沥血地修建高速公路，最初是为了方便军事征服，故而对道路的设计要求极为严苛。工程师必须携带着日晷、量角仪等工具进行实地勘测和精确测量之后，才能拟定路线，设计施工方案。古罗马人的设计理念，即使以今人的眼光看也不落伍。一般而言，古罗马大道包括两种类型，即双向两车道设计和四车道设计。车道的外侧设有宽阔的人行道，以保证人车分流。修路时，工匠要向下深挖 1～1.5 米，才能开始施工。通常情况下，硬化地基为三层，最上层的路面是用整齐切割的大石块和少量碎石铺砌的，中间部分略微凸起，两侧微微形成坡度，这样雨水将顺着斜坡迅速流向两旁，主体道路就不会被积水浸泡和腐蚀了。道路两旁设有排水沟，便于排泄雨水和洪水。

罗马大道结实耐用，历经千年岁月洗礼，仍然可以维持运作，秘密就在路基上。最底层铺设了 30 厘米厚的沙砾。沙砾的颗粒间隙大，便于雨水下渗，排涝功能良好。第二层是用卵石、碎石、混凝土按照一定的比例夯实铺筑的，质地十分坚硬，且有一定的防水功能；第三层采用水泥、石灰、沙子制成的高级混凝土夯实碾压而成，非常坚固，能承受巨大的压力。

建设公路的初衷，虽然是便于军队行军和官员传递信息，但许多平民也因此受益。四通八达的路网不仅把各个重要的军事基地连在一起，而且连通了各区的市镇，为平民百姓的通信和贸易提供了便利。罗马帝国给公民提供的不是勉强可通行的三流道路，而是无积水无扬尘整洁坚固的优质路面。罗马人在设计道路时，非常注意细节。由于古代的车辆大都硕大笨重，轮子都是木头做的，行驶起来缓慢吃力，要是装载了许多货物或是拉的人太多，拐弯时往往比较费劲，为此罗马工程师专门在道路的拐弯处凿刻了与木制车轮相匹配的车辙，以方便车辆通行。

　　古罗马的道路工程之所以质量有保障，是因为他们建立了完善的问责制度。哪位官员负责修建的道路，就用他的名字给路命名。这样，如果道路不合格，可以直接追责。倘若官员们不想背上玩忽职守的罪名，就必须老老实实、认认真真地把路修好。主持修路，可以让失职的官员身败名裂，也可以让恪尽职守的官员名垂青史、流芳百世。罗马有一条叫作阿庇安的大道，路面是用上好的石灰石和硬石铺就的，石头的边缘切割得整整齐齐，缝隙用混凝土填充，看起来天衣无缝，仿佛石块和石块不是人为地连接的，而是自然长在一起的，如同紧挨的蘑菇一样。这条坚固的大道，经过长年累月的人踩车碾马踏，历尽风霜雨雪的侵袭，却丝毫不见损坏。这是多么了不起的奇迹！主持修建它的官员阿庇安因此而被世人铭记。有人曾把罗马大道的地基比作埋在地下的墙，说它历尽 100 年仍完好如初，不需要经过任何维修，算得上对罗马公路的最高赞誉了。

　　罗马人的修路技艺是不断进步的，最早出现在老城区的道路十分狭窄逼仄，路面凹凸不平，车子在上面行驶颠颠簸簸，发出吱吱呀呀的噪声，常吵得市民夜里难以入眠。白天街上人群络绎不绝、摩肩接踵，挤得透不过气来。人们置身于狭小的空间里，经常发生碰撞。有的行人在别人的头上高举着酒桶，一不小心就会洒得别人满身都是，还有可能失手砸破别人的脑袋。罗马人每次出行，神经都高度紧张，总感觉有无数身体朝自己扑来，无数双大脚从四面八方踏过来，仿佛自己随身都会被人海淹没，或者被行走大军踩在脚底，任一双双流动的鞋子疯狂践踏。

为了改善市民的生活，罗马人动了不少脑筋规划城市道路。他们一致认为应该在市区里划出建筑用地，然后按照人们的出行需要，规划大街小巷，还要考虑风向的因素，避免让冬天的寒气、夏季的暑气和阴雨天的湿气侵袭人的健康，道路和建筑的结合，最好能挡住或疏导风向。道路规划好以后，罗马人开始着手筑路。他们根据人口密集的程度，来设置道路的规模，同时注意因地制宜。在长年多雨或日照较为强烈的地区，人行道上设置顶棚，以方便行人遮风避雨或躲避烈日的暴晒。从这些人性化的细节设计上，可以看出罗马人的城市建设理念是何其超前。

帝国最大的隐患——奴隶制

罗马帝国的繁荣，与奴隶的辛勤劳动是分不开的。奴隶在罗马社会中承担着各种各样的工作，扮演着非常重要的角色。可以毫不夸张地说，如果没有广大奴隶的血汗付出，罗马帝国根本就不能成为当时的世界头号强国。罗马中上层社会的公民的生活大致可分为两部分：一是奢侈享乐，沉湎于美酒美食和各种精彩纷呈的娱乐节目；二是对外征战，用强大的武力征服更多的异族和更辽阔的疆土。那么由谁来负责维持社会运转、创造物质财富呢？答案是，贫苦的劳动人民和广大奴隶。假如没有了奴隶，罗马的生产力将大大下降，许多行业都面临着瘫痪的风险。

奴隶长年从事繁重的劳动，有的扮演着农民的角色，在田地里播种、耕种、收割，为市区生产粮食、瓜果和蔬菜，经常头顶着烈日挥舞着农具劳作，十分辛苦；有的充当矿工，从早到晚开采搬运石头，拿着工具叮叮当当地在坚硬的石块上凿刻，全年不得休息。到了骄阳似火的盛夏，既要忍受难挨的苦热，又要承受超负荷的体力劳动，有的奴隶身体透支，会虚弱地晕倒，或者活活累死。即使最强壮的人，也有感到绝望的时候，毕竟每天汗流浃背地干活，没有一文钱的收入，直至干到死才能彻底解脱，是一件非常悲哀的事。哪个奴隶被分到采石场工作，就等于被判了无期徒刑或死刑。

相比于农民、矿工，充当牧民的奴隶要略微幸运一些，他们每天和牛、马、羊打交道，可以从那些有灵性的动物身上获取些许慰藉和温情。奴隶当中，日子过得最好的当属家奴。家奴住在奴隶主家里，吃穿用度都比较讲究，使用的日用品比罗马穷人档次还高。他们的工作相对比较轻松，要么从事家政服务，扮演佣人的角色，要么从事教育工作，扮演家庭教师的角色。家奴往往文化水平很高，有的博览群书，比奴隶主还有见识。少量身材优美、肌肉发达的奴隶被培养成了角斗士，部分被编入了卫队，成为奴隶军团的成员。

古罗马时期，男性奴隶既是会呼吸的"货物"，又是会说话的"工具"，先运到奴隶市场买卖，再发配到不同的工作地点奴役。女性奴隶娇柔羸弱，干不了重活，价格却比男奴隶高。因为她们可以充当女佣，为主人提供贴心的管家式服务，工作内容无外乎洗衣做饭、打扫房间、烘烤面包，等等。

总之，大多数奴隶的生存状态是很糟糕的，可是他们的数目偏偏又非常庞大，这就意味着千千万万有血有肉的人，过着牛马不如的生活，那么这些形形色色的奴隶究竟是怎么来的呢？奴隶的主体是战俘，来自被罗马征服的地区。部分奴隶是由自由人转化过来的，他们由于财政破产、资不抵债，不得不卖身为奴。奴隶在正式进入罗马都城之前，是不具社会身份的，他们像牲口一样被拉到奴隶市场买卖。天色还没有放亮，奴隶市场上的交易就开张了。一群群衣衫褴褛的奴隶，戴着标志性的小白帽，腿上抹着白粉，目光空洞地站在集市上，等待着买家挑选购买。每个人的脖子上都悬挂着一块写有年龄、技能等基本信息的木牌。奴隶贩子像推销货物一样推销手里这些待价而沽的奴隶，说得唾沫横飞、天花乱坠。买家一会儿碰碰奴隶的胳膊，一会儿拍拍肌肉，一会儿看牙口，尽量鸡蛋里挑骨头，以便压价。双方吵吵嚷嚷，经过唇枪舌剑似的讨价还价，方能达成交易。

紧接着，奴隶主会牵着刚买来的奴隶到铁匠铺配置项圈和铁镣。铁匠铺里炉火熊熊，断断续续地传出打铁的声音。敦实健硕的铁匠挥舞着沉重的大锤，卖力地工作着，热得满头大汗，须臾功夫，手铐脚镣就成型了，铁项圈也打制好了，上面还刻上了"把我锁紧，千万别让我逃走"的字样。这种项圈非常结实，奴隶一旦套上，就永远摘不下来了。无论逃到哪里都跑不掉，因为他们没办法隐藏身份，早晚会被抓回来，交还给主人。

为了进一步确定所属权，奴隶主会用烙铁在奴隶前额位置或后背打上鲜明的烙印，通常是自己名字的第一个字母。这项工作也是在铁匠铺进行的。只见烧得通红的烙铁，冒着白烟，残忍地放到了奴隶们光滑的皮肉上，随之发出刺耳的"嗞嗞"声，伴随着奴隶们声嘶力竭的叫喊，空气中弥漫出一股人肉烧焦的气味，主人姓名的首字母瞬间浮现了出来，打标签的工作便完成了。

由于经常承受烙铁、皮鞭等酷刑的折磨，且工作强度太大，奴隶死亡率很高。为了补充劳动力，罗马人不得不发动新一轮的侵略战争，俘获更多的战俘作奴隶。等到扩张达到极限后，奴隶的数目趋于稳定，数量很难增加了。在这种情况下，奴隶大批大批地死亡，势必威胁到奴隶经济，动摇罗马帝国的统治基础。为了避免这种风险，罗马政府出台了许多法律保护奴隶的权益，明确规定主人不可在任何场合杀死所属于自己的奴隶；故意忽视奴隶身体健康，间接导致其死亡的，主人将以谋杀罪论处。在不同的历史时期，都出现过大规模释放奴隶的现象。奴隶一旦获得了自由，就可以同原主人平起平坐了，主人所享有的政治权力和各项福利，奴隶无须政府批准即可获得。也就是说如果主人是罗马公民，那么从他家里走出来的奴隶便有权参与公众事务和公民投票，有权同自己所倾慕的公民成员结婚。有的奴隶甚至可以同罗马贵族通婚。

奴隶主释放奴隶不是为了发扬人道主义精神，而是为了让奴隶看到希望，提高他们劳动的积极性，以免他们大批大批地抑郁而死。罗马政府为了让奴隶主善待奴隶，感同身受地理解对方的处境，规定农神节这一天，奴隶和奴隶主主仆身份互换，在节日宴会上，主人要放下威严，毕恭毕敬地服侍自己的奴隶；奴隶可以大吃大喝，尽情狂欢，不必在乎禁忌，只需好好享受主人提供的美酒佳肴和周到的服务即可。宴席上所有的珍馐美馔、精致餐点，都是奴隶主亲自下厨烹制的。奴隶们享用完毕，奴隶主才能用餐。为首的奴隶见大家都吃饱喝足了，要向主人通报一声，然后再给主人摆一桌宴席，以保证主人吃的不是残羹冷炙。

虽然随着时代的演进，奴隶的生活渐渐有所改善，但奴隶制本身就是罪恶的，不可能恒久存在。正所谓哪里有压迫哪里就有反抗，被奴役的人早晚会揭竿而起，暴政终有一天会被推翻。罗马帝国因武力强大、科技先进、辉煌一时，但建立在奴隶制度上的经济基础太过脆弱，帝国大厦摇摇欲坠，迟早要坍塌。

奴隶制是罗马帝国的"癌症"，统治者可以通过各项措施缓解和延迟它的发作，却不能从根本上治愈它，只有彻底消灭奴隶制，才能从根本上解决问题。可是没了奴隶，没了奴隶制经济，罗马人将被生活所累，无法安于征战，就不能进行快速的武力扩张了。正是因为这个原因，罗马统治者深知奴隶制的危害，却没有取消奴隶制度，只能眼睁睁地看着帝国的基业被奴隶制的"癌症"一点点蚕食吞没。

大斗兽场——血腥与荣耀的共生之地

血腥刺激的角斗比赛是奴隶制的副产品，正是因为罗马市民高度认同奴隶制，才会沉迷于这种残忍暴戾的表演。在今天看来，观看同类互相残杀为乐，是一种变态疯狂的事情，有悖道义和美德，但在古罗马时期，这是一项再正常不过的娱乐活动，观看角斗比赛就像现代人观看重量级拳击赛或盛大的足球赛事一样稀松平常，人们对它充满了期待，并为之着迷，鲜有人考虑背后的道德因素。这是为什么呢？

答案很简单。罗马人希望通过视觉上和心理上的持续刺激，保持攻击性、侵略性和血性，以便继续发动战争，俘获更多的奴隶，用奴隶的血汗甚至生命铸就帝国的繁荣。表面看来，罗马人对血浆四溅的恐怖画面似乎有一种异乎寻常的热爱，他们对暴力美学的迷恋似乎已经达到了无以复加的地步，这不是个体的问题，而是一种集体的病态。事情远没有我们想象得那么简单，如果用人性中根深蒂固的邪恶来解释罗马人的行为，就显得有些肤浅了。

从经济学角度看，血腥掠夺给罗马人带来了荣誉、女人、土地和大量的真金白银，罗马人从中尝到了甜头，而所有的好处都是奴隶制经济带来的。为了始终保持战斗的热情，巩固和加强奴隶制，他们选择了一种极端的方式，即举办角斗比赛，让全民参与到嗜血的欢宴中，沉迷于血淋淋的震撼场面，进而把这种激情转化为对战争的支持和狂热。然后他们将拥有更多的奴隶、更多的财富、更恢宏的帝国和更好的未来。

罗马人最突出的特点是荣誉感强道德感弱，他们并不懂得吝惜弱者的生命，所以才会做出如此疯狂可怕的事情。罗马国祚2200多年，无数的角斗士前赴后继地死在了斗兽场上，有的甚至被生吞活剥。画面如此残忍，却换不来一滴眼泪、一声叹息，观众只会津津有味地看热闹。观众经常被喷涌的鲜血刺激得大喊大叫，挑战失败的角斗士要么被喂野兽，要么死在另一名角斗士的刀下，只有少数的幸运儿能侥幸免于一死。

在罗马，上至达官显贵、下至市井小民，甚至包括妇女儿童，都热衷于这种刀刀见血的厮杀游戏，场面越激烈火爆，过程越残忍和惊心动魄，举办角斗比赛的官方口碑越高。罗马当局每年都要花大量的时间精心挑选角斗士，不惜耗费巨资修建规模浩大的斗兽场。斗兽场是罗马城的地标，它气势如虹，雄伟庄严，有好几层楼那么高，在古代堪称摩天建筑。环形设计线条流畅，简约大气，富有时代气息。顶层有看台无座席，是专门为妇女、奴隶和穷人准备的。其他各层的席位都是按照身份尊卑贵贱的次序排列的。权贵们有专属的豪华包厢，视线最佳。身穿白色华丽长袍的元老贵族坐在第一层，贵族坐在第二层，富人坐在第三层，平民被安排在第四层。场上设有遮阳的天棚，帮助观众抵挡毒辣的骄阳，使之在观看比赛的过程中，始终凉爽舒适。

每层的座位都有出口，方便观众出入，数万人群可在短短十分钟之内全部疏散，整个过程秩序井然，一点也不混乱。开场前，角斗士和动物都被关在地下。地下布满通道和入口，曲曲折折犹如迷宫。待肌肉健美的角斗士和咆哮的野兽被送上地面上，总能引起人群的骚动和尖叫。人或动物都有可能在第一场比赛中丧命。让观众热血沸腾的斗兽场，很有可能变成冰冷的墓地，死亡的气息挥之不去，但无损于角斗比赛的娱乐性和观赏性。金主们为了让比赛更刺激更有看头，在武器上做足了文章，设计出了可砸碎骨骼捣烂皮肉的巨型战斧，一斧劈下去，血肉横飞，画面十分震撼，再劈几斧，伤者即粉身碎骨、糜烂如泥。战斧劈活人，太过简单粗暴，运用精巧尖利的鱼叉插人，更加引人入胜，一叉下去，刺出好几个血洞，血水汩汩而出，宛若殷红色的喷泉，有一种壮丽的美感。观众见了，必定如醉如痴、血脉偾张。

赛场上的武器样样要人命，防护工具却中看不中用，设计得十分花哨。头盔是全封闭式的，不仅阻挡了角斗士的视线，还非常笨重。强迫参赛者戴头盔，目的在于让他们糊里糊涂地杀死自己的好友和至亲。由于看不清对手，互相厮杀起来，就会毫不留情，如此才能为观众献上精彩绝伦的杀人表演。比起同类相杀，罗马人更喜欢欣赏人兽大战。

有时观众喜欢看动物吃人，有时喜欢看人猎杀动物。所以动物也会成为受害者。它们尽管有出色的猎杀技巧和锋利的爪牙，却敌不过花样百出的致命利器。人类可以闪转腾挪，灵活地避开攻击，然后伺机反扑，用刀矛利剑攻击动物，像屠杀牲畜一样将它们宰杀。人与动物谁生谁死，其实是由观众和主办方决定的。想看动物被杀，给角斗士分发上好的武器便可。想看野兽吞噬活人，让角斗士赤手空拳或者配备钝器上场便可。当然，最惨烈的比赛莫过于人和动物同归于尽。这是观众最爱看的戏码。赛场上到处都是血污，分不清人血还是动物血。观众们大饱眼福，兴奋得忘乎所以。

参加比赛的野兽都是从荒郊野外捉来的，它们野性未泯，不愿听从人的指挥，训练起来十分棘手。动物们习惯在森林草原出没，讨厌人声鼎沸的嘈杂环境，不时被刺耳的欢呼声、喝彩声吓到。由于太过恐惧，不能如期参加比赛。这种情况下，驯兽师将被判处渎职罪当场处死。谁让观众败兴，谁就要付出血的代价。通常野兽都有自己的食谱，对人肉兴趣不大，为了让它们爱上人肉的味道，驯兽师会严格控制它们的饮食，经常喂人肉给它们吃。有时故意让它们饿肚子，这样上场时，它们就会在饥饿和条件反射的作用下，毫不犹豫地扑向活人。

令人发指的角斗比赛，使人和动物都不同程度地受到了虐待。动物生前没有自由，死时毫无尊严。人类亦然。培养角斗士的学校是全封闭式的，与监狱一模一样，宿舍形同牢房，空间逼仄狭小，肮脏不堪，伙食差得离谱。外面还有士兵看守。训练时，使用未开刃的刀具，免得参赛前，受伤或死去。正式比赛时，将得到索人性命的作战工具，式样千奇百怪，令人眼花缭乱，装饰性和实战性兼备。

角斗士是一个特殊的群体，他们像奴隶一样卑贱，生命任人践踏，却又被视为勇士和英雄。男人女人皆为他们发狂。贵妇被他们迷得神魂颠倒，不仅喜欢他们身上硕大的肌肉块和雄性荷尔蒙的味道，连汗臭味也喜欢，故而他们的汗液被包装成了最紧俏的商品。有些贵族名媛会发自真心地爱上某个角斗士，时常盛装打扮后前来捧场。寂寞的寡妇行为更进一步，她们会不顾矜持，私底下与中意的角斗士幽会，哪怕明知道怀里那个滚烫精壮的汉子第二天就有可能在赛场上断气。

罗马男人也崇拜角斗士。角斗士在赛场上表现出来的视死如归的勇气和无所畏惧的勇敢精神，让罗马人佩服得五体投地。有的罗马人甚至认为，角斗士才是真正的铁血男儿，他们浴血而生、浴血而死，从生到死都非常壮烈。这一特殊群体拥有常人所不具备的坚韧，不仅经历过皮鞭和烙铁的摧残，还承受过巨大的苦难和压力，然而从不摇尾乞怜，从不屈膝求饶，始终昂着高贵的头，在生命的最后一刻，也保住了作为一个人最基本的尊严。角斗士的勇武不屈，让罗马男人自叹弗如。故血气方刚的男孩纷纷跑到角斗士学校练习格斗技巧，甚至以进入角斗学校为荣。贵族偶尔也会下场和角斗士比试。好几位罗马皇帝都参与过角斗表演。罗马人对角斗士的矛盾态度，给饱受奴役的角斗士制造了光环和错觉，他们暂时忘记了自己的悲惨处境，居然在血淋淋的角斗比赛中找到了荣誉感。

　　早期的角斗士主体是战俘、罪犯和奴隶。他们并非主动参加比赛，而是被奴隶主挑选出来的。通常体型硕大彪悍、面目狰狞者能够入选。高大英俊、全身精肉、骨骼精奇者，也会成为重点培养对象。有的角斗士堪称彪形大汉；有的相貌粗野；有的则十分俊朗，配以优美的身形和强壮的体魄，足以迷倒众生。漂亮邪魅、屡战屡胜的角斗士，总能引起全民崇拜。以至日后，角斗士渐渐发展成了一种职业。有的自由民为了获得荣誉或扬名立万，自愿成为角斗士，用鲜血和生命换取闪耀的梦想。有的人债务缠身，极有可能沦为奴隶，在走投无路的情况下，加入了角斗士的队伍。

　　由于各种各样的原因，形形色色的人变成了角斗士。这些人一旦进入斗兽场，就等于同死神签订了契约，随时有可能被死神带走。没有人在乎他们在成为角斗士之前，是以何种面貌存在，是否有家人朋友，是否有人为他们落泪。看台上的观众只想看着活人抽搐、惨叫、流血，然后一点点耗竭生命，成为一具纹丝不动的尸体。

　　每一场角斗比赛，都伴随着流血战争，它所体现的便是战争的残酷艺术。罗马人对它的无端热爱，源于对战争的理解，在你死我活的战场上，没有怜悯，没有慈悲，只有赤裸裸的杀戮，成者王侯败者寇，只有笑到最后的人才有资格活着离开。当然，如果失败者在临死前表现得铁骨铮铮、镇定自若，也会赢得人们的尊敬。这就是罗马人对角斗士既鄙视又崇敬的原因。鄙视的情感，源于角斗士是战俘、奴隶，曾经是失败者，被屈辱地掳来，供自由人摧残和消遣；崇拜他们，是因为他们自始至终都是战士，有骨气有傲骨，不卑不亢，直到战死，仍不屈服。

　　无论如何，角斗比赛都是残忍和反人类的，它代表了罗马文化中的糟粕部分。如今观众和角斗士都已经不在了，但大斗兽场保留了下来，据说在那里随便抓起一抔土，轻轻一捏，就能看到斑斑血迹。这些血迹恰恰是古罗马洗刷不掉的污点，它并不会随着岁月的流逝而被彻底抹去。

第二章

王政时代——王权下的军事民主政治

　　王政时代是罗马从氏族公社到国家政权成立的转型时期，其鲜明特点是"军事民主制"。国王是最高军事长官，相当于部落联盟的首领，由公民选举产生，可终身任职，职务不能世袭，下设元老院，国政由元老贵族辅佐。王政时代共历七帝，可分为两个阶段，前四帝时期，罗马仍然没有摆脱氏族联盟的组织形式，为了发展壮大，致力于通过兼并战争或优惠政策，把周边的其他部族吸收到本邦，不仅乐于给予外族公民权，连元首的席位和元老院的席位都是开放的。这种跨越种族、跨越地域的选拔机制和不拘一格降人才的政治氛围，为罗马城邦的崛起奠定了有利条件。

　　后三帝时期，罗马国家雏形正式形成，第六任国王把财产多寡和兵役制、公民权捆绑在一起，重新划分了社会等级。王政时代后期，国王费尽心思增强君主的权力，罗马的民主政治受到了严峻挑战，最后因为小塔克文家族的暴政，王政被推翻，罗马进入了新的历史时期。

罗马的缔造者——国父罗慕路斯

罗慕路斯成为罗马国父时，年仅 18 岁，年轻气盛，思想开明，染指最高权力时，他保持了与年龄极不相称的冷静，放弃了唾手可得的独裁大权，搞起了三权分立的政治游戏，把国家政体化分成国王、元老院和库里亚大会（即公民大会）三部分，罗马正式进入王政时代。

王政是民主和独裁相互妥协的产物，有民主的影子，但国王的权力仍然很大。国王作为国家元首，集军政大权、司法大权、神权于一身，神圣不可侵犯。不过国王不是由神来选定的，也不能自行加冕，必须由库里亚大会的全体议员投票选举产生，任期为终身制。也就是说，国王是由民主选举产生的，不能世袭。

国王以下设元老院，元老院的成员由氏族长老构成，人数限定为 100 名。元老院的职责是辅助国王处理日常国家事务，在自己的权限范围内参政议政。它的级别在库里亚大会之上，库里亚大会的决议经元老院元老批准后，方能生效，元老院元老否决的决议，在法律层面上不能通过。元老院元老一般出身贵族，享有种种特权，任期为终身制。所以后世有人认为，元老院政治本质上是贵族的寡头政治。

库里亚大会由罗马公民组成。库里亚在拉丁语中是胞族的意思。罗马建国时，公社由拉丁、萨宾、伊特鲁里亚 3 个部落组成，每个部落有 10 个库里亚，大会共有 30 个库里亚，每个库里亚都有一票表决权。他们决议的内容包括选举高级公职官员、对外宣战、裁决死刑、通过或否决新制定的某项法案，等等。库里亚大会代表的是普通公民的利益。它的诞生对后世欧洲的民主政治影响非常大。

政体结构的确立，标志着罗马由原始传统的氏族制度，逐渐向国家过渡。这就意味着氏族长老发号施令的时代过去了，国家政务要由国王、元老院、公民大会讨论决定。经过讨论，罗慕路斯赋予并入罗马的萨宾人享有跟罗马人同等的权力，允许萨宾公民进入库里亚大会，批准萨宾长老充任元老院长老。

罗慕路斯在位时，把内政打理得井井有条，政绩斐然。这位年轻的国王文治武功都不弱，在长达39年的执政生涯里，领导罗马人对邻近部族发动了无数次大大小小的战争，取得了一次又一次的胜利。他首创发明了"百人队制度"，把100名士卒编入小组，作为军队的基本单位，通过精细化管理，有效提高了罗马军团协同作战的能力，这种军队编制一直沿用到罗马灭亡。

公元前715年，罗慕路斯参加了盛大的阅兵式。那天，天空乌云密布，天色十分阴沉。训练有素的罗马军队，步调整齐地重复着规范性的动作，抬腿挥臂，潇洒有力。可是参加阅兵典礼的人们，不知为什么，始终无法集中精神，都有点心猿意马。空气中弥漫着一丝不祥的气息。顷刻间，忽然狂风大作，电闪雷鸣，瓢泼大雨倾盆而下，雨水遮住了人们的视线，轰隆隆的炸雷声掩盖了一切声音。人们来不及咒骂天气，就被淋成了落汤鸡，嘀嘀咕咕的抱怨声被哗哗的雨声和沉闷的雷声所淹没。好不容易等到云消雨霁，人们极目望去，却没有看到他们敬爱的国王。罗慕路斯失踪了，座席上空空如也。

一个大活人怎么可能凭空消失呢？罗马人民一致认为国王失

踪是一场精心策划的阴谋,最大的嫌疑犯是元老院的贵族。王权和元老院一直存在着不可调和的矛盾,元老们经常指责罗慕路斯独断专行、刚愎自用,早就想把他秘密除去了。元老们认为,只要罗慕路斯消失,国家权力便落入了元老院手中,以后大家再也不用看任何人的脸色行事了。出于对自由和权力的渴望,他们对罗慕路斯下了毒手。然而他们虽然能杀人于无形,把事情做得干净利落、不留痕迹,却堵不住悠悠之口。罗慕路斯下落不明,活不见人死不见尸,引发了许多猜测。人们不约而同地把矛头指向了元老院。元老院为了转移罗马人民的视线,编造谎言说罗慕路斯升天了。

贵族普罗库卢斯站在风口浪尖上,借助神明的名义作出了解释,斩钉截铁地发誓说亲眼看到国王罗慕路斯穿着华美的长袍,飞升到天庭了,羽化成仙的过程中大喊大叫,告诉罗马人以后要管他叫奎林努斯(传说中的战神)。敬畏神明的罗马人勉强接受了这个说法,纷纷传言说,国王被神灵召唤到天庭去了。

罗慕路斯离奇失踪后,罗马政坛陷入了空前的混乱。坊间盛传罗慕路斯是被元老院议员秘密谋杀的,种种传闻甚嚣尘上,弄得满城风雨,进而影响到了元老院元老的政治立场。有些元老急于跟此事撇清关系,不遗余力地维护罗慕路斯,而参与谋害罗慕路斯的元老因为心中有鬼,纷纷站出来声讨罗慕路斯,私下里拉派结党。政坛上很快出现了党同伐异的局面,元老院陷入分裂。这个局面是罗慕路斯最不想看到的,不过他已经没有能力影响历史了。

罗慕路斯的死,是罗马的一大损失,他的成就有目共睹,死后还给罗马留下了不少政治遗产,他设计的政治体制在日后长达

250 多年的时间里一直发挥着作用。不过由于受到时代的制约，他设立的政体存在不少弊病，为罗马走向纷乱埋下了伏笔，他自己也为此付出了高昂的代价。那么王政政体究竟存在哪些致命缺陷呢？元老院因何要以下犯上，弑杀君主呢？

其实一切的悲剧皆源于权力之争。罗慕路斯把部分权力下放给了元老院和库里亚大会，却没有给王权设限，执政后期，有刻意加强君主权力的倾向，这样做，当然会惹恼一人之下万人之上的元老院。因为王权和元老院特权是此消彼长的关系，加强王权，在一定程度上会削弱元老院的权力。元老院为维护自身的利益，必然奋起反击。也就是说，罗慕路斯没有妥善处理好王权和贵族特权之间的关系，以致引火烧身，沦为政治斗争的牺牲品。700 多年以后，罗马政体转为帝制，君主和元老院的斗争变得更加激烈，暗杀事件层出不穷，可见这种政体确实存在不少隐患。

罗慕路斯的可贵之处在于，他大权在握时，没有走向独裁，而是选择了有限度的民主；可悲之处在于，在专制和民主之间，他的态度太过游移，没有坚定的立场，既不想扮演独裁者的角色，又不甘心让更多的人染指最高权力，结果在政治旋涡中迷失了自己，酿成了千古悲剧。罗马早期的民主，有古希腊民主的影子，两者的不同之处在于，后者是直接民主和完全式的民主，国家最高权力由全体公民掌握，公民为国家的实际统治者。前者赋予了公民部分政治权力，又掺入了贵族政治、精英治国的理念，同时又把封建国家的王权、君权统御天下的理念杂糅了进去，合成了一种新型的政治体制。它比中央集权式的封建专制统治要先进，但本身有很多的不确定性，根基不够稳固，各方利益难以平衡，容易引发内乱和纷争。

外乡人衔来的橄榄枝

罗慕路斯失踪引发的一系列纷乱，随着时间的推移渐渐平息。摆在罗马人面前的是一个迫在眉睫的问题，国不可一日无君，新国王的选举必须马上被提上日程。罗马人和萨宾人各抒己见，因意见不合爆发了激烈的争吵。罗马人认为下一任国王必须由自己人担任，理由是罗马居民把土地和房屋大方地分享给萨宾人，已经够慷慨了，萨宾人想反客为主，爬到恩主的头上行使统治权，绝对不行。萨宾人听了，非常气愤，他们不悦地指出，自从萨宾国王去世，所有的臣民都自觉地接受了罗慕路斯的领导，现在该轮到萨宾人执政了。

经过一番热烈的争论，罗马人作出了适度的妥协，扩大了元老院议员的席位，100 名萨宾氏族长老如愿进入了元老院，随后伊特鲁里亚部族长老以同样的数量入主元老院，元老院的规模扩大了 3 倍，人数增加到 300 名。至于谁当国王，仍然没有达成统一意见，最后规定，在权力的空位期，由两位元老院元老轮流执政，平均每六小时出现一次权力交接，一个上白班一个上夜班。

轮流执政毕竟不是长久之计，罗马必须有一位新国王上台。为了摒弃私心，更好地实现权力监督，罗马人又作出了让步，他们决定从对方阵营中推选一位国王，再让萨宾人推选一位罗马国王，然后从中二选一，选出一位众望所归的君主。萨宾人大为感动，于是把决定权交给了罗马人。罗马人推选努马·庞皮留斯为新任国王。萨宾人没有异议。国王的人选就这样敲定了。努马·

庞皮留斯是萨宾名流庞波纽斯的幼子，虽家事显赫，却丝毫没有沾染纨绔子弟的浮夸之气，自觉摒弃了上流社会奢侈安逸的生活，显得清高绝俗、遗世独立。无论是周围的市民还是外乡人，都认为他是一个清正廉直的人，金钱和权力腐蚀不了他，把国家交到他手里，大家都很放心。

据说努马·庞皮留斯迎娶了一位贵族名媛，那位千金小姐嫁给他以后，不再贪恋荣华富贵，宁愿过平淡朴素的生活，两人情投意合，和和美美地度过了 13 年甜蜜美好的时光。爱妻去世后，努马·庞皮留斯离开了城镇，搬到了乡下，从此离群索居，他经常独自在丛林和田野中游荡，消瘦的背影，远远看去显得那么孤单寂寥。人们请他出山做国王的时候，他已经 40 岁了，更加清心寡欲，想要说动他放弃清修的生活，走上政坛，并不是一件容易的事。这项艰巨的任务落在了普罗库卢斯和维勒苏斯肩上。

普罗库卢斯和维勒苏斯费心唇舌，好话说尽，丝毫没有打动努马·庞皮留斯。努马·庞皮留斯直截了当地回答说，他很享受目前的安宁生活，不想卷入权力纷争，上任国王罗慕路斯遇害，元老院难逃嫌疑，元老议员面临着叛逆弑君的指控。罗慕路斯则被神话成了神灵。作为一个凡夫俗子，他既不想当神，也不想当箭靶，只想继续过这种退隐江湖的生活，愉快地了此残生。更何况他天生厌恶暴力和流血战争，要是阴差阳错地成了罗马城邦的最高统治者，不能对外征战，也不能开疆拓土，怕是会成为天下的笑柄。

普罗库卢斯和维勒苏斯听了这番话之后，不但没有打退堂鼓，反而更加迫切地恳求他接受王位，他们苦苦哀求说："请不要对罗马置之不理，罗马人在内乱和倾轧中挣扎太久了，大家期待的不是一个好战的国王，而是一个和平的使者和富有强烈正义感的好君王。您正是我们期望的那个人。我们愿意在您的领导下重建国家秩序，享受和平与安宁。权力在温和仁慈的君王手中，总比落到癫狂的暴君手里要好吧。"

努马·庞皮留斯被说动了，他天生悲天悯人，富有责任感，可以拒绝权力的诱惑，却拒绝不了匡扶济世的机会。罗马人需要他，萨宾人需要他，城邦需要他，国家已经无人可用，只有他能给大家带来真正的和平。在这种情况下，他怎能继续独善其身呢？就这样，一个对权力极度不感冒、这辈子都没想过当国王的人，在众人的欢呼声中，接过了王冠，成为了罗马城邦神圣的国王。上任后，他马上解散了负责贴身保护君主的 300 名近卫队，以表明对人民的无条件信任。

罗马素有尚武的传统，迷恋暴力，热衷于对外诉诸战争，努马·庞皮留斯即位后，风气为之改变。作为一个爱好和平的国王，努马·庞皮留斯花了不少心思宣传反战思想，并从立法方面入手，制定法律条文抑制罗马人的暴力倾向，还制定了一系列文明礼仪规范，旨在在习俗和习惯方面，全面改变罗马人的精神风貌。为了警示世人，他修建了一座具有象征意义的神殿，用战神雅努斯形象作大门。在长达 43 年的时间里，雅努斯大门从未开启过，这意味着他掌管国家权力的那段时间里，罗马始终处在和平时期，从未发生过战争。

或许有人认为努马·庞皮留斯只是一个能力平平的和平主义者，至多算得上是一个合格的守成之君，远不如亚历山大大帝那样雄才大略，更比不上屋大维·奥古斯都。事实并非如此。努马·庞皮留斯是一个很有作为的国王，在位期间，他努力发展农业和畜牧业，促成了罗马经济的繁荣。他还给不同的职业划分了工种、设立了工会。木匠工会、铁工工会、染色员工会、陶艺工会等各行各业的工会，不仅为劳动者提供了基础性保障，而且让劳动者产生了职业荣誉感，提高了劳动积极性。更重要的是，这些小团体的存在，使不同部族的工作者对自己的同事产生了一种超越民族感情的亲近感，无形中缓解了种族矛盾。拉丁人、萨宾人、伊特鲁里亚人因为做着同样的工作，加入了同一个联盟团体，忽然变得和和气气，由种族摩擦引起的恶性事件很少发生了。

为了指导农业生产，规范人们的生活秩序，努马·庞皮留斯主持了立法改革。罗慕路斯时期，罗马历法很粗糙，没有规定一年的天数。努马·庞皮留斯按照月亮的阴晴圆缺和运行规律，制定了新历法，固定一年为 12 个月 355 天，多出来的天数，平均每 20 年统计计算一次。努马历法影响深远，一直沿用到恺撒当政时期。

努马·庞皮留斯在就职之前，不住在罗马，而是生活在祖地，因此不具备罗马公民的资格，所以没有获得早年移民罗马的萨宾人民的全面支持。他在罗马没有任何支援势力，不认识权贵，也没结交过任何一位举足轻重的大人物，完全是以外乡人的身份走上君王宝座的。他当选国王的决议，并未经库里亚大会集体投票通过，即位乃是受元老院所托。也就是说，努马·庞皮留斯即位之初，人气不够，地位不稳，倘若和元老院不合，随时可能遭到暗杀，即使不被暗杀，也有可能处处受到掣肘，搞不好，会灰头土脸地被赶下台。但这些糟糕的结局都没有出现，努马·庞皮留斯凭借自己的个人魅力和远见卓识，巧妙地化不利为有利，不仅赢得了声望、荣誉，还给罗马带来了和平。这是后世的很多君王都做不到的。

努马·庞皮留斯给罗马规划了一条非常好的道路，即不发动战争，不依赖掠夺发展经济，仅靠自己的双手去创造财富，实现富国强民的梦想。如果罗马人能沿着这条路义无反顾地走下去，必能成为头号经济强国，由奴隶制引发的一系列社会问题也将得到妥善解决。可惜后世没有继承他的遗志，在武力战争的道路上越走越远，积累了很多的血债，也为罗马的衰亡和覆灭埋下了致命祸根。

奇葩兼并战争：骑士格斗，军队观战

王政时代的第三位国王是托里斯·奥斯蒂吕斯。托里斯·奥斯蒂吕斯是土生土长的拉丁人，个性与罗慕路斯有几分相像，崇尚战争，喜欢对外扩张。努马·庞皮留斯卓有成效的改革，给罗马积累了雄厚的物质基础，有了足够的军费，托里斯·奥斯蒂吕斯不由得蠢蠢欲动，到处寻找进攻的目标。

紧闭43年的雅努斯大门"吱呀"一声打开了，在此后的32年，一直没有关上。在新国王托里斯·奥斯蒂吕斯的带领下，罗马抛弃了来之不易的和平，重新走上了武力扩张的道路。第一个被挞伐的对象是阿鲁巴。据说，阿鲁巴是拉丁民族的发祥地，也是罗马人祖先的栖居之地。正是因为这个原因，托里斯·奥斯蒂吕斯很想把母邦划入罗马的版图，可惜这只是一厢情愿的想法，阿鲁巴希望保持自己的独立性，从未想过要和罗马合并。在外交途径不奏效的情况下，战争就成了达成目的的唯一手段。

罗马虽然经常对外宣战，但打仗必须师出有名。托里斯·奥斯蒂吕斯苦于找不到借口，正当他一筹莫展的时候，机会来了。当时两国边境的农民时常因为鸡毛蒜皮的事情争吵打架，有一次阿鲁巴农民抢了罗马农民的财物，罗马政府出面交涉，阿鲁巴拒绝赔偿，托里斯·奥斯蒂吕斯以此为由，对阿鲁巴发动了战争。

罗马是一个新兴的邦国，建国历史仅有 80 年，而阿鲁巴是一个拥有 400 多年历史的老牌国家，国力强盛。托里斯·奥斯蒂吕斯想要一口吞并阿鲁巴，绝非易事。作为一个腹有韬略的狡猾政客，托里斯·奥斯蒂吕斯当然知道自己的想法不切实际，他不会愚蠢到倾全国之兵力讨伐母邦的地步，因为那是一场没有胜算的战争。在形势不利的情况下，托里斯·奥斯蒂吕斯想出了一个聪明的法子，遂以强敌伊特鲁里亚环伺在侧为借口，声称两邦没必要进行大规模的流血冲突，让敌人"渔翁得利"，紧接着提出了一个大胆的设想：双方各派几名士兵决斗，哪个国家的士兵获胜，哪个国家就赢得了战争的胜利，战败国必须服从战胜国的统治。阿鲁巴同意了。罗马派出了一对三胞胎，恰好阿鲁巴军队也有一对三胞胎，于是六个年轻人代表各自的祖国走向了战场。

诡异的一幕出现了，两组三胞胎手持刀剑大步流星地走到了两军的阵前，一场生死决斗即将开始。两国的士兵一动不动地站在原地观战，全都屏息凝视，紧张得大气不敢出。只见刀剑上下翻飞、寒光闪闪，参战者时而灵活地闪转腾挪，时而上前劈砍，打斗得非常激烈，在场的所有人都为他们捏了一把汗。由于两国各自的三兄弟长相极为相似，观众没办法区分，不晓得受伤的是弟弟还是哥哥，头脑一片混乱，好在能辨得清赢得是己方还是敌方。

经过一场恶战，罗马三胞胎中的一员倒下了，不久他的兄弟也死在阿鲁巴的屠刀之下，最后一个罗马士兵惶恐不安，顾不得哀悼兄弟，转身拔腿就跑。他一边气喘吁吁地疯跑，一边回头张望，发现阿鲁巴三胞胎由于不同程度地负伤，有的跑得快，有的跑得慢，在追赶他的过程中，距离不断拉大。幸存的罗马士兵从中看到了机会，决定分开跟每一个作战，采用各个击破的策略，将敌人逐一消灭。他敏捷地一把抓住缰绳，然后迅速转身，打倒了第一个追上来的阿鲁巴士兵，用剑将其杀死，不久又撂倒了第二个追兵，手刃了第二个敌人。阿鲁巴三胞胎已有两人战死，现在变成一对一的对决了。谁手狠刀快更勇武，谁就能成为笑到最后的赢家。由于罗马士兵在体能和武力上优于阿鲁巴士兵，最后罗马取得了胜利。全体罗马军人为之欢腾。

阿鲁巴国王脸色阴沉，他后悔答应罗马人开出的条件，觉得仅凭几个士兵的一场械斗，便决定国家的存亡荣辱，实在太过荒谬。醒悟过来之后，阿鲁巴国王大呼上当、悔不当初，认定自己中了罗马人的奸计，但比赛结果已经尘埃落定，他什么也改变不了。罗马人逼着他履行承诺，他除了长叹一声、低头认命之外，还能做什么呢？然而每每想到要把自己的王国拱手送给罗马人，他就心有不甘。纠结了一段时间之后，他毅然撕毁了合约，不仅不肯履行承诺，还故意煽动邻邦反对罗马。

托里斯·奥斯蒂吕斯大为光火，马上率领军队镇压各部族的反叛，把邻邦整治得服服帖帖之后，转而把矛头对准了阿鲁巴。之前阿鲁巴国王一直躲在幕后静观其变，悠哉乐哉地观察着罗马和各邦火并，没想到罗马军队会这么快杀过来，一点防备都没有，因为仓促应战，导致国家全境沦陷，自己也惨遭生擒。罗马人不付吹灰之力，一夜之间占领了阿鲁巴，从此声威大震。阿鲁巴国王可怜巴巴地被押到了托里斯·奥斯蒂吕斯面前。托里斯·奥斯蒂吕斯满脸愠色，声色俱厉地指责他破坏约定，把战争的责任全都推到了他身上。

阿鲁巴国王被判处极刑。托里斯·奥斯蒂吕斯命人把他的两条腿分别绑在两匹马上，然后让马夫向两个相反的方向策马狂奔，生生将其撕裂。这种酷刑类似于车裂，是古罗马最早使用的极刑之一。刑场上的画面一定非常血腥，设想一下，一个完整的大活人，被两匹飞奔的马撕扯成血肉模糊的两段，残躯鲜血淋漓，不可辨识，那是多么恐怖的事，犯人临死前遭受的摧残和痛苦，是常人无法想象的。从这件事上我们可以看出，托里斯·奥斯蒂吕斯是一个不折不扣的暴君，毫无悲悯之心。

托里斯·奥斯蒂吕斯用极其残忍的手段处死了阿鲁巴之后，摧毁了阿鲁巴城邦，并强迫全体居民移居罗马。但是他并没有迁怒于阿鲁巴人民，不仅没有将他们降格为奴，还给了这些外来者罗马市民的合法身份。阿鲁巴人搬迁到西里欧山，过上了安居乐业的生活。阿鲁巴邦国的贵族迅速跻身上流社会，成为当地的权贵。昆提卢斯、塞尔维乌斯、尤里乌斯等豪门大族获得了与罗马贵族平起平坐的地位，不少人跨入政坛，进入了元老院。

随着阿鲁巴人的大批涌入，罗马人口急速增长，兵源大为增加。托里斯·奥斯蒂吕斯把新移民编入了军队，率领罗马联军东征西讨，取得了辉煌的战绩。他在位的 32 年里，对外穷兵黩武，对内大兴土木，不惜耗费巨资兴建王宫和宏伟华丽的建筑，把罗马修饰得富丽堂皇。罗马在他的带领下，步入鼎盛，但好运并没有降临罗马，可能是因为人口太过密集或者天气原因，城邦发生了特大规模的瘟疫，许多人死于疫病，连托里斯·奥斯蒂吕斯也未能幸免。不过更多的人相信，他没有死于瘟疫，而是死于雷劈，可见人们对这位好战的国王并没有什么好感。

托里斯·奥斯蒂吕斯最大的成就不是吞并母邦阿鲁巴，而是完美地沿承了罗慕路斯时期同化战败者的政策，赋予他国人民同等的权利。罗马作为一个新兴国家，能在强者如云的意大利半岛异军突起，靠的就是这项天才般的伟大创举。起初，罗马城邦非常弱小，没有力量完全吞并邻邦，但是有海纳百川的度量和开放的公民权、虚席以待的元老院席位，吸纳战败国成员，是一种怀柔政策，更是壮大自己的手段。外来者享有平等权利的同时，必须履行同等的义务，他们将为罗马贡献自己的智慧和力量，广泛参与罗马城邦的政治、军事、经济活动，为罗马的崛起和扩张倾尽心血。

武力征服邻邦，创建"大拉丁同盟"

托里斯·奥斯蒂吕斯惨遭雷劈，意外身亡后，库利亚大会立即启动选举程序选举国王，经过投票表决，努马·庞皮留斯的外孙安库斯·马尔西乌斯当选为第四任国王。安库斯·马尔西乌斯有萨宾的血统，但出生在罗马，具备罗马公民的资格。外祖父去世时，他年仅五岁，还是一个不谙世事的孩童，所以外祖父的执政理念没有对他产生任何影响。他37岁荣登御座，成为罗马最高统治者，已经有了自己的想法和主张，然而人们依然对他抱有不切实际的期待，希望他能继承外祖父的遗志，做一个敦厚仁慈的和平主义者。

安库斯·马尔西乌斯生活在急剧动荡的年代，头脑里没有和平的概念。由于先王托里斯·奥斯蒂吕斯尚武好战，罗马在长达32年的时间里，始终处在战争状态。即位伊始，安库斯·马尔西乌斯不可能在短期内将国家拖出战争泥潭。随着罗马羽翼渐丰，周边的部族感到压力倍增，武力冲突几乎无法避免。罗马的处境非常微妙，作为一股蓬勃成长的新兴势力，它刚刚兴起时，便和周边的邻邦有着千丝万缕的联系和不解之缘，其中的爱恨纠葛、恩恩怨怨很难一言以蔽之。

众所周知，罗马是由拉丁人建造的，它曾经为一群颠沛流离、无所栖身的边缘人提供庇护，吸收了底层的萨宾人、伊特鲁里亚人以及其他部族的成员，还敞开怀抱接纳了大批战败国的居民，形成了一个多民族的国家。问题是，新移民移居到了罗马，光荣地成为罗马市民，但他们的母国仍在。每次罗马对外开战，罗马人都要拿起武器残杀自己的同胞。罗马统治者在制定政策时，一切以国家最高利益为准则，从不考虑民族情感，这种冷酷的处理方式，深刻影响到了后来的执政者。托里斯·奥斯蒂吕斯并没有因为自己是拉丁人，而对同自己血脉相连的阿鲁巴手下留情，为了让阿鲁巴的拉丁人死心塌地地留在罗马，他毫不犹豫地夷平了母邦。安库斯·马尔西乌斯上台时，仍有很多拉丁人散居在战败方的村落，继续以独立的形式存在着。千千万万的萨宾人和伊特鲁里亚人仍然聚居在自己的城邦内，不肯加入罗马。罗马想进一步扩张，只能继续与周边城邦交战。

罗马推行了那么多优惠的移民政策，为什么周边的部族不愿加入，偏偏要逼罗马开火呢？答案很简单，当时的罗马只是一个不起眼的小城邦，城邦所在的帕拉丁山地理位置偏僻，气候、土壤等自然条件较差，农业一点也不发达。七丘之间的低谷地带因河水泛滥，成了泥泞潮湿的沼泽地，不但不能居住，而且不便通行，弥漫的瘴气带来了瘟疫，致使许多人染上了恶疾。这种条件下，即使出台再多的移民政策，外邦人当然也不愿意来。当初拉丁人选址于此，主要因为帕拉丁山的七丘地势险峻，易守难攻，堪称形胜之地，便于在强者林立的险恶环境中立足。

众所周知，罗马城位于台伯河下游的拉丁姆平原，拉丁姆平原土地肥沃，非常适合作物生长，拉丁人只要进一步扩大城区，突破七丘的限制，便可坐享得天独厚的自然资源。罗马北部的波河平原富饶丰美，乃天府之地，南边的坎帕尼亚平原气候温和湿润，土肥水美，适于播种各类庄稼。故而，罗马走向扩张之路是一种必然。最初的小规模扩张，自然是从邻近的区域开始的。罗马人的政治目标是，武力征服周边部族，成为大拉丁同盟的盟主，掠夺更多的人口，把势力范围拓展到整个意大利中部平原。

安库斯·马尔西乌斯讨伐的对象是罗马母邦阿鲁巴的殖民城邦。他的想法很简单，既然阿鲁巴已经并入罗马，那么它的殖民地也应该归罗马所有。可是拉丁筑城的人民不这么想。于是，安库斯·马尔西乌斯点燃了战火，把利剑指向了自己的同胞。经过一次次兼并战争，战败的拉丁城邦纷纷沦为罗马的附庸。"大拉丁同盟"的美好蓝图渐渐成为现实。安库斯·马尔西乌斯效法先王，把战败国的人民全部迁入罗马，并给予他们同罗马市民同等的权利。罗马人口又一次出现了爆炸性的增长。

罗马在吸收战俘作为新移民时，保留了原有的贫富等级结构，也就是说战败国的贵族仍是贵族，穷人仍是穷人，奴隶仍是奴隶。他们只是换了一个地方居住和生活，身份和地位不会改变。托里斯·奥斯蒂吕斯时期的政策是，允许战俘保留奴隶、牲畜和一切财物。安库斯·马尔西乌斯重申了这条原则，承诺不夺走战俘的任何财产。

王政时期，除国王和特权贵族外，按照享有政治权利的不同和法律概念，罗马社会阶层大致可分为公民、平民、被保护人、奴隶四种。公民有权参加库里亚大会，投票选举国家高级公职人员，可担任政府官员。一般而言，男人才有这种资格，女性没有公民权，也没有投票权。平民，是一群被排斥在公民范围外的群体，没有投票权，但财产所有权受法律保护，地位比奴隶略高。它是自由民的一部分。

自由民是相对于奴隶阶层而言的，凡是具有人身自由的人皆可称为自由民。公民和平民都是自由民，但自由民未必具备公民资格。自由民主要由奴隶主、商人、农民、小商贩、手工业者、高利贷者、祭司组成，其中奴隶主、腰缠万贯的商人、放高利贷者、祭司构成平民阶层的上层；农民、手工业者、小商贩等弱势群体处在下层，构成平民的主体，受统治阶级的压迫和剥削，要缴纳赋税，承担徭役、兵役，大多贫困潦倒，破产之后便会沦为奴隶。

被保护人是指依附于贵族的特殊群体。托里斯·奥斯蒂吕斯曾经把阿鲁巴移民发往罗马部落和库利亚（即胞族，每个胞族由10个氏族组成），这批移民就是被保护人。安库斯·马尔西乌斯也曾把外来移民发配给罗马贵族。这些被保护人长期过着寄人篱下的生活，社会地位比较低。

　　由于城市人口骤然增多，社会内部存在严重的剥削压迫，财富分配不公，政治地位不对等，阶级矛盾空前尖锐，犯罪率迅速上升。为了加强治安管理，安库斯·马尔西乌斯在罗马建了第一所监狱。不久，他在罗马人的母亲河台伯河上架起了一座桥，连通了西岸和东岸的七座山丘。他修建桥梁，不是为了改善交通状况，而是出于军事防御目的，因为西岸的贾尼科洛山丘地势较高，适合作军事要塞，架桥沟通大河两岸，天堑变通途，可随时增兵支援堡垒。

　　热衷于征服活动的安库斯·马尔西乌斯，没有把台伯河当成罗马的自然疆界，他把目光投向了更辽远的地方——地中海，为了给罗马找到一个出海口，他毅然征服了坐落在台伯河河口的奥斯提亚，使得台伯河和地中海连通，罗马终于把触角伸向海洋了。紧接着，安库斯·马尔西乌斯在奥斯提亚的海滩上风风火火地搞起了制盐业，把一批批白花花的盐巴出口到了外部世界，换来了大量的外汇。盐，对于全人类来说，是不可或缺的必需品，它的价值不言而喻，谁掌握了制盐业的命脉，谁就能在经济领域取得不可撼动的地位。罗马人有了盐田、盐街和出海口，很快赚得盆满钵满，变得越来越富裕。

　　安库斯·马尔西乌斯在任时，致力于征服周边部族，促进民族融合，除此之外，没有太大动作，大部分时间都在默默耕耘，这是非常正常的事，因为以罗马当时的实力，并不适合疯狂扩张，慢慢地积蓄力量，然后厚积薄发，不失为一种明智的策略。

开放的国门，虚席以待的元首之位

安库斯·马尔西乌斯统治时期，有个外邦人带着全部家当和妻儿老小，风尘仆仆地来到了罗马。这家人的行李很多，足足装了好几大车。人们都用好奇的眼光打量着这群远道而来、装束奇特的异乡人。只见他们留着长发，衣衫华美，从扮相和言谈举止看，必是邻邦的伊特鲁里亚人。

人们猜测得没错，他们确实是伊特鲁里亚人。一家之主叫塔克文，有一半伊特鲁里亚血统，母亲是伊特鲁里亚的名门闺秀，父亲是流亡伊特鲁里亚的希腊人。在当时的时代，女人没有社会地位，他不能母凭子贵，父亲是"来路不明"的外邦人，没有根基，无法融入主流社会，身为混血儿的他自然也就很难出人头地了。塔克文在伊特鲁里亚找不到归属感，且事业发展受阻，于是决定到外面闯荡，期待着赤手空拳打出一片新的天地。他曾想过到希腊发展，听说希腊人崇尚纯粹的血统，马上打消了这个念头，把目光移向了罗马。

罗马对外来民族的开放态度和优惠政策，人尽皆知，只要诚心在罗马定居发展，便可轻而易举地获得市民权，甚至有机会跻身政坛，成为呼风唤雨的权势人物。罗马的第二任国王努马·庞皮留斯是个地地道道的外邦人，却不妨碍他稳定最高权力宝座。塔克文自认为他比努马·庞皮留斯更有优势，因为他从上辈人那里继承了数额庞大的资产，财力无比雄厚，除此之外，他本人还有很多别人难以企及的优势，比如出众的才干、一流的口才和敏锐的政治嗅觉。他相信凭借自己的实力，跻身罗马上流社会一定易如反掌。

事实果真如此，不到十年时间，塔克文便在罗马政坛上混得风生水起，安库斯·马尔西乌斯对他非常器重和信任，指定他做自己的遗嘱执行人。然而塔克文的志向和抱负不止于此。安库斯·马尔西乌斯去世后，他满怀着政治热情，走进了大众视野，史无前例地开展了竞选活动，向全体罗马公民毛遂自荐，自信地宣布他要竞选下一任的罗马国王。这是一个破天荒的举动。罗马人既震惊又好奇，不知道这个外乡人究竟在打什么主意。

为了说服罗马公民推选自己当国王，塔克文在罗马城区举办了有史以来第一次选举演讲。面对一双双狐疑的眼睛和一张张不信任的脸孔，塔克文慷慨激昂地发表了一场精彩的演说，他面向全体大众，态度恳切地说："很久很久以前，罗马就有外邦人当国王的先例。事实证明，外邦人也能成为一个好国王。我带着全家人和全部的财产定居于此，早就决定要在罗马落地生根，为城邦奉献毕生的岁月。先王对我器重有加，从未怀疑过我的执政水平和执政能力。现在先王不在了，国家急需一名有作为有能力的君主，领导罗马走向强盛和辉煌，我的年龄和资历，恰好适合担此重任，请大家为我投递宝贵的一票，我绝不会辜负你们的信任……"

塔克文的演讲打动了在场的每一个人。库利亚大会的绝大多数成员都把选票投给了他，他以压倒性的优势被推选为罗马国王。元老院遵从民意，一致通过了这项决议。继拉丁人和萨宾人之后，罗马终于出现了第一位伊特鲁里亚血统的国王。塔克文不负众望，在执政的 37 年时间里，政绩斐然，内政外交、军事、政治、经济、多方面，皆硕果累累。在他的领导下，罗马的势力范围扩大了许多，人民的生活水平和生活质量有了大幅度提高。

罗马不再是一个默默无闻的小城邦，一跃成为大放异彩的新型城邦，成了让无数外邦人心驰神往的好地方。罗马人不用发动战争，强迫战败方入住，便能吸引来大批移民。许多人正如当年的塔克文一样，怀揣着梦想，抱着碰运气的想法来到罗马，随之十分幸运地找到了一席之地，很快成为这里的一员，出类拔萃的人才因为找到了合适的平台而平步青云，芸芸众生也在以自己的方式奉献着青春和热血，为罗马的腾飞贡献出绵薄之力。

罗马面貌焕然一新，移民政策随之改变。塔克文没有强迫战败国的子民移居罗马，允许他们留在自己的国家居住，并赋予其与罗马市民同等的权利，然后潜移默化地影响和同化他们。为了威慑邻国，塔克文允许罗马士兵洗劫战败国，剥夺该国的财产。战事结束后，罗马人威风凛凛地驱赶着战车，风驰电掣地从战败者的国家飞奔而过，拉走大批大批的战利品，高调地凯旋，把绝望和恐惧留给所有与罗马交战过的部族。这么做旨在告诉周边部族，同罗马作对马上会破财，罗马政府不再保障战败者的财产权益，甚至不欢迎他们移居罗马，他们必须为忤逆罗马的行为付出代价。

新政策效果显著，周边部族确实老实了许多。塔克文充分利用和平的外部环境，大力开放自然资源，为罗马市民拓展生存空间。他把目光投向了山丘之间低洼的湿地。帕拉蒂尼山北面的低地湿润肥沃，沟壑密布，要是在那里修建水渠，就能把积水排到台伯河，这样原本不能利用的土地也能搞开发建设了。经过开垦排涝，罗马人把泥泞的沼泽地和湿地变成了开阔的平地，然后原地建起了市场。为了让市场看起来整洁美观，人们在下水渠顶部覆盖了一层厚厚的石板。如此一来，地下水渠网纵横交错，地面却平坦整齐，丝毫不受影响。罗马人在上面建造了稀稀疏疏的公共建筑，给当地带来了人文气息。随着时间的推移，建筑物越来越密集，这片荒无人烟的不毛之地，渐渐变成了繁华热闹的喧嚣之所，罗马公共会场、罗马广场应运而生。

塔克文采用同样的方法开发利用湿地，联通了七座山丘，不仅解决了交通问题，而且变废为宝，将荒地废地变成了城区的一部分，美化了环境，增加了城区的面积和可用土地资源，可谓一举两得。并不适合建城的罗马，因为掌握了先进的排水技术，瞬间变成了美丽富饶宜居的新兴城邦。罗马取得这样的成就，塔克文功不可没。早期的罗马人并未掌握排水减涝、铺设下水渠的技术，所有的技术都是塔克文从母邦伊特鲁里亚带来的。当时的罗马人除了种地和打仗之外，几乎身无长物。塔克文在改造城市面貌方面取得的成功，让他们看到了自己与邻邦伊特鲁里亚之间的巨大差距，使他们充分认识到了科技的重要性。在此后的日子里，他们虚心向伊特鲁里移民学习，不少人取得了工程师的资质，成为当地的栋梁之材。

以前，受地理环境的影响，罗马的工商业和手工业规模很小，从业者的活动范围仅限于家庭小作坊。城市面貌翻新后，大大小小的作坊如雨后春笋般出现在街头巷尾，罗马的经济活动空前活跃。市民的生活方式发生了翻天覆地的变化。

罗马原本是一个联合了几个村庄的小镇，各方面条件都不好，它能一跃成为名副其实的城邦，奥秘在于：始终对外界保持着开放性，不断吸收外国人才和先进技术，乐于给人才提供施展才华的平台，唯才是举唯才是用，不计较人才的出身和血统，好的技术拿来就用，不在乎它的出处，这正是它遥遥领先于邻邦的根本原因。

传奇改革家的胜利与悲剧

塔克文虽然是罗马人的国王，但是他始终没有忘记自己是一个伊特鲁里人，对自己的同胞仍然怀有很深厚的感情。有一天，他遇到了一个害羞敏感的伊特鲁里亚少年，不知为什么，一眼就喜欢上了对方。那少年衣衫破烂、灰头土脸，长得瘦瘦小小，且面有菜色，一副营养不良的样子，一看就知道他是奴隶的孩子。可能是因为自己曾经不被主流社会接纳，塔克文能感同身受地理解少年的处境，同情和爱心瞬间变成了无条件的悦纳，他决定把这困顿落魄的苦命孩子带回家，好好抚养教育。

那少年和塔克文的孩子一起长大，在塔克文的言传身教和熏陶下，成为一个品学兼优的年轻人。他聪明果敢，满腹学问，罗马的贵族子弟无人能及。人们不敢相信他是老国王在街上捡到的奴隶的孩子，因为他的才智和品德足以让所有的贵族公子汗颜。这个年轻人就是日后大名鼎鼎的塞尔维乌斯。老国王塔克文对他的厚爱已经超过了自己的两个儿子，为了拉近彼此的关系，还把如花似玉的女儿嫁给了他。

塔克文的举动，让先王安库斯·马尔西乌斯的两个儿子大为不快。多年以来，两兄弟一直谋划着借助父亲的声誉威望问鼎国王的宝座。现在政坛上忽然杀出一匹黑马，唾手可得的宝座很有可能被外人抢去。塞尔维乌斯是塔克文最宠信的青年才俊，如果塔克文把他推荐给元老院，此人必能当选为下一任国王。两兄弟为了铲除障碍，得到觊觎已久的王位，合谋发动了政变，杀死了塔克文，企图趁乱上台。关键时刻，王后塔那琪挺身而出，向元老院推举了德才兼备的女婿塞尔维乌斯，粉碎了两兄弟的阴谋。就这样，塞尔维乌斯没有经过库利亚大会的选举，在元老院的拥护和支持下，直接登上了王位。

塞尔维乌斯上台后，第一项举措是主持修建了一项规模浩大的工程，为日益扩大的罗马城邦筑造了固若金汤的高大城墙。这道城墙把七丘和新开垦的平地密密实实地合围起来，为全体市民提供了安全防护。有了城墙的拱卫，塞尔维乌斯得以安心处理内政。当时罗马平民人数激增，平民在社会生活中扮演着重要角色，政府无法继续忽略他们的权益问题了。罗马城邦的工商业、手工业大都由平民经营，罗马的财政税收相当一部分源自平民的荷包，每次对外作战，都要征发大量平民入伍。平民已然成为一个不可忽视的社会群体，他们数量庞大，人员众多，涵盖各行各业，影响着罗马的经济命脉和军队建设，但是由于门阀特权的存在，却不能享受到与公民同等的待遇，这是不公平的。

为了改变这种局面，塞尔维乌斯推行了一系列大刀阔斧的改革。改革之初，他对罗马城邦进行了有史以来第一次大规模的人口普查，掌握了必要的数据和资料。随后他把公民按照财产数目的多寡划分成了五个等级，财产不足的被列为无产者，无产者不入级。每个等级都要为国家提供数量不等的百人队（军队的基本单位），百人队又称森都利亚。罗马共有193个森都利亚，组成森都利亚大会，每个森都利亚都有投票权，票数过半决议即可通过。

　　新机构诞生后，以氏族关系、血亲关系为基础的库里亚大会丧失了政治地位，逐渐被取而代之。森都利亚大会的投票权与财产相挂钩，富有者可轻而易举地操纵选票的绝大多数，无产者仅有一票表决权，人微言轻。这就意味着富有的平民可广泛参与政治事务，而穷人的权利依然得不到保障。后来政府废除了以血亲为基础的三个氏族部落，按照地域原则把自由民划分成了35个地区部落，同时吸收外邦移民和获得自由身的奴隶加入新部落，增加了公民的数量，扩大了兵源。

　　塞尔维乌斯的改革使得大量的有产平民享受到了更多的政治权利，同时承担了相应的义务，限制了氏族贵族势力，壮大了国家的军事实力，为罗马城邦的崛起奠定了基础。在位44年，塞尔维乌斯政绩卓著，体现出了非凡的政治才干，他把国家管理得井然有序，却处理不好自己的家务事。他有两个女儿，姐姐图利亚刁蛮任性、争强好胜；妹妹温柔似水、善良老实。与先王塔克文的两个儿子在年龄上很般配。塔克文的儿子性格迥异，小塔克文利欲熏心、雄心勃勃、脾气暴烈如火；而他的兄弟则温和内敛，性情持重。塞尔维乌斯把刁蛮的女儿许配给了后者，把甜美温柔的女儿嫁给了前者，希望四个年轻人从伴侣身上取长补短，克服自身性格上的弱点，在提升自我的同时，享受幸福完满的婚姻。

　　这个设想很美好，结果却不尽人意。图利亚从骨子里瞧不起丈夫，经常骂他没用、懦弱，曾毫不掩饰地说，有这种没本事的男人当家，好运永远不会降临到自己头上。见丈夫被骂得狗血淋头，却一声不吭，她更加不屑了，索性抛开妇德，勾引妹夫小塔克文。小塔克文欣赏图利亚的泼辣大胆，两人顺理成章地走到了一起，此后时常出双入对、卿卿我我，把各自的伴侣冷落到了一边。图利亚的妹妹发现了他们的奸情，却不敢声张抗议，渐渐抑郁成疾，不久即抱憾而终。图利亚那个好脾气的丈夫，也因为妻子红杏出墙，郁郁寡欢而死。就这样图利亚变成了寂寞的寡妇，小塔克文变成了饥渴难耐的鳏夫。没有了婚姻的羁绊，两人更加有恃无恐，索性干柴烈火似的凑到了一起，重新组建了家庭。

对于他们的结合，塞尔维乌斯没有作出任何表态，晚年丧女的痛苦，给他的打击实在太大，他始终沉湎于深深的自责，以致腾不出精力去干涉另外一个女儿的爱情和婚姻。逞强好胜的图利亚和野心勃勃的小塔克文结为夫妇之后，产生了奇妙的化学反应。一个梦想着做王后，另一个则被怂恿着窃夺国王宝座。图利亚只要一有时间就挑唆丈夫："你要真是一个敢作敢为的人，符合我的期望，我便崇拜你、尊重你，把你当成一个顶天立地的男人来看待；如果不是，我只好人倒霉了，责怪自己命运不济。你为何迟迟下不了决心？我又没要求你跑到希腊的科林斯或伊特鲁里亚的塔奎尼亚发动政变，你究竟在怕什么，有什么好顾虑的？你若不能在罗马有所作为，那么就去科林斯、塔奎尼亚吧，到你父亲和祖先生活过的地方开拓一片天地吧。"

小塔克文本来就权力欲极盛，听了这番话，顿时被刺激得热血上涌。有了篡位的想法之后，他立刻展开了行动。首先花重金收买了长期定居在罗马城邦的伊特鲁里亚人，赢得了森都利亚大会的部分支持，然后又把手伸向了元老院，笼络了新兴财富阶层的议员。一切准备就绪后，小塔克文带兵闯入了元老院，发表了一场惊世骇俗的演讲，直接把矛头指向了岳父塞尔维乌斯，并严厉批评罗马人推选一个来历不明的人当国王。元老院的议员面面相觑，即便对这一说法不敢苟同，也都默契地保持了沉默。小塔克文一个人自说自话，几近疯狂。他那咄咄逼人的态度，令在场的所有人感到害怕，谁也没有胆量赶人。

塞尔维乌斯听说小塔克文在元老院里批判自己，马上赶了过来。元老们见到国王，如释重负地舒了一口气，认为小塔克文的闹剧该收场了，只有那些新贵议员在暗暗为小塔克文打气。面对小塔克文无理取闹的荒谬指责，塞尔维乌斯非常生气，本想正义言辞地将这个不知天高地厚的年轻人痛斥一番，可惜对方没有给他机会。小塔克文不等老国王开口，一个箭步冲了上来，一把将其抱起，如同丢弃废弃品一般，把他扔到门外的台阶上。塞尔维乌斯从未受过这样的羞辱，气得脸色都变了。如果年轻20岁，他一定会找羞辱他的那个人决斗。考虑到自己年老体衰，不是年轻人的敌手，只好悻悻作罢。老国王自叹英雄迟暮，不愿自取其辱，遂有意识地避开了小塔克文的凌厉锋芒，马上离开了波涛暗涌的是非之地，匆匆向王宫赶去。他不知道，其实王宫也不安全，小塔克文早已埋伏好了刀斧手等着他。

塞尔维乌斯在王宫里遭到了袭击，伤势很重，眼看奄奄一息。暴徒们丝毫没有给他喘息的机会，居然把气若游丝、伤痕累累的他扔到了冰冷的大街上。路上的行人吓坏了，还以为国王死了，有的掩面而走，有的三三两两作鸟兽散。图利亚闻讯，赶着马车从父亲的身体上碾压了过去。饱受折磨的老国王彻底断气了，临死前发出了一声悲凉的轻叹。图利亚若无其事地跨过父亲的尸体，兴高采烈地跑到丈夫身边庆贺。就这样，小塔克文成了罗马的第七位国王，图利亚如愿成为王后。

"桃色官司"引发的灭国之祸

小塔克文是通过政变上台的，他的即位没有经过森都利亚大会选举，也没经过元老院批准，不符合正常的程序，其合法性遭受了广泛的质疑。为了巩固权位，他采取了一系列的极端措施，毫不留情地血洗了忠于先王的元老院议员，然后一脚把元老院和森都利亚大会踢开，将国政大全牢牢掌控在自己手中，事事亲力亲为，开始了专制独裁的红色恐怖统治。他知道自己的倒行逆施引发了许多的议论和仇恨，因此每次出行，都必须前呼后拥，有一大批全副武装的卫兵贴身保护，如若不然，绝不踏出宫门一步。

小塔克文显然不像塞尔维乌斯那样深受爱戴，罗马市民惧怕他但不敬爱他，背地里给他取了一个难听的绰号"傲慢的塔克文"，讽刺其专横跋扈、一意孤行。小塔克文为了缓解国内的敌对情绪，频频对外发动战争，希望以此激起罗马市民的爱国情绪和荣誉感，顺便把视线转移到境外的战场上。这个策略奏效了。罗马军队节节胜利，捷报频频传来，罗马市民无比自豪，暂时忘记了新国王的暴行。

小塔克文在位期间，最重要的举措是把一大批伊特鲁里亚人拉入了拉丁同盟，获得了伊特鲁里亚势力的支持。拉丁同盟是罗马第四任国王安库斯·马尔西乌斯一手缔造的，它指的是罗马和附近的拉丁诸邦以盟友的关系相处，共同举办节庆日、祭祀日，协同作战。最初双方关系对等，随着罗马国力日益增强，罗马城邦渐渐扮演起了领导者的角色，每次作战，最高军事指挥官都由罗马人担任。小塔克文当政时期，有意吸收伊特鲁里亚成员加入拉丁同盟，进一步提升了伊特鲁里亚人的地位，间接导致了拉丁人政治地位的下降。

王政时代后期，一连三代国王都是伊特鲁里亚人，以致后世普遍认为罗马政权已易主，国家权杖已经悄然滑落到伊特鲁里亚人手里。伊特鲁里亚人在罗马的势力越来越庞大，的确是不争的事实，但令人不解的是，他们的母邦日渐衰弱了，前者的辉煌和后者的暗淡形成了鲜明的对比。小塔克文没有意识到这一点，以为打好伊特鲁里亚这张王牌，就能坐稳江山，过于乐观地估计了当前的形势。

在罗马的最后一年，小塔克文继续推行穷兵黩武的政策，他亲率罗马大军攻打阿迪亚，这次军事行动出师不利，没有达到预期的突袭效果，他只好放弃速战速决的打法，采取围而不攻的策略，以期守城的拉特林人粮草断绝后，自己出城投降。当时他的儿子塞克斯图斯和堂兄弟的儿子科拉提努斯都在军队中。有一天，两个年轻人在军帐中饮酒作乐，酒酣耳热之际，忽然谈论起自己的妻子。两人各自吹嘘自己的妻子如何贤良淑德、温柔端庄，都说自己娶了天下最好的女人，为此争论不休。科拉提努斯最后提议说："口说无凭，现在谁也不能说服谁，不如我们悄悄回到罗马，看自己的妻子在丈夫行军打仗的时候都在忙些什么，这样就能分出高下，分辨出谁的妻子更温良贤惠。"塞克斯图斯欣然答应了。

两位年轻人因为心血来潮的打赌，在战时擅自离开了军队，各自骑着马返回了罗马。塞克斯图斯快马加鞭地赶路，黄昏时分才到家。他迫不及待地推开了大门，恨不能马上给心爱的妻子献上一个热吻，结果发现妻子正在和一群纨绔子弟举杯欢饮，喝得烂醉如泥，不仅仪态尽失，而且浑身散发着难闻的酒气。而科拉提努斯的妻子卢克蕾西娅却在一丝不苟地做着针线活。朦胧的灯光，衬托着她娴静优雅的气质，有一种无与伦比的美。她那专注的样子十分迷人，令人一见即产生我见犹怜的感觉。

塞克斯图斯输得心服口服，一句话也说不出。科拉提努斯十分得意，出于炫耀的心理，故意召唤妻子烧饭招待客人。在晚宴的餐桌上，塞克斯图斯边品尝丰盛的佳肴，边打量美貌的女主人，不由得产生了非分之想。在接下来的几天里，塞克斯图斯一直对卢克蕾西娅念念不忘。由于心痒难耐，他再次擅自离开了军营，未打招呼便跑到科拉提努斯家里做客。当时科拉提努斯还在军队里，对他的造访毫不知情。面对这个不速之客，卢克蕾西娅一点也没有产生戒心，她好酒好肉地款待了他，晚饭过后，又给他安排了干净整洁的房间。

夜半时分，塞克斯图斯偷偷走出了屋子，蹑手蹑脚地溜进了卢克蕾西娅的卧室。卢克蕾西娅听到有人闯入的声音，以为进了盗贼，十分害怕，正欲惊叫。塞克斯图斯制止了她。他一手拿着短剑，另一只手按着卢克蕾西娅的胸，压低声音威胁说："别出声，我手里有武器，你要是发出一点声音，我就一剑结果你的性命。"卢克蕾西娅不肯就犯，继续做着无谓的反抗。塞克斯图斯急了，进一步威胁说，如果她不肯屈从自己，就把她先奸后杀，然后再弄死一个男奴隶，散布谣言说她不守妇道，趁丈夫出征和男奴隶鬼混，自己是出于公愤，才将他们这对不知羞耻的奸夫淫妇处死的。到时她不仅会死得很难堪，还会身败名裂，甚至将影响到整个家族的清誉。

　　卢克蕾西娅吓呆了，她从未遇到过如此无耻的男人。塞克斯图斯趁她迟疑，强暴了她，畅汗淋漓地宣泄完野兽般的欲望之后，心满意足地回到了军营。卢克蕾西娅抽泣着给丈夫、父亲写了信，要求他们带上朋友马上赶回家里。她的丈夫和父亲各带回了一个信得过的朋友，一个叫普布利乌斯·瓦雷列乌斯，一个叫布鲁图。前者是一个乐善好施的名流，后者是国王小塔克文的外甥。布鲁图不是真名，而是别人给他起的外号，在拉丁语的语境中是傻瓜的意思。由于他的一个兄弟无故被国王舅舅处死，出于明哲保身的需要，他成天装疯卖傻，因此得了傻瓜的绰号。

　　四个男人齐聚一堂，满怀着义愤，听完了卢克蕾西娅悲惨的故事。他们答应日后一定为她报仇。卢克蕾西娅目光笃定，似乎了了一桩心愿，嘴角浮现出一丝不易察觉的微笑，男人们见她平静了下来，全都如释重负。就在大家放松警惕时，卢克蕾西娅忽然从衣服里掏出一把短剑，猛地扎向自己的胸口，瞬间刺穿了心脏。她死了。她的丈夫科拉提努斯肝肠寸断、悲痛欲绝，抱着朋友卢克雷修斯失声痛哭。她的父亲差点昏厥过去。现场唯一冷静的人是布鲁图。布鲁图从死者身上拔出了利剑，喃喃地发誓道："在受害者无辜的鲜血面前，我郑重起誓，我要用正义之剑讨伐暴君小塔克文，以及他恶毒的妻子、邪恶的儿子，推翻他们的反动统治。以后罗马人再也不用忍受暴虐的君主了。"

　　听到布鲁图推翻暴政的宣言，另外三个男人惊呆了，他们只想将强奸犯塞克斯图斯绳之以法，为含恨自尽的卢克蕾西娅报仇，没想过要推翻小塔克文的统治，更没想过要结束王政时代。但转念一想，塞克斯图斯之所以敢为所欲为，是因为政治背景雄厚，身后是大权独揽的父亲和至高无上的王权，如果不颠覆这种政治体制，还会有千千万万的良家妇女沦为暴政的牺牲品。彻悟之后，四个男人按着短剑起誓，发誓一定要推翻暴君统治，废除延续 200 年之久的王政。他们把卢克蕾西娅饱受蹂躏、血迹斑斑的尸体运到了人山人海的广场上，用沉重悲伤而又饱含愤激的语调，向来来往往的人群控诉小塔克文家族令人发指的残忍暴行。

在暴政压迫下苟延残喘的罗马市民再也无法忍受下去了，每个人都心知肚明，任何一户人家的女儿都有可能成为下一个受害者，由于神圣的法律遭到了无情的践踏，暴君家族的意志成为最高法，受害者将无处申冤，只能含垢忍辱了此残生或者一死了之。罗马人受够了，是时候该清算小塔克文家族了。积蓄多年的不满情绪，瞬间如火山喷发般爆发了出来。

人们自发地团结在布鲁图的领导下，组织起了一支声势浩大的革命军。王后图利亚听说罗马闹起了革命，非常害怕，仓皇逃离了王宫。在外征战的小塔克文闻讯，火速回师镇压，兵临罗马城下时，大军停下了脚步，高大坚固的城墙阻挡了他们的去路，只要城门不开，谁都别想进去。小塔克文焦躁地在城墙根下徘徊着，气急败坏地咒骂先王塞尔维乌斯，声称要不是老家伙异想天开，非要建这该死的城墙，他绝不会沦落到今天这个地步。站在城墙上的罗马士兵，听罢不屑地笑了起来，他们愉快地向满脸愠色的小塔克文宣布：尊贵的国王陛下，您和您的家人已经被永久地放逐了，赶快滚出罗马，再也不要回来了。

小塔克文无计可施，只好灰溜溜地离开了，他的大儿子和小儿子躲到了伊特鲁里亚，犯下强奸罪的小儿子塞克斯图斯逃往别处，不久被仇家杀死。小塔克文家族的统治被推翻，王政时代一去不复返。

第三章

共和时代——自由孕育繁荣与危机

　　早在王政时代，罗马已经确立了由国王、公民大会、元老院组成的三权分立整体体系。不过由于国王权力太大，不同的权力部门不能互相制约和平衡。共和体制纠正了这一缺陷，不设国王，只设两名执政官，执政官仍是民主选举产生，任期仅为一年。清明的政治、自由宽松的环境，促成了罗马的繁荣与强盛。然而古罗马时期的共和仍然存在许多问题，比如阶级矛盾、不同利益主体的矛盾。随着扩张的加速，罗马的疆域越来越辽阔，掳掠的奴隶、财富越来越多，奴隶和奴隶主之间的矛盾越发尖锐化，导致共和国内部奴隶起义不断。与其同时，共和国内部的矛盾也显露出来，平民和贵族的斗争越来越激烈，统治阶层不同派系之间的斗争也进入了白热化状态，各种危机爆发，致使强盛一时的共和国走向了末路。

风雨飘摇中的共和国

罗马人民出于公愤，推翻了小塔克文的独裁统治，此后再也没有推选君主。小塔克文及其家人的残暴行径，使人们充分认识到了君主政治的罪恶。于是，在布鲁图的建议下，大家一致决定永远地抛弃国王和王冠，用民主共和代替腐朽没落的王权政治。罗马进入了共和时代。

共和政治的概念是，国家机器和政府机构是公共的，属于全体罗马市民，它们不再是统治者个人意志的工具。国家的根本职责在于为所有国民谋福利，为公共事业服务，绝不能为私人或某个特权集团非法谋取暴利。政府官员由民主选举产生，职位不能世袭。在共和体制下，国王成为远去的历史，转而被两名执政官取而代之。执政官由一年一度的民主选举产生。国家一切重要事务全权委托给执政官处理，执政官的行为要受到法律框架的约束，其个人权力不能凌驾于国家法律之上。

这种设计有许多可取之处，比如最高权力分配给两个人，能有效防止独裁。两名执政官在履行职责的过程中，相互监督，相互制约，协同合作，可防止权力滥用和腐败的产生。执政官掌权的年限仅有短短一年，无法长久把控国家政权，这样就不能在私下里结党营私或者在政坛上呼风唤雨了。更重要的是，能力不济的政客会迅速被更杰出的后起之秀取代，国家不至于在庸人的领导下徘徊不前。缺点是，权力交接太频繁，政策不具连续性，很有可能浪费很多公共资源。最大的问题是，法律规定，只有一家之长才有资格入主元老院，这就意味着父亲健在，儿子永远进不了元老院，这项政策不利于青年才俊出人头地，极有可能引起年轻贵族的强烈不满。

　　共和体制确立后，象征王权的事物基本上被付之一炬，只有法西斯束棒保留了下来，为了减轻人们的恐惧感，法律规定，同一时期，只有一名执政官有权配备这种特殊的行刑武器。人们把这项至尊权力给了共和国最大的功臣布鲁图，并推选他为罗马第一任执政官，另外一位革命领袖科拉提努斯当选为第二位执政官。两位执政官与小塔克文是旁系血亲，与旧势力旧家族有着牵扯不断的关系，他们必须表现得大公无私，才能赢得罗马人民的充分信任。他们是否能经受住考验，人们拭目以待。

　　在这极其特殊的时刻，布鲁图的两个儿子和科拉提努斯两个外甥卷进了阴谋复辟的风波，把两位执政官逼到了骑虎难下的境地。原来这四个年轻人因为进不了元老院，对共和国极为不满，密谋迎回小塔克文，恢复旧王朝的统治。他们聚集了一群志同道合的年轻贵族，歃血盟誓。由于涉世不深，阅历太浅，他们毫无防范之心，竟然在自己家里无所顾忌地商谈复辟大计，字字句句都被奴隶听到了。其中一个奴隶告发了他们。新政府连夜展开了行动，将这群夸夸其谈的年轻人抓了个现行。侍卫从现场搜出了一份同盟者的签字血书，按照花名册，将余党逐一抓捕归案，一夜之间就把全部复辟分子一网打尽了。

　　第二天，消息传遍了全城，罗马市民倾城出动，纷纷涌向广场，观看罪犯接受审判。两名执政官眉头紧锁，脸色惨白。大家都觉得这批年轻的罪犯会被宽大处理，因为主谋是两个执政官的亲戚，谁也不指望新上台的执政官大义灭亲，在公众场合处死自己的亲属。布鲁图确实感到左右为难，事发当晚，他彻夜未眠，不知道该怎么处理两个离经叛道的儿子和另外两个年少的亲戚，不杀不足以服众，他要是徇私枉法，共和国公平公正的根基将不复存在，民主、自由的理念将成为一纸空谈，这是他和全体罗马人民都不希望看到的，可是真的要秉公执法，以叛国罪处死自己的至亲，他又下不了狠心。他思前想后，最后想出了一个两全其美的法子，要求先以家长的身份处置两个儿子，再运用国法以执行官的身份审判案件。由于他是一族之长，罗马人认为他的请求是恰当的，没有人提出异议。

布鲁图松了口气，他马上端起家长的架子，用威严的口吻质问两个不争气的儿子："提图斯、提贝里乌斯，有人指控你们阴谋颠覆共和国，犯下了叛国大罪，你们有什么话辩驳？"两个年轻人倔强地昂着头，一言不发，仿佛没有听到一样。布鲁图急得不得了，一连问了三遍，仍然没有得到任何回应。面对生死抉择，年轻的罪犯拒绝放下贵族的尊严，既不肯摇尾乞怜，也不肯屈膝投降，他们不约而同地选择了缄默。拯救儿子的最后一线希望破灭了，布鲁图绝望了，他无法掰开儿子的嘴巴，只能秉公处理了。在他的默许下，卫兵提着法西斯束棒走了过来，然后抡起行刑工具往死里抽打两个细皮嫩肉的年轻人，打晕之后，将不省人事的罪犯提起，最后用束棒尾端的利斧砍掉了他们的头颅。

布鲁图面不改色地观看了整个行刑的过程。民众被他那铁面无私的执法态度所打动，忍不住欢呼起来。而科拉提努斯的表现则差强人意，他的双眼里噙满了泪水。罗马人民觉得他有偏私护短的嫌疑，不约而同地向他投来愤怒的目光。刚刚从暴政中解放出来的民众，对特权和徇私舞弊的行为充满深深的恐惧，所以有些矫枉过正，把罪犯家属的真情流露视为反动。科拉提努斯只是洒了几滴清泪，便莫名其妙地被推到了风口浪尖上。

最初对科拉提努斯的诋毁，只限于闲言碎语，后来闹得流言满天飞，以至布鲁图不得不出现收拾残局。在森都利亚大会上，布鲁图重申了自己的立场，向所有罗马市民承诺他将不惜一切代价捍卫民主自由，绝不会让腐朽势力死灰复燃，小塔克文家族已彻底退出历史舞台，不能继续干涉和妨碍罗马人民行使神圣自由的权力。说完，他脸色一沉，把头转向了科拉提努斯，用政治家的冷静语调说道："眼下只有你能关上潘多拉的盒子，消除罗马人的恐惧，之前，你在推翻王室、驱逐暴君方面立下了大功，给罗马人民带来了自由，现在请你继续履行职责，将王室的名字彻底从罗马擦除。作为旧势力的一员，请你带上全部家产和家人离开吧，只有这样，罗马人才能摆脱恐惧。只要还有一个小塔克文家族的成员留在罗马，民众便会深感不安……"

科拉提努斯被这不合理的要求惊得目瞪口呆，半晌无语。他是小塔克文家族暴政的直接受害者，眼看着妻子因受辱惨死，却无能为力。现在暴君和害死他妻子的禽兽被赶走了，他本以为自己将沐浴在共和国的光辉下开始新的生活，万万没想到人们会因为他和小塔克文有血缘关系，就把他当成共和国的敌人。这实在太不可理喻了。他站起身，正要说出自己的心声，却吃惊地发现会场上所有的罗马公民都用赞许的眼光看着布鲁图，连他的岳父也不例外。科拉提努斯心如死灰，他知道自己该识相地离开了，如果继续留在罗马，很有可能遭到粗暴驱逐，也许还会受到更多的折辱。

为了保留最后的尊严，科拉提努斯立即辞去了职务，带着家人悄无声息地离开了罗马，举家搬迁到了拉维尼亚姆，但这么做是不合规矩的。按照当时的规定，绕过正常的法律程序，不打招呼便逃到另一个国家生活，属于叛逃行为，性质十分严重。但通情达理的罗马人并没有对这个刚刚卸任的执政官穷追猛打，而是默许了他前往别国避难的行为。此后，罗马自动形成了一条约定成俗的规定：任何一位罗马公民，因政治问题到国外避难的，将不再被追究法律责任。

科拉提努斯潜逃后，布鲁图提议驱逐所有姓塔克文的罗马人，这项决议获得了元老院的支持，小塔克文的残存势力被当作王权的残渣余孽，遭到了全面彻底的清除。随后布鲁图推荐大贵族普布留斯·瓦莱里乌斯填补执政官的空缺。罗马共和国的政权进一步得到巩固，局势渐渐趋于稳定。

平民维权斗争的里程碑——十二铜表法

共和国是一种新生事物，代表的是一种全新的执政理念，比王政体制下的军事化民主要先进得多。但刚刚脱颖而出的共和国并不像人们想象得那么完美。由于执政官和元老院议员都是从贵族阶层产生的，国家机构仍然被贵族所把持。平民只能参加森都利亚大会，不能担任国家高级职务，拥有的政治权力完全不能同贵族相提并论。由于政治地位的不对等，贵族永远凌驾于平民之上，优先享受资源和福利。许多公有地都被大贵族侵占了，平民名下的土地少得可怜，因失地或少地生活困顿、陷入债务牢笼的人不计其数。即使没有欠债，平民照样处境维艰，罗马政府连年对外宣战，他们既要征战沙场充当炮灰，又要承担沉重的赋税，日子过得苦不堪言。富裕的平民对现状也不满意，他们希望获得与贵族同等的权力，广泛参与国家公共事务，发出自己的呼声，彻底打破贵族的政治垄断。

共和国民主、自由、公正、正义的观念渐渐深入民心，促成了全民维权意识的觉醒。广大平民认为，他们不能继续忍受贵族的奴役和压迫了，于是一场旷日持久的政治斗争开始了。平民众志成城，掀起了一场又一场轰轰烈烈的"撤离"运动，动辄集体退出森都利亚大会，使国家机关陷入瘫痪；甚至在战时以集体撤出军队相要挟，迫使贵族作出妥协。公元前494年，一群债务缠身的平民拖家带口离开了罗马，跑到阿文廷山定居。当时罗马四面受敌、危机四伏，随时可能遭到敌人的大举入侵。平民的大量撤离，对于缺兵少卒的罗马政府来说，无疑是一种巨大的损失，体制内的贵族为此大为恐慌，只好主动同平民谈判。经过协商，贵族同意平民每年推选出两位代表充任保民官，以保证平民阶层的利益和人身财产安全不受侵犯。平民的维权斗争取得了阶段性的胜利。

平民阶层普遍认为执政官权力过大，强烈要求削弱执政官的职权，他们把相关意见反映给了保民官特伦提乌斯·阿尔萨。特伦提利乌斯·阿尔萨向元老院贵族转达了这一提案。那是公元前462年，在此之前罗马已经产生了60多位保民官，这些民选代表凭借着民众的支持和个人的领袖魅力，在政坛上发挥着越来越重要的作用。可惜他们仍然无法和贵族抗衡，只能耐心地等待时机，以锲而不舍的精神顽强斗争下去。虽然特伦提利乌斯·阿尔萨的请求合理又正当，却遭到了贵族的驳回，限制执政官的权利法案迟迟不得出台。第二年，继任的保民官又提出了同样的要求，贵族再次驳回了这一提案。平民们不气馁，把希望放在了下一任保民官的身上，一连好几年，新上任的保民官都会重复相同的请求。平民和贵族的斗争变成了一场拉锯战。

贵族见平民如此难缠，不得不作出妥协和让步，适度增加了保民官的人数，每届保民官的数量由原来的 2 人变成了 5 人，后来又增加到 10 人。平民欣然接受了贵族的让步，但仍执着地请求限制执政官的权力。让保民官人数翻倍增加，其实是贵族的一种政治策略，他们企图在保民官中找到可拉拢的对象，进而将其发展为亲信，以达到不可告人的目的。平民不可能不知道贵族暗藏的鬼胎，他们只是不想捅破那层薄薄的窗户纸而已，因为保民官人数增加对平民也是有利的。平民的代言人越多，发出的声音也就越大，贵族不可能永远充耳不闻。

公元前 456 年，保民官伊基利乌斯请求将阿温提努姆山冈划给平民作为建筑用地，以满足平民的住房需求。阿温提努姆山冈长期被贵族霸占，境内林木森森，一直未开发利用。这个请求得到了批准，平民在山上建造起了房屋，不仅解决了安居问题，而且享受到了森林绿地和新鲜的空气。公元前 454 年，限制执政官权力的法案再次被提上日程。时任执政官高调宣布，自己将独善其身，尊重元老院和森都利亚大会的意见，不去干涉该法案的表决和通过。紧接着，保民官提议成立立法委员会，平民和贵族均可参与民法和刑法的制定和推行。贵族部分同意了这一请求，前提条件是立法委员会的成员只能是熟悉法典、学富五车的贵族，不能是胸无点墨、空有一腔政治热情的平民。平民作出了让步。

不久，双方就限制执政官权力的问题达成了一致意见，规定执政官必须依法行使权力，滥用职权将受到法律制裁，依据情节的轻重交付不同额度的罚款。

为了制定出逻辑严密的法律条文，元老院派出了三位资深的元老前往希腊取经。有个叫赫尔摩多罗斯的希腊人着手翻译了希腊城邦的各项法律法规，并针对其中的各种条文，给勤奋好学的罗马人作出了耐心细致的解释。罗马元老学成归来，立刻把希腊的法典移植到了罗马这片土地上。有了法律框架，立法委员会也随之建立起来了。立法委员会的成员共有10人，全都源自贵族阶层，其中有3个名额给了到希腊进修的元老，有2个人是时任执政官，其余5人为做过执政官的政治家。立法委员会成立后，将司法权、立法权集中到了10位贵族手上。法律规定，立法期间，保民官和平民不可申诉，必须遵从立法机构的决定。

十人委员会容易让人联想到少数人的寡头政治，不过委员们在制定修改法律时，态度确实很虔诚，他们花了大量的时间审查过去的法律法规，把不合理的部分全部撤销，仅保留了与时俱进的部分，将法律条文中逻辑不清、存在矛盾之处逐一做了调整，法律以明确的条文形式被固定下来，取代了所有模糊不清的不成文的法律。平民虽然没有参与立法，却也从中得到了实惠和好处，比如法律条文公布之后，每个公民就会对相关规定了如指掌，贵族再也不能凭借个人喜好和意愿随意更改或扭曲法律规定了。更重要的是，平民可以畅所欲言，提出合理的建议和修改建议，部分意见会得到采纳，补充到新法里。经过一系列的准备工作之后，立法委员会制定了10条法规，经元老院和参加森都利亚确认，顺利通过，库里亚大会表示接受和认同。这10条新出台的法律被逐条刻在了铜板上，铜板放在罗马广场最醒目的位置，以方便人们阅读。

制定一套全新的法律需要耗费大量的时间和精力，必须更多的人员参与才能完成，贵族提出选举新的十人委员会，进一步完善法律法规。平民同意了，这一次平民也获得了进入立法委员会的资格。第二年，新的十人委员会又颁布了两条新法律，新增的法条也刻入了铜板，这套法律因此被称为"十二铜表法"。

在十二铜表法出台之前，罗马采用的是约定成俗的习惯法，规定模棱两可，司法解释权完全操纵在屈指可数的几个贵族法官手里，法官可信口开河，随意扭曲法律，为自己的利益集团谋利。平民经常听得云里雾里，不得要领，为此吃了不少亏。十二铜表法实施以后，罗马的法律由习惯法变成了成文法，具备了公开性和透明性的特点，贵族们再也不能随便做手脚了。不过不可否认的是，十二铜表法具有一定的局限性，由于它是由贵族成员制定的，维护的是贵族阶层的利益，而不是平民的利益。唯一让平民感到欣慰的是，法律限制了贵族行使特权，有了成文法典，他们再也不能为所欲为了，审判案件和量刑时，他们必须依照公布于众的法律条文办事，以维护法律的公平性和公正性，如此一来，平民的人身权利和合法权利将在一定程度上得到保护。

十二铜表法是平民维权斗争的里程碑，它不是通过暴力流血方式换来的，而是运用非暴力手段铸成的。罗马平民用极其微小的代价，达成了自己的目的，促成了社会的进步和法治的进步，使罗马社会向文明进程迈进了一大步，实现了飞跃性的发展。

罗马军团的"轭门之辱"

罗马共和国成立初期，内部旧势力沉渣泛起，阴谋搞颠覆活动，外部面临着诸多部落的骚扰，真可谓内外交困。国内的反动势力被荡平后，罗马人特别渴望早点解除外部的威胁。环顾四周，罗马人把目标对准了雄踞北方的劲敌伊特鲁里亚，对伊特鲁里亚发动了三次大规模战争，历时近半个世纪，终于打败了这个强大的北方邻居，迈开了统一意大利的第一步。随后一发不可收，陆续征服了意大利半岛上的各部，完成了半岛的统一大业，壮大了罗马的版图，使罗马由一个小小的城邦变成了一个体量庞大的国家。

罗马对伊特鲁里亚发动的战争，史称"维爱战争"。维爱是伊特鲁里亚最大的城市，该城依山而建，易守难攻。维爱人凭借有利的地形和坚固的城池，世代驻守在那里，成功保卫了自己的家园。想要打垮维爱人，最简单实用的办法就是围城打援，把城里的守军活活困死，待对方粮草断绝，就会不战而降。可这样的计划很难奏效，原因很简单，把军队派去围城，需要消耗大量的人力、物力、财力，国家不富裕，不能用打持久战围城的办法消耗对方有生力量。那种杀敌一万自损八千的做法，不可能被看成不战而屈人之兵的良策。

罗马人和维爱人积怨已久，双方曾经因争夺盐场和土地发生冲突，后来维爱人为首的伊特鲁里亚人出兵支持末代国王小塔克文复辟，企图颠覆共和国政权，加深了彼此的嫌隙。公元前479

年，法比乌斯家族以爱国的名义，主动请缨以一己之力武力打击维爱人，得到了罗马政府的批准。法比乌斯家族的成员能征善战，多次取得大捷，维爱人连连失利，不得不调整了战术，尽量避开罗马军队的锋芒，改用发动突然袭击和奇兵埋伏的方式对付武力强大的罗马人，迅速扭转了战局。公元前479年，罗马大军陷入重围，4000精锐全军覆没。事态对罗马极为不利。关键时刻，生活在意大利的希腊人与伊特鲁里亚人打了起来，维爱人不想两线作战，罗马人也无心恋战了，双方暂时罢兵。

公元前444年，罗马人重整旗鼓，决心与维爱人决一死战，把执政官的数量由2名扩大到了3名，后来改成6名。6名执政官都是最高指挥长官，负责制定战略决策，后来又增设了监察官，负责战时向全国征兵。公元前406年，罗马人先发制人，把维爱城围了个水泄不通，维爱人坚守不出，非但如此，还拿着工具在烈日下挥汗如雨地凿山劈石，把周边的悬崖凿得更加陡峭，与此同时，又做了一系列围城筑垒加固城墙的防御工作。罗马人碰上了强劲的对手，围攻了很久都没能破城。

危急时刻，卡米卢斯被任命为独裁官，统帅罗马大军继续攻城。他充分意识到维爱城已经被城内的守军打造成了铜墙铁壁般的堡垒，强攻没有任何胜算，智取是唯一的出路，于是下令不得与维爱人擅自交战，与其同时，把军队分成六部分，让六支小分队轮流挖地道。很快，一条由城外通向维爱城心脏地带的地道挖通了，士兵们钻入地下，神不知鬼不觉地进入了维爱城，维爱人猝不及防，被打得落花流水。入城的罗马士兵和城外的军队里应外合，两头夹击，维爱人背腹受敌、一败涂地，只能可怜巴巴地任由罗马人砍杀。一阵腥风血雨过后，地上留下了一具具尸体，到处一片狼藉。少数幸存下来的人被卖为奴隶，他们的财物被罗马人洗劫殆尽。罗马士兵缴获了不少战利品，杀了不少维爱人，痛痛快快地报了仇，算是扬眉吐气了。

攻下维爱城之后，罗马人一鼓作气，大举杀向伊特鲁里亚腹地，一路势如破竹、所向无敌，如入无人之境，杀得伊特鲁里亚人措手不及。伊特鲁里亚毫无招架之力，被迫臣服。维爱战争画下了一个圆满的句点。罗马人能取得胜利，卡米卢斯居功至伟，他因此获得了极高的声誉，以鲜衣怒马的形象凯旋时，受到了全国人民的热烈欢迎。可惜人们对他的膜拜只持续了短短的四天。欢腾过后，罗马人就是否将维爱城设为陪都的问题提上了日程，平民派坚持把维爱定为第二首都，卡米卢斯对这个建议嗤之以鼻，平民派很生气，双方不欢而散。不久，卡米卢斯独裁官任期满了，一夜沦为普通公民，平民派趁机发难，将卡米卢斯驱逐出了罗马，随后高高兴兴地迁居到维爱。可是没过多久，他们就后悔了，凯尔特高卢人入侵了。

高卢大军挥师南下，直扑罗马。罗马重甲兵与机动灵活的高卢骑兵在台伯河展开了恶战，高卢骑兵所向披靡、锐不可当，罗马大军惨败，不少士兵因为忍受不了敌军的砍杀，纷纷投水而死。当高卢王布伦努斯率领大军大摇大摆地开赴罗马城的时候，发现城门大开，出任过执政官和祭司的罗马人垂头丧气地坐在神殿里，老老实实等着被杀。绝望之际，人们又想起了他们的英雄卡米卢斯。卡米卢斯没有辜负大家的期望，他听说高卢人入侵了罗马，二话不说就集结起了一支部队，对高卢人发动了突然袭击。藏身于卡皮托山元老院议员，听说卡米卢斯加入了反侵略的战斗，十分高兴，马上任命他为独裁官。卡米卢斯以维爱为军事基地，继续与高卢人周旋。

高卢人是一群来自森林的战士，习惯了丛林生活，占领了罗马城之后，不知道该怎么办，于是干脆放火烧了这座城池。罗马沦为废墟，到处都是断壁残垣和烧焦的痕迹，满目疮痍。愚蠢的高卢人毁了罗马城，把城内的粮食烧得干干净净，很快陷入了困境。更糟糕的是，他们不知道怎样处理成堆的尸骸，导致水源受污染，引发了特大瘟疫。高卢人彻底厌倦了城市生活，有了思归之意。驻扎在卡皮托山上的罗马人粮草断绝，坚持不下去了。双方无心再战，于是达成了协议，罗马人支付 1000 磅黄金买来了和平，高卢人撤军。战后，罗马人在卡米卢斯的带领下重新修建了罗马城。

高卢人离开了，罗马人度过了短暂的和平时光，没过多久，又卷入了新的战事。这次的对手是生活在意大利中部山区的萨莫奈人。萨莫奈人彪悍尚武，时常袭扰平原城镇。卡普阿抵抗不了萨莫奈人，向罗马求援，罗马发兵救援卡普阿，与萨莫奈人爆发了战争。公元前 343 年，罗马人以巨大的伤亡代价赢得了芒特高鲁斯战役的胜利。次年，双方议和休兵。后来罗马入侵那不勒斯，战火再起。公元前 321 年，萨莫奈人埋伏在灌木密集的考地峡谷，打了一场漂漂亮亮的伏击战，罗马人惨败，被迫缴械投降。士兵们脱下了战袍，浑身上下只剩下一条短裤，裸着身子，排着队从长矛架成的轭门下鱼贯而过。这次丢人的战绩被罗马人视为国耻，从此每每提到"考地轭门"，罗马人就恨得牙痒。

为了一雪前耻，罗马人秣马厉兵，重新组建起了强大的军队，陆陆续续建立多个军事据点，收紧了对萨莫奈人的包围圈。经过 10 多年的战略部署和规划，终于挫败了萨莫奈人的主力，占领了坎帕尼亚地区。面对强敌，萨莫奈人诚惶诚恐，自知凭借自身的力量，无法阻止罗马人扩张的步伐，于是同北意大利的翁布里亚人、高卢人组成了军事联盟，准备南北同时出兵夹击罗马人，待形成合围之势，进行一次瓮中捉鳖的行动。可惜不久愿望就落空了，联盟军被罗马军击败，纷纷屈膝求和。萨莫奈人孤军奋战，再次被罗马人打败，被迫议和。罗马占领了整个意大利中部，国土面积大增。

罗马人吞并了中部意大利之后，又开始向南进军。公元前280年，罗马战舰公然驶入他林敦湾，被他林敦视为挑衅，他林敦舰队偷袭了罗马海军，罗马舰队全军覆没，舰队司令自杀，战俘被残忍地折磨致死。罗马舰队遇袭沉没的消息传到国内，举国哗然，愤怒的罗马人立刻向他林敦宣战，仅用了三个月时间就重新组建起了一支强大的舰队。他林敦震惊，赶忙向希腊的皮鲁斯国王求援。皮鲁斯国王派出最精锐的部队对付罗马人，首战告捷。考虑到跨海作战，远途奔袭，不能长久，皮鲁斯国王决定和罗马讲和，于是释放了罗马战俘，主动橄榄枝求和，遭到了罗马人的断然拒绝。经过数次交锋，皮鲁斯国王尝到了厉害，狼狈地逃回希腊。他林敦军队被强悍的罗马大军击溃，他林敦被迫接受罗马人的统治。罗马人陆续征服了意大利半岛上的各个国家，吞并了整个意大利，把意大利的版图并入了罗马共和国，完成了内陆扩张的大业。

长矛方阵的绝唱——马其顿战役

从公元前 264 开始，在长达一个多世纪的时间里，罗马共和国和迦太基为争夺地中海控制权，先后进行了三次争霸战争，史称布匿战争。马其顿国王腓力五世趁两国激战正酣，和罗马克星汉尼拔签订了同盟条约，约定共同对付罗马共和国，竭力压制罗马扩张。从此马其顿和罗马交恶，两大军事强国发展成了敌对关系，先后打了四场大规模的战争，期初双方互有胜负，到了公元前 168 年，战况发生了转机，罗马人运用机动灵活的作战方式和横扫一切的强大武力，将因循守旧的马其顿军队打得落花流水。第二年，罗马军团攻打伊庇鲁斯，大肆洗劫了每一处经过的地方，被将俘的 10 多万战俘统统运往罪恶的奴隶交易市场。无数的马其顿士兵被残忍地打上了奴隶的标签，从此失去了人身自由。

第三次马其顿战争是最富悬念的一场大会战。马其顿士兵抱着玉石俱焚的勇气，对大兵压境的罗马人予以痛击。罗马军团遭遇到了前所未有的疯狂抵抗。在彼得纳战场上，见过无数大场面的罗马士兵，忽然被迎面而来的长矛方阵惊呆了。前方是一片长矛组成的移动方阵，锋芒凛冽，杀气腾腾，犹如一道骇人心魄的铜墙铁壁，上面布满了锋利而又危险的金属尖刃，随时准备刺穿鲜活的皮肉，将敌人碎尸万段。它就是传说中的"叹息之墙"，杀伤力巨大，所过之处，皆为齑粉，人马化为血肉横飞的碎末，战场一片狼藉，空留下绝望的叹息。如今这吞噬了无数血肉的巨型方阵正铺天盖地地朝罗马军团席卷而来，在全速开进的同时，发出惊天动地的隆隆声，令人不寒而栗。

面对人矛合一，酷似绞肉机似的杀人机器，罗马人没有后退，为了争夺地中海上的霸权，他们准备拼死一战，即使全军覆没也在所不惜。罗马人对马其顿方阵颇为熟悉，因为这套阵法是希腊方阵的升级版。作战时，身裹青铜盔甲、全副武装的希腊士兵，经常手持长矛和圆形盾牌步调整齐地组成 8 列的巨阵，前 4 列队形紧凑，伸出的长矛一律水平向前，数不清的矛尖密密麻麻地紧挨在一起，足以把敌方的军团戳成无数个血窟窿，后 4 列长矛竖起，构成一片势不可当、无坚不摧的利刃之墙。士兵高速冲刺时，足以在瞬间摧垮敌人的战斗力。

后来马其顿吸收了希腊方阵的精华，把多个兵种结合在一起，常备兵组成机动灵活的斜线阵，斜面对阵敌人的正面，这样两军交战时，4－5 支长矛可同时攻向敌阵中的一名士兵，一对一的战斗就演变成了多对一，谁也受不了如此猛烈凌厉的攻势。亚历山大大帝把这种长矛阵的优势发挥到了极致，他在世时，马其顿的战术发展到了巅峰状态。随着亚历山大的英年早逝，马其顿帝国的光辉黯淡了下来。腓力五世的长子珀尔修斯即位后，更加重视长矛巨型阵法，他对传统的阵法作出了适度的革新，将长矛增至 10 米长，增大了打击范围，进一步增强了攻击力度，但是由于方阵的阵型变大，移动起来速度比较缓慢，机动性灵活性受到了严重影响。

罗马人军阵的原型也是取自希腊方阵，最初的长矛方阵为 8 列，冲锋在前的前 6 列是武装到牙齿的重甲兵，后两列是装束轻便的步兵，由三四千人组成。这种方阵讲究的是整体性，需要保持队形不乱，不同兵种紧密配合，才能体现出无可匹敌的巨大杀伤力，队形一旦被冲乱，巨型军阵的优势便荡然无存了。有一次罗马军团和高卢人作战，队形被敌方的利剑和巨大盾牌冲垮，高卢人一通猛砍猛杀，把罗马人打得丧失了还手之力，若不是队形排列得足够紧密，形成一道掩护墙，罗马军团的死伤必然更加惨遭。

罗马执政官卡米卢斯走马上任后，改变了军事编组，兵种不再以部落划分，全部按照年龄标准进行编制，每个兵种根据自己的所长执行任务。大家各司其职、各显其能，作战时密切配合，战斗力大大提升。每个罗马军团的人数几乎翻了一倍，由原来的三四千人增至 6000 人，成年兵、壮年兵均为 1800 人，中青年兵人数最多，足有 2400 人。每个正规的罗马军团匹配一个辅助作战的军团。经过军事改革，罗马的列阵战术有了很大的提高，个体和整体的作战能力都有了极大的提升。

双方交战时，打头阵的青年兵全力向前推进，冲到距离敌阵 18 米的位置，迅速投掷标枪，趁着双方杀得难分难解，军团迅速将队形展开，前两列的士兵手持短剑与敌人进行肉搏战，后四列士兵配合着用标枪刺向敌人。第一轮交锋过后，壮年兵取代青年兵继续作战，青年兵稍事休息，把前列的位置让给精神抖擞、养精蓄锐多时的壮年兵。少年兵负责护卫两翼和大后方，防止敌人包抄。每场战役，不同的兵种都要轮流替换，以保证所有人始终保持最佳战斗状态。

假如青年兵和壮年兵冲锋失利，没能打退汹涌而来的敌人，那么成年兵便会火速上阵。经过一番激战，敌人的长矛长剑盾牌等兵器必然损失不少，他们将被迫使用匕首、短剑等武器近身肉搏，这时一些作战经验丰富的老兵恰好可以在合适的距离，运用长矛攻击敌人，少年兵、成年兵可借助长兵器方阵的掩护，重组军阵，继续浴血冲杀，直到把敌人打垮为止。

罗马军团凭借这种打法战胜了许多强大的敌人，那么对阵彼得纳战场上的马其顿军团效果如何呢？对于那场会战，最初罗马人也没有十全的把握。两军开战非常仓促，几乎是在毫无准备的情况下投入战斗的。起因是罗马军团的一匹战马忽然挣脱缰绳跑向对面。罗马士兵前去找马。马其顿士兵看上了那匹身姿优美、膘肥体壮的骏马，冲过来争夺。前哨发生了肢体冲突。双方士兵纷纷赶过来助战，会战就这样开始了。

马其顿军团混合了不同的兵种和不同的人种，阵容十分强大。排在最前面的是色雷斯步兵。色雷斯人肌肉发达，身材魁梧健硕，在体格上比矮小瘦弱的拉丁人占优势。他们手持长矛，身着漆黑的战袍，威风凛凛，犹如一团黑色暴风。紧随其后的是装备混乱的雇佣兵，他们的武器令人眼花缭乱，种类多得不可胜数，每人拿着各自擅长和顺手的兵器，严阵以待。第三支部队是手持白盾的青年兵，他们穿着如火焰般炽烈的猩红色战袍和一身精致漂亮的甲胄，步伐整齐地移向了方阵的左侧。最后闪亮登场的是马其顿的铜盾兵，他们是整个军队的精锐，不仅盔甲鲜明、盾牌坚固，而且格斗水平一流。

当数万常备兵一齐向前平举长矛时，罗马人立刻被那排山倒海的阵势震慑住了。执政官卡米卢斯久经沙场，经历过无数险恶的战斗，出生入死有如家常便饭。但是当他看到马其顿士兵用长矛组成的"叹息之墙"死死抵住罗马士兵的盾牌时，仍然错愕不已。罗马人最擅长近身肉搏、短距离冲杀，可马其顿的长矛阵使得他们无法近前，他们没有办法施展自己的武功。罗马同盟军中有一个皮里格尼亚指挥官急中生智，把一面军旗抛到敌阵中间，引起士兵疯狂抢夺。为了夺回那面军旗，找回军人的荣誉感，皮里格尼亚士兵挥舞着利剑疯狂地朝密集的长矛砍去，生生把长矛阵打散了，随后他们又举起盾牌狠狠地击打敌人的后背，或者用蛮力推搡，稍稍占了上风，可惜没多多久，就被马其顿人击溃了。

皮里格尼亚人仓皇溃逃，引起了罗马人的恐慌，士兵们如退潮的洪水般全线后退。卡米卢斯气得暴跳如雷，当场扯烂了衣服，几乎喊破了嗓子，但仍无力阻止大军溃退。危急时刻，卡米卢斯决定将计就计，将马其顿大军引诱到崎岖不平的山麓地带，利用复杂多变的有利地形破解长矛方阵。马其顿人果然中计，在平原上所向无敌的方阵，到了阻隔重重的山地，立时阵型大乱，不仅不够紧密，而且出现了许多明显的空隙和豁口。罗马士兵见缝就插，十分顺利地打入了敌人的方阵。

双方展开了近身肉搏战。由于近距离冲杀，长矛毫无用处，马其顿人纷纷扔掉了他们最擅长的兵器，临时改用短剑和袖珍型的小圆盾牌迎战。这套装备与罗马人的精良装备比起来，简直不可同日而语。罗马人使用的是坚如金石的长盾牌，不仅能护卫全身，而且冲击力大，马其顿人的迷你盾牌，根本无法与之相提并论。在罗马人凌厉的攻击下，马其顿方阵全线崩溃。马其顿士兵不敢恋战，开始漫无目的地竞相逃窜。眼看大势已去，珀尔修斯丧失了作战的信心，匆匆逃离了战场。这一战，马其顿有2万名兵马战士，被活俘的不下1万人。罗马人大获全胜。

皮德纳战役之后，罗马成为了地中海唯一的霸主。为了进一步削弱马其顿，罗马共和国政府肢解了马其顿，把庞大的马其顿帝国割裂成了四个孤立的小国。由于罗马在接管统治马其顿时，手段过于残暴，引起了当地人强烈的反感。不久马其顿境内爆发了轰轰烈烈的大起义。起义军势如破竹，多次击退罗马军队，后来因为义军中出现了叛徒，伙同罗马人里应外合，导致起义之火被彻底扑灭。第四次马其顿战争结束后，马其顿沦为罗马共和国名下的一个行省，彻底丧失了独立主权。

为理想折翼的天使——格拉古兄弟

　　罗马共和国晚期，积蓄已久的社会矛盾全面爆发了，奴隶起义一波未平一波又起，一浪高过一浪，平民运动热火朝天、气势如虹。在这冰火两重天的煎熬中，共和国政客们手足无措、焦头烂额，几乎无所作为，这就意味着再不作出改变，共和国的统治就无法维系下去了。然而改革的阻力是巨大的，思想守旧的元老贵族垄断了政府机构，他们一味故步自封，阻挠新政策出台，不断拖改革派的后腿，加速了共和国的没落。

　　公元前133年，新锐贵族格拉古兄弟勇敢地推行了一系列激进的改革措施，给散发着腐尸气味的没落共和国带来了一股清新的空气。日薄西山的罗马共和国蓦然现出了一线微弱的曙光。罗马人民不知该喜还是该忧，因为他们不知道眼前的景色究竟是民主政治灭亡之前的回光返照，还是新时代到来前的黎明晓色。年轻的格拉古兄弟能否力挽狂澜，战胜元老院那群食古不化的老家伙，一切都是未知数，谁也不敢开心得太早。那么格拉古兄弟又是何许人呢？他们是否有实力扳倒元老院呢？

　　格拉古兄弟出身贵族世家，是含着金汤匙出生的名流子弟。外祖父是大名鼎鼎的大西庇阿，曾在第二次布匿战争中大放光彩，打败过迦太基名将汉尼拔，被视为伟大的征服者和最优秀的军事统帅；父亲老提比略·格拉古两度担任罗马执政官，是罗马政坛赫赫有名的领袖人物，母亲科涅莉亚·阿菲莉加娜门第高贵，出自名门望族西庇阿家族。可以毫不夸张地说，格拉古兄弟的家族满门显贵，个个都是金光闪闪的大人物。但是他们并没有因为自己的显赫出身而变得骄纵狂妄，相反，他们很亲民，初涉政坛，便和广大平民打成一片，成为深受罗马人民爱戴的平民派领袖。

　　哥哥提比略·格拉古 30 岁那年，被选为保民官，在政坛上显露头角。他刚刚走马上任，就在罗马广场上发表了面向全民的重要讲话，大胆针砭时弊，斥责社会不公，为广大受苦受难饱受欺凌和压迫的平民百姓摇旗呐喊。那天阳光明媚、风和日丽，广场上人头攒动，所有人都在安静地倾听保民官的演讲。提比略·格拉古怀着无比沉郁的心情激动地说：“罗马的飞禽走兽也能找到栖身的巢穴，而为这片神圣的土地战斗和捐躯的人，在自己的家园却找不到安息之所。他们因为贫困无家可归，不得不带着妻儿颠沛流离、四处漂泊流浪，这些人曾经为罗马抛头颅洒热血，可是罗马回报他们的又是什么？满口谎言的将军诓骗士兵们说大家要为保卫宗庙战斗，可是你们看到过士兵的祭坛吗？罗马人民出生入死，不过是涂红了别人的官袍，成全了他人的丰功伟绩，让那些坐享其成的人享受荣华富贵。你们是罗马的主人，却穷得连立锥之地都没有，这公平吗？”

　　罗马听众齐声大喊道：“不公平！”提比略·格拉古点点头，

不失时机地提出了自己的土地改革方案。公元前 4 世纪至公元前 2 世纪，罗马共和国进入疯狂扩张的阶段，大量征发农民出征，导致大片土地荒芜。由于军队待遇太差，军饷过于微薄，农民从战场上返家之后，大多贫困潦倒。更糟糕的是，宝贵的土地资源被奴隶主占用了，大庄园经济兴起，脆弱的小农经济竞争力差，纷纷破产。为了讨生活，农民不得不卖田卖地，土地集中到了少数富人手里。不少人债台高筑，卖完田地仍然资不抵债，不得不卖身为奴。

平民的日子朝不保夕，随时都有破产或沦为奴隶的风险，他们迫切需要重新分得土地，解决眼前的生活问题。针对这种情况，提比略·格拉古制定了一个切实可行的土改方案，规定每户公民名下的公有地不得超过 250 公顷，地产田产较多的人，政府将支付一笔费用作出赔偿，然后将多余的部分收为国有，再将收回的国有土地分成若干小份，分给无地或失地的平民。这个方案得到了民众的热烈拥护，却遭到了贵族地主的强烈反对，他们一边偷偷转移地产，一边密谋杀害提比略·格拉古。

提比略·格拉古苦口婆心地奉劝贵族接受新的土地法案，耐心地对其晓以利害，声称新的法案也符合贵族的利益，因为罗马兵役法规定，入伍的士兵必须自备武器，丧失土地的农民因无力置办装备，被剥夺了从军的机会，这样一来，罗马的兵源越来越少，共和国将面临兵源枯竭的危险。提比略·格拉古游说贵族说："告诉我，在你们眼里，哪个更金贵，一个拥有自由身且能为国效力的公民，还是一个困守城池的奴隶，一个奋勇杀敌的士兵，还是一个手无寸铁的平民？难道你们就为了多占一些土地，放弃征服世界的机会？"他的话鞭辟入里，可惜贵族太过自私自利，一个字也听不进去。

提比略·格拉古在职期间，力排众议，不顾贵族的反对，艰难地推行着土地改革，春去秋来，一年时间很快过去了，眼看他的任期就要满了。为了保证改革事业继续推行下去，他决定竞选下届保民官。选举日当天，罗马广场聚满了人。贵族收买的打手怀揣着凶器，或者拿着棍棒混杂在拥挤的人群中，随时准备对提比略·格拉古下手。提比略·格拉人气很高，票数遥遥领先，如果不出意外的话，他将获得连任。这时有人发现了骚动，提醒提比略·格拉暂时回避，因为人群中混入了恶徒，可能加害于他。提比略·格拉古不肯妥协，继续若无其事地待在会场，暗中嘱咐周围的人要保护好自己，以免被不法分子伤害。

远处的民众不晓得发生了什么事，探着头不停地问："怎么啦？出什么状况了？"提比略·格拉古把手高高举起，放在头顶上，意思是有人想摘取他的项上人头，他的生命正遭受着威胁。一个贵族派来的暗探恶意地曲解了那个手势，高叫道："提比略想要头戴王冠，加冕为王，他现在已经成了人民的公敌。"一个叫纳西卡的反动贵族附和着说："提比略背叛了罗马，为了拯救共和国，大家跟我一块儿讨伐他吧！"说完便率领一批刀斧手向提比略·格拉古冲去。提比略·格拉古倒在了血泊中，他的支持者也被杀死了，共有300多人血溅现场。贵族的暴行在社会上引起了强烈的反响，纳西卡成了人人唾骂痛恨的过街老鼠，被迫远走他乡，不久即抑郁而终。元老院不敢逆潮流而动废除土地改革，提比略·格拉古死后，土改仍在有条不紊地继续推行着，先后有8万平民因此获益。

后来提比略的弟弟盖约·格拉古继承了哥哥未竟的事业，以保民官的身份继续为平民谋取权益。他年纪较轻，不像哥哥那样温和理智，为人感性耿直，总是一幅怒发冲冠的形象，每次公开演讲，都异常激愤，时而冷嘲热讽，时而嬉笑怒骂，民众的情绪被他充分带动起来。贵族非常害怕他。盖约·格拉古上任后，有两项重要的举措，制定了粮食法案和土改法案。根据粮食法案，政府要为广大平民提供物美价廉的粮食，为平民解决温饱问题。推行土改法案时，遇到了一个严峻的问题，罗马境内的公有地所剩无几，平民面临无地可分的困局，针对这种情况，盖约·格拉古建议在罗马所管辖的意大利和非洲建立 3 块移民地。

贵族们趁机从中作梗，指使另一位保民官蛊惑民众说 3 块移民地实在太少，要建至少得建 12 块，最好都建在意大利本土，不要让平民千里迢迢跑到气候恶劣的非洲去。意大利本土土地资源有限，根本建不了 12 块移民地。有些平民不知内情，居然做起了白日梦，但大多数平民依然拥护盖约·格拉古。贵族无计可施，决定杀掉盖约·格拉古，强行阻断改革。他们暗地里唆使执政官的侍从在公民大会上，恶意侮辱盖约·格拉古。改革派被激怒了，失手打死了这名侍从。贵族们借故大规模屠杀改革派。盖约·格拉古寡不敌众，悲愤自杀。他的 300 多名追随者惨遭血洗，全部罹难。

毫无疑问，格拉古兄弟是不折不扣的理想主义者，他们希望给罗马带来正义和公平，为了践行这个理想献出了宝贵的生命，这种精神是难能可贵的。更加令人钦佩的是，他们出身显赫，隶属于贵族阶层，却能设身处地地站在平民的立场考虑问题，甘愿为平民赴汤蹈火，不惜为之殉难。格拉古兄弟的改革虽然被扼杀了，但两兄弟给后世留下来的精神遗产将永存于世，它必成为一面正义的旗帜，激励着人们继续为真理而战。

奴隶启蒙运动——斯巴达克大起义

经过连年战争，罗马共和国的版图变得空前庞大，扩张的幅度渐渐达到了极限，征战的步伐逐渐放缓。从战场上掳来的奴隶数量日渐减少。这就意味着奴隶由原来的廉价劳动力，忽然变成了奇货可居的香饽饽，价格翻倍增长。罗马人民的购买力下降，许多人买不起奴隶了。供求关系的改变，使得原本火爆的奴隶交易市场迅速冷清下来，奴隶贩子发现这桩买卖已经无利可图，纷纷转行，改变了投资方向。

虽然奴隶身价飙升，但他们的待遇下降了。随着经济的繁荣和城市建设的加快，罗马面临着劳动力紧缺的困境。奴隶承担的工作越来越繁重，生活环境越来越恶劣，死亡率激增。有时一项宏伟的工程竣工，就有成千上万的奴隶活活累死，统治者把名字刻入不朽建筑时，城内往往尸堆如山，万千生命化为尘土。处境最为悲惨的是矿山上的奴隶，他们每天挥汗如雨地开采凿刻石头，为城市提供建筑石材，吃住都在矿上，一旦发生塌方，就会成百成百地被压死在矿坑里。

家奴也生活在水深火热之中，他们像狗一样被项圈套着，被铁链锁着，比驴干的活还多，动辄招来一顿毒打，身上遍体鳞伤，经常被打得皮开肉绽、体无完肤，结痂的疤痕比豹皮的花纹还要密集和醒目。在得到主人恩准之前，奴隶必须双唇紧闭，一句话也不能讲，轻轻动动嘴唇也不行，谁违反这条规定，就会被主人视为不敬，必然要遭到一阵鞭打。若是因感冒发烧或肺部不适等原因，不小心咳出了声，也会招来一通惨无人道的疯狂鞭打。

奴隶主的残暴行径把广大奴隶逼到了忍无可忍的地步，一场又一场声势浩大的奴隶起义爆发了，罗马共和国陷入了内战状态。西西里岛的奴隶不甘忍受奴隶主的虐待，连续两次发动起义，反抗罗马共和国的暴政。起义被血腥镇压下去以后，角斗士斯巴达克振臂一呼，率领奴隶大军揭竿而起，把奴隶起义推向了高潮。斯巴达克起义非常富有传奇色彩，过程曲折跌宕，至今为人所津津乐道。

斯巴达克是个富有多重色彩的神秘人物，从外形特征来看，他是典型的色雷斯人，长得高大威猛，有着魁梧的身材和健美的肌肉，因此得以从众多奴隶中脱颖而出，被选为角斗士。据说，他是在一场卫国战争中不幸被俘的。有一年，罗马军团大举入侵色雷斯。色雷斯人奋勇反抗，斯巴达克毫不犹豫地参加了家乡保卫战。经过一番较量，装备精良、能征善战的罗马人获得了胜利，色雷斯人惨败，斯巴达克和同胞沦为战俘，不久被转卖为奴隶。因为忍受不了奴隶主的残酷虐待，斯巴达克多次出逃，可惜没有成功。奴隶主见他体格强健，外形条件很好，就把他送到了角斗士学校。

经过刻苦的训练，斯巴达克掌握了高超的格杀技巧，打赢了好几场角斗比赛，但观众的欢呼声丝毫没有激起他的荣誉感和自豪感，反而激发了铭心刻骨的仇恨。跟同为奴隶的角斗士互相残杀，让他感到无比屈辱。他决心砸碎罪恶的旧世界，解放受苦受难的奴隶。起义之前，他慷慨激昂地对阶级兄弟说："宁可为赢取自由之身壮烈战死沙场，也不愿为贵族老爷取乐命丧肮脏血腥的角斗场。"

公元前 73 年，斯巴达克召集了 200 多名角斗士，做好了起义的准备。孰料关键时刻，有个叛徒向敌人告了密。斯巴达克只好把起义的时间提前，他带着一批角斗士挥舞着棍棒刀叉，杀死了看守，逃出了暗无天日的角斗士学校，占领了附近的维苏威火山。维苏威火山地势险峻，周围都是陡峭的悬崖，只有一条蜿蜒的小路通往山顶，可谓易守难攻。义军占据山头，时不时下山惩恶扬善，教训为非作歹的奴隶主，释放在庄园里做牛做马的奴隶。获得自由的奴隶纷纷加入起义队伍，义军规模迅速扩大，发展到了上万人。这场轰轰烈烈的大起义，很快惊动了元老院。元老院连忙出动官兵前往维苏威火山镇压。官军封锁了通向山脚的唯一山路，切断了义军的供给，企图将义军活活困死。

斯巴达克没有坐以待毙，他用柔韧性极好的野葡萄藤编成一条结实耐用的软梯，然后将软梯顺向崖底，将义军兄弟逐个安全转移到了山下。义军神不知鬼不觉地到达山脚时，罗马士兵还在呼呼大睡。斯巴达克连夜发动攻击，把敌人打了个措手不及。睡眼惺忪的罗马士兵听到喊杀声乱作一团，纷纷四散溃逃，统帅也跟着落荒而逃。经此一战，斯巴达克名声大噪，成为意大利的风云人物。许多贫苦的农民和一无所有的平民，在他的感召下，也加入了义军的队伍。可是奴隶大军没有经过严格的军事训练，缺乏作战经验，无法跟罗马军队对抗，如果不把主力转移到安全地带，随时都有可能被歼灭。斯巴达克打算翻越阿尔卑斯山，进入不受罗马控制的高卢地区。

公元前 72 年，罗马政府出动两个军团清剿义军。斯巴达克的队伍突破了重重围剿，历尽艰辛，终于抵达了阿尔卑斯山脚下。

起义的队伍像滚雪球一样越滚越大，很快发展到了 12 万人。由于义军人马众多，又被沉重的辎重拖累，在翻越大山时遇到了许多现实困难。阿尔卑斯山平均海拔约 3000 米，山顶白雪皑皑，终年不化，山上高寒缺氧，气候十分恶劣。在攀爬的过程中，义军渐渐体力不支。斯巴达克见状，选择了知难而退，果断放弃了翻山越岭进入高卢的计划，决定南下发展。

元老院闻讯，大为恐慌，马上选出了一个善于用兵的执政官，用以对付斯巴达克。新的执政官名叫克拉苏，是一个冷酷凶残的铁血悍将，为了提升军队的士气，他大力推行"什一格杀令"，将逃兵和怯战者十人分成一组，用抽签的原始方式选出一人，当众斩首示众。为防止斯巴达克袭击罗马，克拉苏在通往帝都的主干道上部署了不少兵力。然而斯巴达克根本就没有攻城的打算，他的目标是西西里岛。西西里岛民风彪悍，居民热爱自由，反抗意识强，爆发过震惊世界的大起义，非常适合做革命根据地。可惜的是，斯巴达克的计划又一次落空了，义军队伍被克拉苏困在勒佐半岛上。狡猾的克拉苏让士兵挖了一条绵延 50 多公里的堑壕，又筑起了高高的围墙，企图把义军困死在冰天雪地之中。

风雪交加、冷风呼啸的寒夜，义军点起篝火取暖。斯巴达克吩咐烤火的战士尽情说笑，制造一些响动麻痹敌军，同时吩咐另一批战士裹上雪白的羊皮，借着夜色的掩护，用泥土和树枝把堑壕填平。一切进展顺利，罗马士兵没有发现什么异样。义军成功越过了堑壕和高墙，冲破了封锁。逃出生天之后，斯巴达克计划抢占布林的西港，乘船到希腊去。这次又被闻风而动的罗马人抢了先。布林的西被罗马军团占领。义军又一次遭到了围追堵截。

公元前 71 年，双方在布林的西附近进行了最后的决战。义军损失惨重，激战到黄昏时，已有 6 万名勇士战死。斯巴达克率领残部战斗到了最后一刻。他的背部和大腿受了重伤，从马背上跌落了下来。战士们赶忙将他扶起，并牵来一匹黑马，叫他率先逃走。斯巴达克为了表示与大家同生共死的决心，果断杀死了那匹战马，继续指挥作战。由于浑身是伤，他连站立的力气都没有了，于是用一只膝盖撑地，一手高举着盾牌，一手挥剑迎战，直到战死方才倒下。

这次奴隶起义虽然失败了，但影响极为深远，斯巴达克的英雄形象和光辉事迹广泛流传了下来，激励着饱受压迫的人们反抗暴政，为自由、尊严和正义而战。

无冕之王——恺撒大帝

格拉古兄弟的悲剧，为罗马政体的瓦解埋下了伏笔。显然，共和国已经被老旧势力把持，利国利民的政策难以推行，政坛必须重新洗牌，淘汰老旧僵化的机制，罗马才能获得重生。这就意味着将有一股新的力量登上历史舞台，将陈腐滞后的元老院冲击得七零八落，彻底结束有悖民心的贵族寡头政治，那么谁能担此重任呢？恺撒。

恺撒无疑是一个政治强人，他具有一呼百应的号召力，所向披靡的战斗力，光芒闪耀的王者风范和不可一世的霸气，他不同于格拉古兄弟如羔羊般无辜纯洁，他是一头凶猛的雄狮，发怒咆哮时，连山河大地都要颤抖，他是眼神犀利的苍鹰，指爪锋利，猎杀本领一流，扑咬擒拿样样在行。同时，他又是元老院的死敌，随时准备将元老们的权力架空。元老院那群摇头晃脑、纸上谈兵的顽固老朽发自内心地畏惧他，就像畏惧洪水猛兽。的确，他们有足够的理由畏惧恺撒，因为恺撒差点毁掉他们的权杖，自己加冕为王。

从本质上看，恺撒和亚历山大大帝、拿破仑是一样的人物，他们都是威名赫赫的战神，又都是深谙权术、手腕高超的政治家，所不同的是亚历山大大帝、拿破仑成就了自己的千秋功业，自始至终都是精英阶层的代表，而恺撒却被平民运动的浪潮驱动着，阴差阳错地成了平民领袖，那么这究竟是怎么一回事呢？

恺撒起于寒微，是个没落的贵族，年纪轻轻便参军入伍了，幻想着凭借军功在罗马崭露头角。有一年他带领船队到地中海一带执行任务，被一群穷凶极恶的海盗俘虏了。身处险境，他却神色不改，冷笑着对海盗们说，假如他能平安回到罗马，一定会率领军队杀回海滩，狠狠地惩罚他们。海盗听了不以为然，忍不住哈哈大笑起来，觉得一个赤手空拳的俘虏连自己的身家性命都保证不了，却敢大放厥词，真是可笑至极。不过没过多久他们就笑不出来了，罗马交付了一大笔赎金要赎回恺撒，他们没多想便把人放了。过了一段时间，恺撒果然带着军舰回到了这片海域，俘获了这些海盗，并把他们一一钉死在了十字架上。海盗们在咽气之前认出了恺撒，后悔不该嘲笑和羞辱那名年轻的军官。

共和国后期，元老院和民主派矛盾日益加深，贵族和平民的斗争越来越激烈。当时罗马的疆域几乎囊括了地中海沿岸，可是海外行省的自由民仍然没有公民权，他们定期缴纳赋税，履行公民应尽的义务，却没有政治地位和政治权利，这是非常不公平的。民主派主张赋予海外自由民公民权，元老院贵族坚决不同意，双方互不相让，渐渐发展到了剑拔弩张、水火不容的地步。恺撒充分认识到了民心向背对一个政治家的影响，他想借助平民群众的阶梯向上爬，故毅然决然地投进了民主派的怀抱，果断站在元老院的对立面。

公元前 60 年，恺撒联合庞培和克拉苏组成政治同盟，开始与元老院分庭抗礼。该组织被后世誉为前三头同盟，以便和后来的后三头同盟（由马克·安东尼、屋大维、雷必达组建）加以区分。两年后，恺撒凭借极高的个人威望和出色的军事才华，当选为高卢总督，他只花了三四年的时间，便平定了高卢全境，把日耳曼蛮族挡在国界线之外，并将共和国的边界推进到莱茵河畔。不久，他又率领大军兵不血刃地攻入了不列颠岛。

辉煌的战绩，不断刷新的连胜纪录，给恺撒镀上了一层光环，全民对他顶礼膜拜。恺撒名利双收，趁机笼络民心，他把从战场上夺来的金银财宝换成钱粮物资，免费发放给士兵和平民，又举办了多场精彩刺激的角斗比赛，为民众提供娱乐消遣。民众对他的崇拜和爱戴达到了无以复加的地步，以致同盟中的另外两个巨头显得黯然失色。

克拉苏的军功完全不能同恺撒比，早年他镇压过斯巴达克起义，靠平定内乱起家，后来率军远征波斯，兵败被俘，死在了波斯人手上。他的死非常富有戏剧性。波斯人听说他爱财如命，把黄金融化成滚烫的金汤，强行灌进了他的喉咙，他把活活烫死了。克拉苏惨死后，政坛上最富影响力的人物只剩下恺撒和庞培了。庞培是一个非常强劲的对手，他熟谙政务，早年当过执政官，在战场上同样表现不俗，因屡立奇功经常受到表彰。庞培和恺撒是密友，两人曾经志同道合、并肩作战，建立了深厚的友谊。然而恺撒的成功，引起了庞培的妒忌，为了打压恺撒，他不惜与元老院密谋剥夺昔日好友的兵权，并勒令其离开高卢，火速回到罗马。

恺撒一眼看穿了他们的阴谋，他将计就计，决定趁此机会占领罗马。他率领军队抵达了卢比孔河畔。卢比孔只是一条清浅的小河，很容易蹚过，但骑兵迟迟不敢行动。原来罗马法律规定，未经政府批准，军队不可以擅自跨过这条河流，否则以谋逆之罪论处。恺撒见士兵犹豫不决，便大声喊道：“事已至此，我们已经没有退路了。”说完他一马当先，率先跨过了河流，士兵们纷纷紧随其后，很快就到达了河对岸。庞培没想到恺撒会率军杀向罗马，由于来不及应战，只好灰溜溜地逃亡希腊避难。

恺撒挥师进城之后，轻而易举地控制了罗马，迫使元老院元老任命他为独裁官。大权独揽的恺撒甚为得意，不久便进逼希腊征讨庞培，试图剪除这个与自己旗鼓相当的竞争对手。庞培败走，又仓皇逃往埃及。恺撒穷追不舍，埃及迫于压力，杀死了庞培，把人头进献给了恺撒。恺撒看到庞培血淋淋的首级，脸色铁青，他不敢相信他的好友和政敌居然死于庸人之手，遂勃然大怒，下令处死了杀害庞培的凶手。不久，恺撒远征小亚细亚，仅用5天时间便平息了庞培残部的叛乱。两年后，他转战西班牙，镇压了庞培的两个儿子，并收编了庞培的旧部。

恺撒大权在握，自然不甘心只当一个平庸的政客，他的目标是爬上国王的宝座，君临天下。某些善于察言观色的政客，确实有意拥戴他做国王。有一年，罗马举办节日经典，执政官安东尼捧着一顶沉甸甸的王冠，郑重其事地戴在了恺撒头上。这个异乎寻常的举动，只赢得了稀稀拉拉的掌声，多数人都在摇头叹气。恺撒意识到民主共和观念深入人心，称帝的时机不对，于是狠狠地把王冠扔到了地上。安东尼连忙俯身将王冠捡起，小心翼翼地给他戴上。恺撒又把王冠扔了。民众见此情形，高兴得欢呼起来。

恺撒虽然没有戴上王冠，但已经和国王没有什么区别了。罗马所有的军国大事都是他一个人拍板决定，元老院形同虚设。习惯了操控权力的贵族元老们不甘心大权旁落，于是组建了一个暗杀集团，决定杀掉恺撒。有一天，恺撒独自前往元老院的会议厅开会。忽然有个人冒冒失失地跑到他面前，一把抓住他的紫袍，似乎有所求。不等恺撒反应过来，众人手持短剑一拥而上，朝恺撒身体的各个部位猛地刺去。恺撒两手空空，没带任何防卫武器，只能徒劳地挣扎。他的肩部、胸部、腰部多处负伤，大腿也被刺了一剑，那一剑是他视之如子的宠臣布鲁图刺出的。得知真相的那一刻他瞬间绝望了，用不解的口吻惊问道："是你？布鲁图！我善良的孩子，为什么？"他失去反抗的意识，不再做任何挣扎，用紫袍蒙住了脸，失魂落魄地倒了下去，任由别人朝自己身上乱刺。他负伤23处，至少有3处是致命伤，死时满身血污，情形极为悲惨。

恺撒死了，刺杀他的人宣布罗马自由了，独裁者倒下了。可是并没有换来民众的欢呼。恺撒当政的日子，做了许多好事，比如他改革了元老院，吸纳了一些政见不同的进步人士，使海外行省的自由民获得了公民权，废除了平民所欠的债务，把宝贵的粮食分给穷人，还给士兵分了土地。这些都是打着民主自由旗号的元老院议员永远做不到的。

罗马人对恺撒的态度，预示着元老院把控大权的好日子即将到头了，因为人民宁愿拥护一个独裁者，也不愿支持贵族的寡头政治。失去了民心和民望，元老院还想继续行使原有的权力恐怕就没有那么容易了。所以从某种意义上说，恺撒是元老院寡头政治的终结者，他生前夺走了元老院的权杖，死后仍然阴魂不散，继续窥视和蚕食着元老院。元老院的噩梦并不会因为他的遇害而结束，相反，他的死只会让元老贵族们更快地失去特权，更早地退居幕后，让权于办事更高效的人。

第四章

帝国初期——璀璨皇冠下的罪与罚

　　共和国晚期内战频发，危机四伏，暴力斗争代替了民主抉择，近乎毁灭性的大屠杀给贵族和平民带来了挥之不去的恐怖记忆，人们呼吁政治强人横空出世，挽救危局。屋大维在千呼万唤中走到了政治舞台的中央，干净利落地结束了内战，建立了一个强有力的政权和一个庞大的帝国，成为罗马首屈一指的"奥古斯都"。鉴于恺撒遇刺的教训，屋大维没敢公开称帝，只以"第一公民"自诩，而实际上已经与皇帝无异。

　　帝制的建立终结了共和时期的纷乱，却给后世留下了无穷的灾难和罪恶。罗马帝国披着伪共和的外衣，实施专制统治，国家权力被君主所窃取，不再被公民所有，臣民、资源、土地、财富，全都成了皇家的私产，皇帝可予取予夺。皇帝的行为不受制约，骄奢意淫、残暴施虐，无人制止，因此出了不少祸国殃民的昏君暴君，屋大维之后，励精图治的贤明君主屈指可数，臭名昭著的暴君却不计其数，这足以说明帝制远远不如共和。没有了权力制衡，没有了民主竞选，没有了言论自由，国家将朝错误的道路越走越远，集权产生的罪孽也会越积越多。

克劳狄王朝第一主人公——屋大维

罗马帝国的奠基者不是鼎鼎大名的三巨头，也不是善于操纵权术的元老，而是恺撒的甥孙屋大维。恺撒遇难时，屋大维年仅17岁，还是一个稚嫩如雏鸟的翩翩少年。当年谁也不知道，这个手无缚鸡之力的瘦削少年，身体里潜藏着多大的能量，谁也预料不到未来的局势发展，人们都把目光聚焦到了老牌政客的身上，而对于恺撒指定的继承人屋大维，除了同情和安慰之外，并没有其他的表示。可是若干年以后，这个从困局中成长起来的少年，不仅击败了所有老奸巨猾的竞争对手，还彻底改写了罗马的历史，成为第一个独揽大权的国家元首，并开创了帝制。可见当时的人们低估了屋大维，那么年轻而又缺乏政治资本的屋大维，为何能后来居上，成为帝国的第一主人公呢？

不可否认的是，屋大维的家世背景确实很雄厚。他的父亲是元老院的议员，曾官拜马其顿总督，祖父是个腰缠万贯的富商，在罗马很有地位。不过父祖的资源，屋大维根本利用不上。4岁那年，他的父亲就去世了，母亲改嫁他人，他不得不进入陌生的家庭生活。突如其来的家庭变故，给幼小的屋大维带来了极大的震撼。可能是因为寄人篱下的缘故，也可能是因为缺乏父爱，童年时期的屋大维并不像其他孩子那样天真烂漫，而是深沉如成人，自幼喜怒不形于色，让人捉摸不透。随着年龄的增长和阅历的增加，他越发克制、冷静、睿智，呈现出少年老成的一面。恺撒对他欣赏有加，不仅将他收为养子，还指定他为接班人。他正是靠着恺撒的赏识和提拔，才得以步入罗马主流社会。

屋大维仿佛恺撒的影子，总是亦步亦趋地追随着后者的脚步。恺撒打了胜仗，胜利而归，总是和他乘坐一辆车参加庆功宴。两人的关系非同一般的亲密，简直形同父子。在别人看不到屋大维价值的时候，恺撒慧眼识珠，耗费了不少精力和心血栽培他，先是让他做了骑兵长官，使之熟悉军务，后来又把他送到阿波罗尼亚学习军事理论，培养他的战略眼光和统筹大局的能力。

公元前 44 年，恺撒被元老贵族合谋刺杀。当时屋大维不在罗马，母亲千里传音，给他送去了一封信，传达了这个噩耗。屋大维无比震惊，对他来说，恺撒不仅是慈父和精神导师，更是上升的阶梯、坚实的基石，恺撒死了，那么他的尊荣地位就不存在了。要想夺回失去的一切，必须为恺撒正名，重新挤进权力阶层。然而这个目标实现起来困难重重，当时的屋大维尚未成年，连进入元老院的资格都没有，凭什么东山再起，挽救自己行将夭折的政治梦想呢？恺撒虽然不在了，但他的影响力还在。作为天生的政治动物，屋大维敏锐冷静得可怕，他顾不得哭哭啼啼地哀悼亲人的逝去，果断投身到错综复杂的政治局势中，把恺撒留给自己最后的资源充分利用了起来，用最快的速度集结了恺撒的旧部，秘密商量好了杀回罗马、为恺撒复仇的计划。

出于谨慎起见，屋大维没有马上踏上罗马那块是非之地，而是远涉重洋去了意大利半岛的卢比伊镇，在小镇上待了一个星期，其间他搜集了大量有关罗马时局变化的情报。最新消息令人百感交集，罗马人为恺撒举办了葬礼，一人之下万人之上的安东尼公布了恺撒的遗嘱，遗产分为三部分，四分之三由屋大维继承，部分财产赠给凶手之一的布鲁图，其余全部无偿捐给罗马公民。罗马人情绪激动，想到恺撒生命最后一刻还在考虑造福平民，不禁悲从中来。安东尼趁机展示了恺撒布满破洞和刀痕的血衣，以一种极其戏剧化的方式调动民众的情绪，然后振臂一呼，把群众引向元老院和凶手的家里，将政敌吓得全部落荒而逃。看来擅长利用恺撒政治遗产的人不止屋大维，老牌政客安东尼在这方面毫不逊色，他几乎不费吹灰之力便继承了恺撒的权势，成为了罗马最有威望的人。得势之后，他自作主张地赦免了部分刺杀恺撒的阴谋分子。

屋大维听说恺撒的权力被外人窃取，马上按捺不住了，迫不及待地要返回罗马，和安东尼一较高下。母亲劝他不要以身犯险。当时的形势确实对屋大维不利：安东尼是共和国的执政官，且手握重兵。而屋大维不过是个初出茅庐的愣头青，既无实权也无军队，除了一腔热血和初生牛犊不怕虎的勇气，什么也没有，根本无法和安东尼对抗。母亲的质疑是合情合理的，但屋大维不以为然，他十分冷傲且自信地说："我有长矛、盾牌和义父之名，这难道还不够吗？"他用最短的时间内变卖了从恺撒那继承来的不动产，大张旗鼓地招兵买马，把恺撒旧部的精锐全部编入了军队，组建起了两个训练有素的军团，然后趁安东尼外出，回到了罗马。

安东尼返还后，会见了屋大维，两人谈判的气氛非常不友好。屋大维严厉斥责安东尼违背恺撒遗愿，没有妥善处理好遗产，并毫不客气地指责对方有意对凶手布鲁图网开一面。安东尼戎马倥偬大半辈子，从来没有被强敌吓破胆，转战政坛时，他同样遇到过咄咄逼人的对手，但从未甘拜下风，可是不知为什么，他被屋大维凌厉的锋芒和不可一世的锐气震慑住了，愣了好久才缓过神来。凭借直觉，他意识到眼前这个苍白瘦削、目光犀利深邃的少年非常不好对付，但还是佯装镇定，用傲慢的语气回敬道："如果我继续深究下去，恺撒将被定性为独裁者和暴君，他名下的所有财产将被削夺，到时你什么也得不到。你现在拥有的一切，是我跟元老院谈判争取来的，所以你最好心怀感激，不要用那种无礼的口气跟长辈说话。眼下你唯一能继承的只有恺撒的名字，你还奢望能继承他的权力吗？"

这种打官腔的说辞当然不能让屋大维信服。屋大维知道谈判不能解决问题，于是同元老院资深元老西塞罗达成了协议，在后者的支持下，大肆招募军队，作为回报，他同意帮助元老院牵制安东尼。通过施展外交手腕，屋大维把元老院成功发展成盟友，在政界渐渐混得风生水起，得以与安东尼平分秋色。他自知凭借一己之力撼不动安东尼的地位，遂暂时作出了妥协，与安东尼、雷比达组成了后三巨头联盟，联手歼灭了布鲁图余党。随后，屋大维羽翼丰满之后，削夺了雷比达的兵权，又把剑锋指向了安东尼。安东尼急忙与埃及艳后联姻，企图借助埃及力量扳倒屋大维。为了讨好埃及艳后，安东尼拟定了一份特别遗嘱，根据遗嘱，他死后的葬身地不在罗马，而在埃及的亚历山大，罗马的部分领土被划给了埃及。屋大维得到并公布了那份遗嘱，把安东尼塑造成了叛徒，指责对方为了一个野心膨胀的外国女人，不惜出卖罗马的利益。此语一出，罗马举国哗然。安东尼瞬间身败名裂。

摧毁了政敌的名誉之后，屋大维名正言顺地出兵埃及，武力讨伐安东尼。双方展开了海战，安东尼的海上舰队和埃及海军被打败。安东尼绝望自杀。埃及艳后试图用美色诱惑屋大维，以保住性命、王冠、儿女及臣民。屋大维不为所动，因为之前他已经把埃及艳后塑造成了蛊惑人心的尼罗河荡妇，自己若拜倒在女王的石榴裙下，必将步入安东尼的后尘，赔光所有的政治资本。外表压抑冷峻、骨子里风流的屋大维，关键时刻坐怀不乱，把别有所图的埃及艳后逼入了绝境，导致对方含恨自杀。据说屋大维本来打算将埃及艳后当作战利品押回罗马游街展览，在庆贺胜利的同时，让罗马人尽情泄愤。埃及艳后不堪受辱，用一条毒蛇结果了自己的性命。

埃及艳后死后，屋大维将埃及全境变成了罗马的一个行省。为了继承恺撒的权杖，屋大维毫不犹豫地杀死了恺撒和埃及艳后的儿子，但赦免了安东尼和埃及艳后的孩子。这么做不是出于怜悯，而是因为安东尼名声尽毁，他的孩子一无所有，不具威胁性，饶恕这个无辜的小生命，可标榜仁德，为自己的形象加分。

29 岁那年，年轻的屋大维登上了权力的最高宝座，成为罗马的实际统治者。为了让罗马人安心，他装模作样地解散了军队，并举行了大选，结果毫无悬念地当选为执政官，并得到了"奥古斯都"的光荣称号。"奥古斯都"在拉丁语中，有神圣、高贵之意，不像至尊、至高无上那么令人排斥，既能激起罗马人的敬意，又能提升政治家的地位，是一个非常实用的头衔。然而比起浮名、头衔，屋大维更看重实权。在罗马，执政官并不享有绝对权力，为了摆脱元老院的控制，他毅然辞去了职务，当起了保民官，以保民官的身份插手元老院事务，然后步步为营地窃取了国政大权，一手缔造的帝国，开创了克劳狄王朝，完成了恺撒生前做不到的事情。

"奥古斯都" 从人到神的蜕变

屋大维的名气远不如恺撒，但他是改变古罗马历史走向的关键人物，不可小觑，他完成了恺撒未竟的事业，推翻了共和国的政体，进一步削弱了元老院的政治地位，成为大权独揽的专制独裁者。他的上台对古罗马历史进程，既有积极的影响，也有消极的影响。积极意义在于，作为一个强有力的领导者，他在最短的时间里结束了内耗和内斗，把陷于分崩离析的罗马重新凝合起来，强化了国家军队，将兵权和国政大权牢牢把控在自己手上，有效阻止了军阀混战局面再现。

从短期来看，中央集权制的帝制比分歧众多、隐患不断的共和制更适合当时的罗马，不过从长远的眼光来看，较之于民主共和，推行帝制是在开历史的倒车，因为绝对的权力往往意味着绝对的腐败，所有权力集中到一个人手上，必然导致灾难性的后果。权力的高度集中将使人堕落腐化，导致暴君、昏君层出不穷，到时倒霉遭殃的必是广大国民。君主专制制度另外一个负面后果是，政治强人被推上神坛，成为唯一的发号施令者，掌握所有生杀予夺大权，全国上下只有一个声音、一个命令，谁也不敢有所违背，进步思想遭到封杀遏制，言论自由全部丧失，万马齐喑的局面长久无法打破，在这种情形下，历史的车轮将徘徊不前，社会是很难向前发展的。

屋大维登上帝王宝座时，当然不会考虑那么多，因为他只想满足自己的欲望。他上台后，做了两件大事，一是开展全国人口普查，以便更好地维护统治，二是适度裁军，向饱受内战之苦的罗马人民宣誓，战乱已经彻底平息了，罗马和平了。当然，最重要的举措是削弱元老院。屋大维通过刚柔兼济的手段，迫使元老院将裁员和其他重要信息张贴出来，置于图书馆，供全体罗马人民观阅。

恺撒执政时，这些信息是贴在罗马广场上的，元老们在会议上的发言被如实地记录在信息墙上，关注度极高，以至变成了人们街头巷尾热议的话题和茶余饭后必不可少的谈资。把元老院的言论记录由露天广场搬到封闭的图书馆，意味着人们对它的关注度急剧下降，如此一来，元老们的威望和人气也跟着下降了。

与恺撒不同的是，屋大维不那么热衷于战争，他有意识地放缓了对外扩张的步伐，给罗马带来了长久的和平。他在位时，罗马没有发动大规模的战争，仅有的几次出兵都收获颇丰，罗马的版图拓展迅速，从莱茵河到易北河全部纳入势力范围，广阔的地中海竟变成了帝国的内湖。不久罗马又占领了亚美尼亚和高加索，把国界线直接推到了帕提亚帝国边境。由于屋大维改变了过去穷兵黩武的政策，罗马人民得以安居乐业，生命和财产得到了保障。农业、手工业、运输业、商业蓬勃发展，到处都是一片欣欣向荣的景象。往来于帝都和行省的商队络绎不绝，各色商品源源不断地涌入罗马，海面上千帆竞发，船队穿梭如织，码头无比繁忙，不停地卸载着粮食、橄榄油、各色器皿。罗马城的面貌也为之一新，高架引水渠、公共浴场、豪华剧院纷纷兴建起来。

屋大维是一个多重色彩的人，他有克制内敛的一面，比大多数的政客富有政治智慧，也有肆意妄为、极其不安分的一面，有时为达目的不择手段。为了秘密监视政敌，他不惜勾引对方的妻子和女儿，卷入各种桃色事件。但罗马人并没有因此厌恶他，因为在大家看来，他不是在享受鱼水之欢，更非借色相探取情报，他这么做都是为了国家，不仅无伤风化，反而称得上一种勇敢的牺牲。

这种"为国献身"的精神，恺撒是没有的。屋大维的厉害之处在于，他不在乎手段和过程，只在乎结果。有时他异常残酷，有时又特别温柔平和，没人能摸得清他的脾性，所以没有人是他的对手。他曾经允许安东尼把政敌的头颅悬挂在会场展出，以达到更好的震慑效果；在夺权的过程中，他毫无原则地游走在各派系之间，彼时和颜悦色，他日便翻脸无情，种种表现令人瞠目结舌。道义和友谊对他来说并不重要，权力才是一切。到了晚年，他愈加疯狂，忍不住要迫害反对自己的人，拒绝聆听别人的乞求和忏悔。

在专制政权下，个人崇拜成风。屋大维被塑造成了有史以来最伟大的政治领袖。雕刻家消耗了大量的青铜和名贵光滑的云石专门为他塑像，有的把他刻画成了一脸严肃、略显桀骜的青年，有的将他塑造成了仪态端庄、沉稳肃穆的教士，有的则把他塑造成了戎马一生、威风八面的战将。总之，在雕塑家的描绘下，屋大维是一个虚怀若谷、充满智慧的政治家，一个文武双全风采翩然的大将，而不是一个不安分的政客、一个善于伪装的野心家。

屋大维身上有许多矛盾之处，他身体羸弱，且不勇敢，却以四两拨千斤的智慧扳倒了所有的敌人，站在世界之巅，成为罗马帝国最有权势的男人。

屋大维晚年疾病缠身，患上了皮肤病、风湿病和关节炎，体质越来越差。他忽然非常怕冷，每逢冬季来临，都要把自己层层包裹起来，单是上衣就穿了四层，里面还罩了一层暖和厚实的毛护胸。他是靠着强大的精神意志来支撑那副羸弱不堪的肉体的，活得非常辛苦，即便右腿已经行走不便，还要频繁出入元老院，主持召开会议，参加各种政治活动，军国大事全要自行裁决，事无巨细，亲自过目。这种大包大揽的工作方式，进一步毁坏了他的健康，可是他不在乎，因为他放不下权力。无论身体状况如何，他都坚持演讲，每次都照稿宣读，字字句句反复斟酌，生怕自己会失言。据说他和妻子商谈要事，也要事先打草稿，否则绝不开口。

正是因为谨慎到了极致，没有人能抓住他的把柄。可权位不受威胁，地位牢固，并不意味着他就能拥有一个美好的晚年。事实上，他从未享受过天伦之乐。随着年纪的增大，渐渐变得迷信和昏聩，出门害怕遭遇雷击。一个问心无愧的人，怎么可能担心自己遭雷劈呢？屋大维的反常行为说明，他内心极度不安，非常心虚。

皇家丑闻"制造机"——茱莉亚公主

　　屋大维掌控着罗马帝国所有的资源，自己却过着匪夷所思的简朴生活，住在帕拉丁山顶上的一间陋室里，每日粗茶淡饭，床榻极其低矮，上面没有任何华丽的装饰，服饰也很轻简，都是妻子、女儿一针一线手工缝制的。他看起来一点都不像一个帝王，像破落的贵族。那么他为什么要这么做呢？

　　原来，屋大维认为罗马陷入内乱，原因在于社会道德崩坏，人民信仰缺失，他想整顿世风世气，恢复传统风尚，把人们从堕落的边缘拉回。提倡简朴、摒弃浮华、惩治放荡行为，是他一贯的主张。不可否认的是，他确实有先见之明，在众人浑浑噩噩、大肆铺张浪费的时候，他敏感地意识到了罗马帝国的统治基础已经开始动摇，因为人们耽于享乐，不重美德，不讲奉献，一味纸醉金迷、醉生梦死，已经到了不可救药的地步。可惜的是，后世的统治者没有这样的觉悟，荒淫无度、骄奢淫逸者大有人在，毁掉了他一手开创的盛世王朝。

　　屋大维克勤克俭，身体力行践行自己的政治主张，尽了最大的努力去挽救帝国，却不见成效。因为人心不古，时代变了，人们的思想也跟着变了。帝国如此繁荣昌盛，物质极大丰富，谁又能放下虚荣和贪心，甘于过清苦的生活呢？人们只想纵欲享乐，去过一种放荡不羁的生活，体验欲仙欲死的快感，乐于苦修清修的人堪称凤毛麟角。屋大维清苦了一辈子，却没有取得上行下效的效果，更令人难堪的是，他的女儿茱莉亚奢侈放荡，制造了一桩又一桩惊天丑闻，等于变相地扇了他无数个耳光，那么一向主张存天理灭人欲的父亲，为什么会培养出这样的女儿呢？这还得从皇家的特殊婚姻说起。

屋大维一生结过三次婚，每场婚姻本质上都是政治联姻。第一任妻子是老牌政客安东尼的女儿，他为了拉拢安东尼，娶了这个女人。跟安东尼关系破裂后，妻子毫不犹豫地离开了他。第二任妻子斯克里波利娅是权势人物赛克斯图斯的亲戚，他想利用这段婚姻，把赛克斯图斯从安东尼的阵营里拉过来。茱莉亚便是他和斯克里波利娅的结晶，也是他唯一的女儿。茱莉亚出生那年，他爱上了有夫之妇利维娅。当时利维娅有孕在身，正怀着丈夫第二个孩子。他一点也不介意，竟为新欢抛弃了妻子斯克里波利娅，随之步入第三段婚姻。

屋大维迎娶利维娅不单是为了爱情，利维娅并不是一个简单的女人，她雄厚的政治背景足以令所有贪慕权力的男人为其鞍前马后。靠着不同的女人，屋大维很快跻身上流社会。他唯一的遗憾是膝下无子，只有一个女儿。为了把王朝传给与自己血缘相近的继承人，他把女儿许配给了大三岁的表哥马塞勒斯。可惜他钦点的这个驸马福薄，刚成家两年就归天了，死时没有留下子嗣。茱莉亚一夜之间成了寡妇。他不想看到女儿守寡，更不想浪费皇家资源，很快为其物色到了第二个郎君。

新郎叫阿格里帕，比茱莉亚整整大了 25 岁，是宫廷里首屈一指的权臣。屋大维的智囊团认为此人位高权重，不好控制，要么宰了他；要么把他变成自己人，招其为上门女婿。屋大维选择了后者，茱莉亚再次沦为政治婚姻的牺牲品。阿格里帕早已建立了家庭，为了攀龙附凤，毅然抛弃妻子，欢欢喜喜地迎娶了年轻寂寡的皇家寡妇茱莉亚。婚后，茱莉亚一共生了五个孩子。由于阿格里帕长年在外打仗，夫妻俩聚少离多，坊间纷纷传言，孩子都不是阿格里帕亲生的。

茱莉亚大方地承认自己暗地里偷情，并说怀着丈夫的孩子私通，所生的便不是私生子，那么这种行为就不构成犯罪。这种说法让人瞬间联想到屋大维年轻时的行为。当年屋大维也曾和怀孕的女子私通。屋大维就此事咨询过神官，神官见他面有难色，便安慰说只要母亲知道孩子的生父是谁，就不算通奸。屋大维大喜过望，于是制定了一部奇葩的法律，规定男女发生肉体关系不算通奸，男人只有让别人的妻子怀上自己的孩子，才算通奸，女人生下情夫的孩子才被认定为通奸。

茱莉亚正是借助这部新出台的《罗马通奸法》保护伞躲过了审判，在怀孕期间肆无忌惮地幽会情人，理直气壮地与之欢爱缠绵。阿格里帕猝然离世，茱莉亚再一次变成了寡妇。不久，屋大维便把她许配给了提比略。提比略是利维娅的儿子。两家再度联姻，亲上加亲，屋大维就能进一步利用第三任妻子的家族资源了。提比略同样是个有妇之夫，他和妻子感情甚笃，不愿离婚。屋大维强行拆散了这个原本美满的家庭，提比略大为不快，加之茱莉亚水性杨花，经常和别的男人暗通款曲，提比略更加郁闷，索性以身体不适需要疗养为由，独自跑到一个偏远的海岛上，过起了与世隔绝的退隐生活。丈夫不在身边，茱莉亚彻底获得了自由身，更加有恃无恐，行为更加放荡。为了砸毁父王竖立的道德牌坊，她故意带着10个情夫走向街头，然后坦然地在大庭广众之下公然淫乱，引来行人纷纷侧目。

屋大维被女儿不知羞耻的行为激怒了，他煞费苦心地整顿社会风气，女儿不仅没有起到表率作用，反而顶风而上，聚众乱交，这分明是故意让他难堪。他再也不能忍受了，随着丑闻不断曝光，他的忍耐达到了极限。痛定思痛之后，他作出了一个艰难的决定，把茱莉亚发配到一个封闭的海岛上关起来。就这样，放浪形骸的皇家公主，一夜之间沦为囚徒，每天只能形影相吊，在囚禁地凄凄惨惨地度过了余生。屋大维去世前，指定提比略继位。提比略痛恨茱莉亚人尽可夫，让自己声名扫地，下令减少伙食供应，存心不让她吃饱，致使她死于营养不良。

屋大维一生都在演戏，唯一看穿的就是他的女儿茱莉亚。屋大维口口声声说万恶淫为首，要严厉惩治通奸，自己却不检点，一度跟有夫之妇有染。茱莉亚风流可能是继承了他的基因，也可能是为了撕下他的道德面具，用无声的反抗来表达自己的不屑。总之茱莉亚不服管教，是因为他的父亲没有做到正人先正己。屋大维试图把自己打扮成道德楷模，毕生活得像个苦行僧，却因没有控制好欲火，被最亲近的人看穿，以至酿成了家庭悲剧。

屋大维的做人方式虽然不可取，但他的主张是正确的，他希望罗马人能重拾道德、回归简朴、重视家庭，这些提议都具备现实意义。当时的罗马帝国男人风流成性、女人轻浮放诞，男男女女都喜欢偷腥，婚外情泛滥成灾，社会上充斥着糜烂堕落的气息，有魅力的男人常常周旋于一群女人中间，就像花丛中的蝴蝶一样滥情，懵懂无知的少女总是奋不顾身地献出自己，未婚先孕、未婚生子的现象屡见不鲜，打扮得光鲜亮丽的贵妇竞相豢养俊俏的男宠，互相吹嘘攀比，不以为耻反以为荣。当时的人们只追求两种东西，一是能换来物质享受的金钱，二是能换来肉体快感的龙凤游戏，把伤风败俗的行为视为时尚和品位，如此下去，国将不国。屋大维早早发现了帝国的腐朽和危机，出台了种种政策，可惜的是他没能遏制住不正之风的增长，甚至连自己的女儿都管不住，既没有保住女儿，也没能保护好庞大的帝国，只能带着满腔的遗憾离开，弥留之际终于大彻大悟，细细想来，不免令人唏嘘。

风云突变

介于恺撒遇刺的恐惧，屋大维终其一生没敢公开称帝，但他开创了指定继承人的传位制度：即将未来的接班人收为养子，悉心加以培养，待自己百年之后，由养子继承大位。提比略既是他的女婿，又是他的养子，理所当然成了下一任罗马皇帝。

与屋大维的小心谨慎不同，提比略受够了这种偷偷摸摸、伪装粉饰的日子，他要光明正大地做皇帝，因此一上台就出台了一系列加强皇权的政策，剥夺了森都利亚大会的政治权力，将立法权收为己有，并宣布取消投票选举，下一任的君主人选由自己决定。由于接连推行倒行逆施，提比略疑神疑鬼，生怕别人加害自己，于是把近卫军全部调到王宫。每次出行，都有军队寸步不离地贴身保护，提比略安全感提升，遂变本加厉地推行反动措施，他强迫元老院终止讨论，无条件地附和自己的声音。元老院无法忍受他的专横，双方的关系空前紧张。

母亲利维娅去世后，提比略开始大肆迫害家庭成员，矛头直指屋大维的养孙日耳曼尼库斯。日耳曼尼库斯全家惨遭清洗，妻子阿格里皮娜和长子被处以叛国罪流放，次子杜鲁苏斯沦为阶下囚，被长期关押在皇宫阴暗潮湿的地下室里，因不堪受辱绝食而死，幼子卡里古拉被带到提比略所在的卡普里岛，一举一动受到严密监视。面对眼前喜怒无常的长辈，年幼的卡里古拉整天提心吊胆，生活在深深的恐惧之中，小小年纪便哀慕如成人，常年战战兢兢，大有如坠深渊之感。他表现得极为恭顺，不敢提及家破人亡的惨境，只能强颜欢笑，或者不动声色，装作什么也没有发生。

因为和元老院关系不断恶化，提比略担心自己步入恺撒后尘，于是长年退隐卡普里岛，在海岛上遥控帝国，在那里度过了人生中最后的时光。提比略弥留之际立下遗嘱，指定嫡孙小提比略和卡里古拉共同继承王位。元老院把他的遗嘱当成了废纸，越过了他偏爱的嫡孙，直接把国政大权交给了卡里古拉。在卡里古拉眼里，提比略无疑是个反面教材，他不仅与掌控社会舆论的元老院交恶，还不屑于取悦民众，总是一意孤行，结果留下了千古骂名。罗马人宁愿拥戴其名义上的亲属，也不愿让他的亲孙子即位，足见对他有多么厌恶。

由于前车之鉴，卡里古拉挖空心思讨好臣民，他废除了令民众深恶痛绝的告密制度，取消了营业税，致力于减轻罗马人的税收负担，并宣布天下大赦，释放了流放的犯人。提比略在位时，严令限制公共娱乐活动，搞得罗马城像坟墓一样冷清沉闷，缺少了许多欢声笑语。卡里古拉为了赢得市民的好感，经常举办角斗比赛、马车比赛和各种刺激肾上腺素的惊险赛事。这些举措，收到了良好的效果。罗马人民欢欣鼓舞，元老院也很高兴，以至于新皇登基不到半年，元老院便迫不及待地授予其"国父"的尊号。提比略忙了一辈子，都没获得这项荣誉。

　　卡里古拉年少得志，被现有的成就冲昏了头脑，陶醉于巨大的喜悦中，忽略了新政所产生的负面影响。取消征收营业税，意味着财政收入减少，国库的资金不足以维持庞大的国防支出和各种娱乐赛事的开销。卡里古拉没有意识到罗马正面临着财政危机，因为先皇为他留下了令人咂舌的巨额遗产，足以让他挥霍一段时间。但不懂得开源节流，一味坐吃山空，再多的遗产也会被挥霍殆尽。

　　年轻的皇帝沉迷于幻梦之中，没有看清自己所处的形势，偏偏这个时候疾病悄然而至。病魔瞬间摧垮了他的肉体和意志。他持续高烧不退，艰难地熬过了七个月，差点英年早逝。在与死神零距离接触的时候，他的内心被巨大的阴影所笼罩，他变得疑神疑鬼、患得患失，害怕自己像先皇提比略那样在众叛亲离中孤零零地死去，更怕遭到背叛，陷于四面楚歌，或者成为人人眼中的笑柄。大病初愈以后，他仍然没有摆脱那些可怕的想法。为了消除恐惧感，他做了许多荒唐事，一改之前的和颜悦色，忽然露出青面獠牙，变成了施虐成性的暴君。

　　卡里古拉本身并不具备仁君的资质，由于成长环境过于恶劣，他自幼便存在严重的心理缺陷，年少时曾有过一段浪荡岁月，玷污过自己的妹妹。他还经常出入大大小小的妓院，为此艳闻缠身、麻烦不断。有时他非常残忍，酷爱观赏犯人遭受严刑拷打的场面，也喜欢看人行刑。提比略活着的时候，就认定卡里古拉的身体里附着了恶魔，并预言自己和整个家族都会因为他遭遇灭顶之灾。

　　刚刚登基时，卡里古拉度过了一段平和的稳定期，自我感觉良好，行为有所收敛。可惜一场突如其来的大病，瞬间把他打回原形，不久他便露出了荒淫残暴的本性，开始用黄金修饰宫殿和马具，在短短四年时间内，几乎把国库里的金子消耗一空。谁要是敢斗胆纳谏，他便滥施淫威予以重罚，盛怒之下，甚至想杀人。他曾经毫不掩饰地对自己的妹妹说："你杀人越多，敢于以下犯上的敌人就会越少。"元老院不愿对他言听计从，让他分外恼火。为了羞辱元老，有一天，他挑衅似的牵了一匹种马大摇大摆地闯进元老院会场，似笑非笑地说："我要让这匹马到元老院工作，以后你们就是朝夕相伴的同僚了。"元老们气得浑身打哆嗦，全都在心里暗骂这个昏君。

一年后，卡里古拉最喜爱的妹妹病死，这进一步刺激了他的神经，他变得越来越古怪，行为越来越荒诞，竟下令将刚刚运进罗马的希腊神像一律去掉头部，换上他的头像，并号令过往的行人对这些神像膜拜致敬。罗马人认为他已经神志不清，他的精神状态确实令人担忧，因为他经常胡言乱语，动辄说自己被诸神带到了天宫，得以漫步天庭。他在神话自己的道路上越走越行，行为却愈加卑劣。

为了坐稳御座，他下令毒死了失势的竞争者小提比略。随后又逼死了岳父，处死了妹夫，消除了所有潜在的威胁。当然，他最讨厌的是那些敢于对他指手画脚的元老们，于是把魔爪伸向了元老们的妻子或情妇，用甜言蜜语和各种花招将女人们骗回家，偎红倚翠消遣完了之后便弃之如敝屣。哪个元老敢出言指责，他便在公共场合破口大骂，然后得意地抖动着告密材料的副本，历数对方的斑斑劣迹，并扬言说要以叛国罪将其处死。

和元老们彻底决裂以后，他不再注重自己的形象了，也不想讨好公众了，只想尽情挥霍享乐，随心所欲地消费。为了敛财，他想出了各种高招，索性在公民权上做起了文章。以前，罗马法律规定，公民权可世代传承，他出台了一条新法规，规定行省的市民和获得自由身的奴隶，只能把公民权传给子女，不得向下传承。如此一来，拥有公民权的人数大大减少了，政府的福利开支随之缩小，缴纳重税的人口增多了，作为君主，他便成了最大的受益者。他还厚颜无耻地要求罗马人立遗嘱时，必须把部分家产无偿地赠予皇帝，否则遗嘱便无效。最狠的招数莫过于鼓励人们互相攻讦诬告，轻易判处被告抄没家产。经过这番折腾，他彻底丧失了民心。

后来，卡里古拉忽然对外宣布，他将迁居埃及的亚历山大港，以在世之神的身份统治世界，再也不回罗马了。此举让元老院深感不安，国政大权全部操控在皇帝手里，皇帝任性地移居国外，帝国机器必将停摆，这是罗马人所不能容忍的。私仇公愤累加到一起，元老们被逼到了极限，遂伙同近卫军大队长卡西乌斯·卡瑞亚预谋杀死卡里古拉。卡西乌斯·卡瑞亚将卡里古拉刺死在宫廷长廊上，并诛杀了他的妻子和女儿。卡里古拉暴死的消息传出之后，民众反应十分冷淡，说明他已身败名裂，被绝大多数人鄙视和唾弃了。

疯狂的艺术家——尼禄

克劳狄王朝的最后一位皇帝是尼禄，他的名气超过了王朝的缔造者屋大维，与屋大维的饱受争议不同，人们对他的评价出奇地一致，疯子、变态、混世魔王，各种谩骂不一而足。千百年来人们对他口诛笔伐，恨不能将所有难听的字眼都用在他身上。那么他为何如此臭名昭著呢？他真的像人们想象中那样罪大恶极吗？

客观来说，尼禄是一个被过度妖魔化的历史人物，他在位期间，罗马发生了特大火灾，市民认为有人蓄意纵火，愤怒之极，由于短期内找不到真凶，又急于平息民愤，他让无辜者背了黑锅，并用极其残酷的手段进行迫害，恶名由此而来。痛恨他的人把他塑造成了十恶不赦的恶棍，凭空捏造了许多并不存在的暴行，以致世间所有丧心病狂的坏事都被他一人包揽了，撒旦可能做出的事情，全被他代劳了。那么历史上真实的尼禄究竟是一个怎样的人呢？

客观来说，尼禄不是一个称职的皇帝，因为终其一生，他最热爱的不是政务，而是艺术。他一直希望用古希腊的文化艺术，改变罗马的风俗习惯和精神面貌。罗马是一个尚武的国度，不像希腊那么文明优雅，缺少浪漫气息和人文精神，这正是热爱艺术、崇拜艺术的尼禄所不能容忍的。那么尼禄本人的艺术造诣和品位怎样呢？

据有些史料记载，他空有创作热情，却毫无天赋，是一个蹩脚的三流艺术家。形象无比糟糕，天生一双罗圈腿，脖子又粗又壮，个头儿十分矮小，嗓门却很大，整个人看起来非常猥琐，然而他没有一点自知之明，一度自诩为美男子，不仅矫揉造作，还喜欢模仿女人用尖细的声音说话，让人听了头皮发麻，浑身起鸡皮疙瘩。

他在皇家大剧院演出时，观众瞌睡连连，却不被允许中途离场，不得不继续忍受他那拙劣透顶的糟糕演技以及不断折磨神经和耳膜的破锣嗓音，有的人实在受不了了，为了躲开那一声声鬼哭狼嚎似的演唱，只好偷偷夺门而逃。尼禄经常因为观众不买账而大发雷霆，有的宠臣因为观看演出时小憩了一会儿，便被发配到荒芜的边疆戍边，前途毁于一旦。更令人作呕的是，尼禄迷恋另类的行为艺术，喜欢血淋淋的杀戮场面，让奴隶扮演死囚，当场被刺死在舞台上，真实地再现死亡之美和血浆四溅的暴力画面。观众惊得目瞪口呆，有的差点当场昏倒。他却纵声大笑，连声叫好。

这些夸张的描述有多少符合史实呢？史书上说尼禄的母亲阿格里庇娜是屋大维的嫡系后裔，长得美艳绝伦，假如她在怀孕生子的时候，基因没有发生变异，尼禄是不可能变成长相奇特的丑八怪的。尼禄是否英俊，我们不得而知，但他应该是一个品貌正常的人。非常有趣的是，这个遗臭万年的末代皇帝，天生体有异香，这似乎是一种绝妙的讽刺。既然尼禄是一个浑身散发着香味的正常男人，那么他应该不是一个粉墨登场的丑角。

他出身于显赫的权贵家族，从小受到过良好的教育，母亲在他身上倾注了不少心血，曾经聘请罗马最负盛名的哲学家塞内加教导他。他自幼博览群书，哲学、历史、艺术均有涉猎，吟诗作赋、吹拉弹唱样样精通，是完全有条件成为一个杰出的艺术家的。尼禄喜欢变态行为艺术的说法同样不可信。据早期史料记载，他在死刑判决书上签字时，有一种本能的抗拒。很难让人相信，他会爱上舞台上鲜血淋漓的虐杀场面。

除了大规模打击迫害所谓的"纵火犯"之外，尼禄另外一个令人饱受诟病之处，就是玩物丧志、疏于朝政。他没有任何可圈可点的政绩，把毕生的时间和精力都献给了艺术。他本该做一个日理万机的皇帝，履行自己应尽的职责，可是他没有，他主持的所有活动几乎都跟艺术有关。22岁那年，他创立了青年节，鼓励罗马文艺青年大胆登台表演，不久又修建了新剧场，不遗余力地推广音乐和戏剧艺术，在全国掀起了一股艺术风潮。

他不顾皇帝的尊严，经常屈尊在公共场合献唱，每次表演都倾情投入，一贯按照专业表演艺术家的水准严格要求自己，服饰、道具、唱腔等所有的细节，皆精益求精，表演时一丝不苟，不敢马虎。演出完毕，像普通的演员那样，朝全体观众行屈膝礼，以感谢大家耐心欣赏他的表演，并会送上一句"我的主人们"，再度致敬。台下座无虚席，掌声不断。观众的热情给了他莫大的鼓舞，不久他效法希腊艺术赛事，创办了尼禄尼亚竞赛，鼓励专业艺术家和艺术爱好者从事诗歌、音乐等领域的创作活动。他本人经常参加各种比赛，在赛场上坚持以普通选手的身份，用抽签的方式决定登台次序。他严格遵守比赛的规则，从不滥用特权。据说每次参赛，他都精神高度紧张，因为他热爱艺术，希望自己的表现方方面面都达到完美，不允许自己出错。

至于他的唱功，不可能像传说中的那般拙劣。历史学家塔西佗评价说他的声音浑厚动听，铿锵有力，飘荡在整个剧场，仿佛占领了每一处空间，甚至突破了空间的阻隔，让人怀疑这歌声似乎要飘向天际，偌大的剧场都容不下它了。塔西佗对尼禄素无好感，甚至十分讨厌他，但是讨厌归讨厌，对于他的演唱水准和艺术造诣，塔西佗从来不加怀疑。

尼禄深谙人性的阴暗面，认为作为一个真实存在的人，一个血肉丰满的凡夫俗子，不可能绝对纯洁无瑕，在道德品质上一定存在瑕疵，那些正襟危坐的卫道士以及自诩高尚的人，不过是一群彻头彻尾的伪君子，善于用遮羞布掩盖自己，一边欺世盗名，一边自欺欺人，实在是既可恶又可怜。因此那些坦陈自己邪恶欲望的人，都得到了宽恕和赦免。尼禄对人性的理解，源于他对艺术的理解。客观来说，他的理解并无偏差。

艺术固然重要，但国事不可荒废，作为君主，主次不分，只知道追求个人爱好，置国家人民于不顾，实在是不可取的。纵使尼禄天分再高，纵使他留下再多美妙的诗篇、再多的经典歌曲，也不足以弥补其渎职给国家带来的损失。更何况因为种种原因，他的作品已经被贬低得一文不值，后世无缘欣赏到他的创作，所津津乐道的只是那些子虚乌有的丑闻，已经没有人为他鼓掌叫好了。

撒旦的堕落之路

在人们的固有印象中，艺术家往往比较神经质，要么极度敏感脆弱，看到月缺花残便潸然泪下；要么极度压抑，发起火来非常狂暴可怕，犹如一头被激怒的公牛，满眼充血，似乎随时会扑过来，将惹怒自己的人撕碎。尼禄正是这样的人，但并非天生如此。他之所以那么反常癫狂，全是拜母亲所赐。

尼禄的母亲阿格里庇娜是一个心肠歹毒的蛇蝎美人，满肚子阴谋诡计，没有道德心和羞耻心，早年为了攀高枝，嫁给了自己的族叔父，生下了尼禄。丈夫去世后，她成功勾引了罗马皇帝克洛德，一跃成为了母仪天下的皇后。然而她身上并没有母性的光辉，只想着争权夺利。当了皇后仍然不知足，不停地向克洛德吹枕边风，迫使对方废掉了当朝太子，改立尼禄为储君，并把公主嫁给了尼禄。为了让儿子早登大宝，她竟狠心毒死了克洛德。因为有这样的母亲，尼禄从小便看清了宫廷内的尔虞我诈、蝇营狗苟，对政务、权力产生了强烈的排斥心理，以致只想做一个艺术家，拒绝做一个好皇帝。

自始至终，尼禄都是母亲手里的工具。在母凭子贵的社会，母亲对儿子的爱往往掺杂了太多的私心。事实上，阿格里庇娜只想掌控尼禄，从未在意过他的喜怒悲欢。尼禄像个木偶一样被摆布，在对爱情充满幻想的年纪，娶了一个不爱的女人，长期在无爱的婚姻里挣扎。他的第一任妻子虽贵为金枝玉叶，但严格恪守各种清规戒律和皇家礼仪，难免有些无趣，两人没有共同语言，只能同床异梦。新婚宴尔之际，尼禄对妻子没有任何兴趣，只能到外面拈花惹草，寻找温柔和慰藉。妻子受到冷落，喋喋不休地向婆婆抱怨。阿格里庇娜十分同情儿媳，勒令儿子马上改正。尼禄听不进去，还扬言要废掉皇后。阿格里庇娜恼了，威胁说要废掉尼禄，改立废太子布列塔尼。后世指控尼禄为此毒死了布列塔尼，但早期的史料从未记录过尼禄毒杀废太子的事件，它的真实性是值得怀疑的。

尼禄最严重的指控是弑母，弑杀生母被视为他走火入魔、投身于魔鬼撒旦的标志性事件。那么尼禄有没有杀害自己的母亲呢？这完全是有可能的。阿格里庇娜是个野心勃勃的妇人，控制欲非常强，尼禄年少时几乎对她言听计从。但随着年龄的增长，尼禄有了自己的判断力，不甘于处处受到掣肘。

当上皇帝以后，尼禄的心态发生了微妙的变化，一方面对母亲的拥立感恩戴德，另一方面又极其厌恶她的跋扈和管控，更担心她干政或者背地里扶立更听话的傀儡上位。他虽然成了一国之君，却还要乖乖听命于母亲，只要敢于说半个"不"字，母亲便恫吓说要废掉他，甚至要杀掉他，把别人扶上皇帝的宝座，他当时的心情可想而知。尼禄深知他的母亲不是一个普通女人，一个能将同床共枕多年的夫君杀死的女人，废掉或杀死亲生儿子，自然也就不在话下。

事实证明，阿格里庇娜确实是个嗜权如命的可怕妇人，每次尼禄接见外国大使，她都要紧挨着尼禄坐下，好让别国误以为他们母子共同执政。大臣们对此颇有微词。尼禄的老师塞内加认为太后此举有损于君主的威严，是祸乱朝纲的先兆。在位期间，尼禄一直想采用怀柔政策统治国家，可他的母亲是个眼睛里容不得沙子的人，恨不能杀掉所有不听话的臣民，这无疑影响尼禄推行新政。

尼禄如果没有阴差阳错地当上皇帝，或许只会跟母亲赌气、吵架，不至于走上灭绝人伦的道路。掌权以后，他成了名副其实的独裁者，自然认为日后可以为所欲为，再也不受任何人的约束和限制，母亲那盛气凌人、居高临下的态度让他无法容忍，他不可避免地会产生弑杀亲母的念头。更何况阿格里庇娜集自私、阴毒、贪婪、残暴于一身，尼禄从骨子里畏惧她，害怕被狼狈轰下台，更担心死于非命。为了自保，为了维护君主的绝对权威，早晚会走上那条黑暗悲惨的路。

59 年，尼禄忽然改变了对母亲的态度，盛情邀请阿格里庇娜到海边别墅度假，为此还专门定制了一艘豪华的游船。阿格里庇娜以为儿子希望弥补裂痕，缓和母子关系，没有产生疑心，高高兴兴地上船了。当晚风平浪静、圆月高照，尼禄放下了君王的架子，像个孝顺的乖儿子一样体贴地搀扶着母亲，并摆下宴席，频频为母亲斟酒。母子俩相谈甚欢，一扫往日的不快。席间，尼禄说了许多感谢母亲栽培之恩的话，说得情真意切，阿格里庇娜感动得差点落泪。临别前，母子俩紧紧拥抱在一起，亲吻彼此的面颊，在别人看来，这是一幅母慈子孝、其乐融融的画面，实际上暗潮涌动、杀机四伏。尼禄用高超的演技骗过了母亲，下船时还不忘频频回头张望，依依不舍地望着阿格里庇娜。阿格里庇娜目送着儿子渐行渐远，神思恍惚，丝毫没有发现游船被人动过手脚。

到了深夜，忽然有一个沉重的大铅块从船顶掉了下来，发出惊天动地的巨响，船身失去了平衡，瞬间倾覆了，阿格里庇娜掉到了水里。阿格里庇娜会游泳，没有淹死，只是受了惊吓呛了几口水，惊魂甫定后，马上恢复了神智和体力，遂挣扎着向河岸游去。恰好有一艘渔船经过，善良的船夫及时向她伸出了援手。她大难不死，侥幸捡回一条命，浑身湿淋淋地回到了别墅中，以为刚才发生的一切不过是一场意外。

不明真相的阿格里庇娜怕儿子担心自己的安危，居然派去奴隶向尼禄报平安。尼禄听说母亲没死，非常失望，于是趁奴隶汇报时，悄悄地把匕首放在了对方身上，然后忽然脸色大变，气急败坏地大喊大叫，指控奴隶受人唆使暗藏凶器谋害皇帝，并把矛头直接指向自己的母亲，接着他便派兵闯入阿格里庇娜下榻的别墅，将其杀死在豪华的居所里。

执政期间，尼禄不遗余力地推行怀柔政策，公开表达对底层平民和奴隶的同情，控诉社会不公，认为一个奴隶犯法便招致满门抄斩的惩罚，是一种极其卑劣和野蛮的行径。他还明令禁止总督举办角斗士比赛。

种种迹象表明，尼禄对暴力毫不迷恋。许多人认为，罗马帝国是在铁血中诞生的，罗马的强大是建立在军事征服基础上的，当帝国的宝剑不能酣畅淋漓地继续渴饮鲜血时，帝国的光辉也会随之湮灭。尼禄并不认同这个论调，他排斥反感罗马的尚武精神和野蛮习俗，一直梦想着把整个罗马帝国改造成希腊，可悲的是他的梦想没实现，自己却陷入了希腊式的悲剧中。他比杀父娶母的俄狄浦斯王更悲情，因为俄狄浦斯王是在不明就里的情况下糊里糊涂地作出了大逆不道之事，而他则是在完全清醒的状态下弑杀了自己的母亲。弑母的那一刻，他便已经背负了原罪，纵使跳进地中海，也不能把灵魂洗涤干净了。

暴君焚城背后的真相

64 年，罗马发生了百年不遇的特大火灾，大火从圆形竞技场烧起，顺着风势，迅速蔓延全城，整整烧了九天才渐渐熄灭。宏伟的宫殿、美轮美奂的公共建筑以及无数的奇珍异宝、珍贵典籍全都在那场冲天的大火中化为灰烬，全城 14 个区，残存下来的仅有 4 个，其余各区烧成了白地，除了断壁残垣什么也没剩下。受灾最严重的 3 个区，房屋等建筑物荡然无存，连一片完整的瓦片也没保留下来。财产的损失尚可量化，人命就无法估算了。成千上万的鲜活生命丧身火海，这种触目惊心的悲剧又岂能用冰冷的数字来计量？那么这场大火究竟是怎么回事呢？究竟是天灾还是有人蓄意纵火？

火灾发生在盛夏时节，天干物燥，暑热难当，如果有某些可燃物质自燃，进而引起大火，完全是有可能的。但是人们并不那么想，认为这场大火是人为的。那么谁是纵火犯呢？这个问题至今没有盖棺定论，古今的学者们纷纷提出了不同的意见，最流行的一种说法是，罗马大火的罪魁祸首是尼禄。

据说火灾发生时，尼禄不仅坐视不理，不组织灭火，还饶有兴趣地观赏起了烈火焚城的壮观画面。当罗马在火海中化为废墟时，他竟高兴得手舞足蹈，忍不住要登台献唱。面对眼前末日般的恐怖景象和混乱中逃生的人群，忽然诗兴大发，一边陶醉地弹奏七弦琴，一边扯着脖子高声朗诵特洛伊陷落的华丽诗篇，就像一个神经错乱的疯子，更像一个痴迷于病态艺术的跳梁小丑。火灾过后，他完全没有心思赈灾，在老百姓风餐露宿、流离失所的情况下，给自己建起了堆金砌玉的黄金屋，豪宅附近设有皇家林苑，水榭亭台应有尽有，还有一座豢养珍禽异兽的动物园。罗马人民非常愤怒，不约而同地把他想象成纵火犯。有人认为他焚毁罗马，是为了再现特洛伊毁灭的史诗般奇景；有人认为他厌倦了罗马，想要烧毁一座旧城，重新建造一座新城；还有人认为，他这么做是为了让自己的名字流芳百世，屋大维因为建了一座大理石城而受广受赞誉，他渴望获得同样的荣誉，所以才人为地点着了这座城市。

那么罗马大火是尼禄一手策划的吗？故罗马史学家塔西佗坚定地认为，那场大火是尼禄下令放的，因为他迫切地渴望建造新的国都，以标榜自己的功绩。塔西佗在自己的专著中强调，大火正以不可思议的速度吞噬罗马时，竟然无人组织救火，政府官员无动于衷，平民百姓也没去火场救火，因为有人威胁他们不要多管闲事，还有一些身份不明的人故意往公共场所投掷火把，边放火边解释说他们是奉命行事。古史家苏埃托尼乌斯支持前者的观点，他认为尼禄厌倦了罗马城内那些丑陋黯淡的建筑，对于那些狭长曲折的旧街道更是痛恨透顶，所以一把火把它们烧了个精光。当时有人发现尼禄的侍从拿着火把四处放火，却没有人敢上前阻拦，谁也不敢违背君主的意志。尼禄特别想霸占黄金屋旁边的谷仓用地，由于谷仓是石头砌成的，他先让人毁掉了石墙，然后才下令放火。

塔西佗、苏埃托尼乌斯都是和尼禄同时代的古罗马人，不过罗马大火发生时，两人都是不谙世事的孩童，不具备独立的思考能力和判断力。等到他们长大成人，尼禄已经死去多年了，新的掌权者对尼罗进行了全盘的否定，这些说辞的可靠性恐怕要大打折扣。要知道任何一个末代君主，都有可能被新王朝的开国之君泼脏水。有证据表明，罗马发生火灾的时候，尼禄不在城区，而是待在郊外的一栋皇家别墅里，他听说了灾情之后，火速回到了罗马，亲临现场观测火情，并组织救火队救火。灾后，他马上拨款拨物，为失去家园的灾民提供必要的帮助，不久，他又从国库里拨出了一大笔款项兴建公共建筑，并出台了一套关于防火标准和消防措施的法规，规定街道的宽度必须符合防火要求，街区必须配备消防措施和供水系统。

尼禄虽然做了许多事情安抚民众，但仍然不能平息众怒。罗马人过惯了丰衣足食的好日子，一夜之间，沦为必须依靠政府救济才能勉强活下去的乞丐，心理难免失衡。有的人家破人亡，悲不自胜，亟须找到发泄的出口。为了讨好民众，尼禄作出了一个错误且残忍的决定，在查无实据的情况下，将纵火的罪名归于特立独行的异教徒。把那群可怜的无辜者驱赶到了斗兽场，任由他们被一群恶犬活活撕碎。有的被绑在野牛身后，野牛发疯似的乱跑乱窜，将大活人拖曳至死。最惨的是受十字架刑的犯人，尼禄下令将他们的双手双脚钉在刑架上，然后在身上凿洞，往伤口里添加棉灯芯，入夜时，点燃人体天灯，以观赏"人炬"营造出的火树银花的壮丽景色。许多憎恨异教徒的罗马市民都得到了自由出入皇家庭院的资格，得以观看人肉火炬熊熊燃烧的残忍一幕。

这场突如其来的灾难，毁掉了光芒万丈的罗马，也耗干了罗马的国库。罗马人的生活水平直线下降，惩罚"纵火犯"的行动，并没有起到平息民怨的效果。罗马贵族借助人们的不满情绪，企图反动政变杀死尼禄。尼禄提前获得了情报，将叛党悉数逮捕处死。但是叛乱并未平息，不久巴勒斯坦人因忍受不了罗马政府的压榨，纷纷揭竿而起，两年后起义的风暴席卷到了高卢。高卢副将盖乌斯·尤利乌斯·文德克斯公开声讨尼禄，声称要解救罗马，结束暴君的反动统治。不善用兵的尼禄面对各方蠢蠢欲动的势力，一点办法也没有，在生死存亡的时刻，他还天真地幻想着用"动人的歌喉"打动憎恨和反对他的人，沦为天下人的笑柄。

近卫军长官见克劳狄王朝气数已尽，为了自己的前程着想，果断地加入了叛军。元老院也觉得尼禄大势已去，识相地跟他划清了界限，并决定用祖宗之法将他处死，即脱光犯人的衣服，用荆条狠狠鞭挞赤裸的全身，打到断气为止。尼禄不堪受辱，最后在奴隶的协助下结束了性命。

尼禄的悲剧是克劳狄王朝悲剧的缩影，也是罗马帝国悲剧的冰山一角，悲剧的根源是极端黑暗的帝王政治和腐蚀人性的专制体制。任何一个人被捧到权力之巅，被赋予至尊地位，可以翻手为云覆手为雨，决定天下人的生死，都有可能目眩神迷、丧失自我。集权衍生的罪恶并不会因为一个王朝的覆灭而彻底消逝，它将代代递延下去，直到旧的体制彻底终结，历史翻开崭新的一页。

第五章

由乱而治——盛世中的后黄金时代

克劳狄王朝最后一位君主尼禄自杀后，不断有军人造反称帝，局势陷入混乱。好在经历了一场又一场血雨腥风之后，权杖落到了五贤帝手里。五贤帝时期，罗马帝国国力蒸蒸日上，民生有了较大改善，在近一个世纪的时间里，经济富庶、社会繁荣、政治清明，堪比屋大维时期的黄金时代，因此被称为后黄金时代。

罗马在五位贤王手里实现治世，绝非偶然，它与当时的政治形势和选拔君主的制度息息相关。历任君主立贤不立亲，皇位的传承不依赖于血缘继承，这种举贤任能的机制，使得帝国内部最优秀的人才得以继承王位，淘汰了庸才和品德口碑不佳的败类，有效防止了暴政和怠政的发生。之所以出现这种局面，是因为帝制的确立不过百年，民主共和思想依旧深入人心，罗马人按照民主传统和新兴的养子继承制度遴选君主，符合当时的时代特征，世袭的血缘传位制度和家天下的政治没有立锥之地，所以自然而然被抛弃了。

御座上的"走马灯"皇帝

尼禄畏罪自杀，罗马帝国群龙无首，陷入空前的混乱。西班牙地区的将军加尔巴趁乱拥兵自立，软弱无能的元老院忌惮他的淫威，马上承认了他称帝的合法性。加尔巴登基时，已是72岁高龄，因年老体衰精力不济，掌控不了纷乱的政治局面，致使各地将帅拥兵自重，渐渐演变成了盘踞一方的军阀。宫廷内部争权夺利，倾轧不断，危机四伏。

加尔巴膝下无子，他的得力干将奥托希望能当他的养子，日后继承大统。加尔巴另有想法，结果把名门望族之后指定为接班人。奥托恼羞成怒，动了杀心。有一天，加尔巴在罗马广场发表演说，奥托带着近卫军乱哄哄地涌入，将张皇失措的加尔巴杀死在现场。不久奥托自立为帝，见风使舵的元老院适时地承认了他掌权的合法性，但日耳曼军团统帅维提里乌斯表示不服，扬言要杀向意大利半岛，讨伐奥托。奥托惶恐万状，连忙吩咐元老院派人跟日耳曼军团交涉，希望用谈判的方式解决争端。谈判的条件，史书有不同的记载。一种说法是奥托承诺招维提里乌斯为婿，两人共同统治罗马帝国。另一种说法是奥托愿意给予维提里乌斯光耀门楣的头衔、享用不尽的荣华富贵和美好舒适的退休生活，希望对方尽快解甲归田。作为回敬，维提里乌斯提出了同样的条件，结果谈判破裂，两人不欢而散。

无论当初他们说了什么，总之没有谈成。维提里乌斯毅然带领大军翻过了阿尔卑斯山，浩浩荡荡地开进波河平原，双方在贝德里亚库姆短兵相接，一场恶战开始了。大战前夕，奥托获得了错误的情报，误以为维提里乌斯的军队临阵倒戈，便亲临前线向敌军喊话。结果日耳曼军团不仅没有叛离维提里乌斯，反而向奥托的军队反动了猛烈的进攻。奥托仓促迎战，连连败走，灰头土脸地回到了罗马，不久在寝宫里挥刀自杀。他在位时间只有短短95天，连百日王朝都算不上。

奥托兵败自杀后，手握雄兵的维提里乌斯加冕为帝，并得到了元老院的承认。维提里乌斯缺乏帝王之才，除了打仗杀人，只擅长一件事，那便是享受各式丰盛的美味。他把处理国事的时间全部花在吃上，宴席从早到晚不散，新鲜美食被源源不断地端上餐桌，为了避免胃囊撑坏，他每天都要服用催吐剂，酒足饭饱之后，全部吐出，然后空腹享受下一场豪华大餐。据说他把餐桌和办公桌合为一体，需要批阅的文件全都堆积在餐桌上。然而枯燥无聊的奏章从来就没有破坏过他的食欲。他的嗜好多种多样，比较偏爱珍稀的食材，比如海鱼肝、红鹤的舌头等。这些野味不易得，所以要花掉不少银两。食材不便宜，餐具也很贵，每只银盘都价格不菲。

维提里乌斯敞开肚皮大吃大喝之际，一场风暴悄然酝酿，局势变幻莫测，似乎又要迎来一场更惨烈的血雨腥风。不久，奥托的旧部在安东尼（多瑙河军团的军官，与后三同盟之一马克·安东尼并非同一个人）的领导下，以复仇之名发动了叛乱。莫埃西亚军团和叙利亚军团纷纷助战，出身平民的高层将领韦帕芗在联合各军团的过程中，起到了重要作用。安东尼在他身上看到了领袖气质，诚信表示愿意拥戴他做罗马皇帝。叙利亚总督和小亚细亚等各行省的将领也作出了同样的表态，支持韦帕芗称帝。韦帕芠不急于一时，他在耐心等待埃及方面的消息。

埃及是罗马帝国最为重要的行省之一，当地盛产谷物，可保障军粮的供应，因此谁控制了埃及，谁就有了争夺天下的资本。当年埃及作为独立国家存在时，恺撒和马克·安东尼为了获得埃及方面的支持，纷纷拜倒在埃及艳后的石榴裙下。继任者屋大维改变了对埃及的策略，杀死了埃及艳后，灭亡了托勒密王朝，将埃及全境划为罗马行省。从此罗马军团进驻埃及，把这个举世闻名的谷物基地变成了自家粮仓。韦帕芠欲拥兵自立，不能忽略埃及这张王牌。幸运的是，埃及没有让他等待太久，便旗帜鲜明地表示，愿意倒向他的阵营。

韦帕芠不再犹豫，马上率领大军蹚过尼罗河，进驻埃及的亚历山大港。以复仇之名起兵的多瑙河军团与维提里乌斯派遣的政府军会战于贝德里亚库姆。同样的战场，同样的氛围，结果却不相同。安东尼和多瑙河军团一心想要一雪前耻，为含恨自刎的奥托报仇，个个斗志激昂、热血沸腾。维提里乌斯的军队早已失去了锐气，君主的昏庸和种种表现让士兵们失望至极，谁也不愿意为这样的昏君流血卖命。战斗很快就结束了，政府军纷纷溃逃，仓皇逃往克雷莫纳。安东尼乘胜追击，一举攻克了克雷莫纳。

维提里乌斯登基后，一度把多瑙河军团发配到克雷莫纳。安东尼及其部众作为外来者受尽了侮辱和歧视。如今他们占领了这座城，想起当年的遭遇，不禁愤恨交加，出于泄愤心理，开始疯狂屠城，4万多名居民被赶尽杀绝。维提里乌斯听说克雷莫纳沦陷，反应十分冷淡，当时他无暇他顾，因为罗马城爆发了内乱，他的皇位受到了威胁。混乱中，罗马圣殿化为灰烬，维提里乌斯随之死于动乱。他的统治比奥托稍长一些，但也没有超过半年。

罗马政权的更迭是如此之快，在不到一年的时间里，连续死了三个皇帝，百姓却习以为常。御座常在，皇帝走马灯式地被替换，在内乱时期，算是一种常态，实在不足为奇。但听到圣殿被毁，人们还是伤心唏嘘了很长时间。当第四个皇帝以胜利者的姿态入驻罗马城时，民众欢呼不已。他们已经习惯了为最后的胜出者欢呼，成王败寇的法则已经深入人心，谁有兵马谁能占领罗马，谁就是罗马的主人，罗马全体臣民都会跪拜在他的脚下高呼万岁。这是生存法则，更是现世哲学，识时务者都不会违背。就这样，韦帕芗成了罗马的皇帝，莫名荣耀加身，享受全城的膜拜。

上台后，韦帕芗用最快的速度重建了圣殿，接着大肆犒赏加封功臣，一时间大小官员弹冠相庆。而功劳最大的安东尼却被完全遗忘了，别人纷纷加官晋爵的时候，他什么也没得到。显然功高震主的臣子都不受君主待见，面对不公平的待遇，安东尼选择了沉默。内战平息了，韦帕芗将开创一个崭新的时代，他实在不忍心添乱，所以便苦笑着退居幕后了。韦帕芗接受的是一个百孔千疮的烂摊子，国家财政吃紧，行省起义不断，各地军纪废弛，从中央到地方贪污腐败非常严重。换作别人，一定会焦头烂额、愁容满面。韦帕芗却不愁，他本是一介布衣，如今贵为天子，为此他尤为感激，绝不会怨天尤人。

针对帝国丛生的乱象，韦帕芗马上采取了一系列有力的措施，严厉惩治贪腐，大力提拔有才之士，残酷镇压各地起义，很快就稳定了局面。因为处在非常时期，韦帕芗推行的对外政策异常残酷，对内亦然，为了增加财政税收，填补空虚的国库，他巧立名目增收了各种苛捐杂税，大肆横征暴敛，甚至默许政府卖官卖爵。这些应急措施虽然起到了一定的作用，却毁掉了罗马清明的政治，激化了社会矛盾，以致他一手开创的弗拉维王朝仅仅存在30年，便灰飞烟灭了。

"罪恶之城"庞贝毁灭之谜

韦帕芗去世后，他的长子提图斯继位，成为弗拉维王朝的第二位皇帝。提图斯在位时间比较短，仅有两年多时间，却留下了千古骂名，被誉为"第二个尼禄"。因为他在协助父亲处理朝政时，常采用极其残忍的手段镇压政敌，还插手各种案件、贪赃枉法、收受贿赂、利用特权妨碍司法公正、实施暗箱操作，以达到不可告人的目的。

总体来说，提图斯当政时期，没有发生什么大事，最引人注意的不是他推行的那些倒行逆施，而是接连不断的特大自然灾害。他刚登基不久，沉寂800年的维苏威火山忽然爆发，摧毁了繁荣一时的庞贝古城和附近的大城市。提图斯积极赈灾，从国库里拨付大量款项安置灾民，并从皇家小金库中拿出私财，组织灾后重建工作。

然而这些努力并未使弗拉维王朝国祚延续得更久，自建国以来，国家一直天灾人祸不断，庞贝的毁灭给帝国带来了沉重的打击，所以有人不自觉地把维苏威火山和帝国的衰亡联系了起来，甚至有人把庞贝誉为"天谴之城""罪恶之城"，认为正是因为罗马人太过罪恶，老天才会降下灾难，摧毁庞贝，给罪孽深重的罗马以鞭挞和惊醒。这种说法虽然带有鲜明的迷信色彩，但它从另一个角度反映出罗马人的自省精神，那么庞贝究竟有多么罪恶呢，为什么人们会把它看成罗马帝国堕落的缩影呢？

庞贝原本是一座不起眼的海湾小城，以农业和渔业为主要经济支柱，人们日出而作日落而息，非常淳朴勤劳。自从被纳入罗马帝国的版图，很快变成了贸易发达、经济繁荣的商业城市，整体面貌为之一新。随着罗马人的大量涌入，这座宁静古朴的老城瞬间罗马化了，成了喧嚣躁动的"欲望之都""享乐之都"。整座城市仅有区区 2 万人口，却云集了 100 多家风情酒吧，妓院更是遍地开花，每隔一段距离便能看到那些莺歌燕舞的声色场所，外墙上的广告非常露骨香艳，简直贻笑大方。

庞贝的色情产业是否领先于世界，我们不得而知，但可以肯定的是，城市的居民享受着领先世界的物质文明成果和成熟的基础设施配套，却从来不知道知足。一个小小的弹丸之地，有容纳千人沐浴的大浴场，配有地暖、按摩室、厕所等设施，市民甚至用上了能将污秽物排放到下水道的简易冲水马桶。一座距今 1900 多年的古城如此现代化，真是令人瞠目结舌。小城面积不大，公共建筑却非常恢宏，大剧院足以容纳 5000 人同时观看演出，小剧院也至少能容纳 1200 名观众。最令人称奇的是，城内有一座规模宏大的竞技场，拥有 12000 座席，而当时加上奴隶，城区的总人口共有 20000 人，这就意味着半数以上的居民都可以来观看角斗比赛，妇女、儿童，甚至部分奴隶，都有座位。一旦官方举办血腥格斗比赛，庞贝人几乎倾城而出。观看人兽大战，活人被野兽撕碎吞噬，或者人与人自相残杀的凄惨画面，成了老少咸宜的娱乐节目。

总体来说，庞贝人的生活方式非常颓靡和奢侈，上流社会的人更是挥霍无度，衣冠楚楚的贵族老爷们和风流娇俏的名媛贵妇，对美食孜孜以求，为了满足自己的口腹之欲，恨不能将天下野味一网打尽，天上的飞禽、地上的走兽、水中的鱼虾，只要口感佳品相好，全都进了他们的餐盘。他们钟爱的部位十分独特，喜食火烈鸟、鹳鸟的舌头，为了凑够一盘味道鲜美的鸟舌，猎杀了无数鸟类。夜莺的肝脏、野公猪的咽喉、精心加工的牡蛎也是上品，配菜多种多样，包括抹了蜂蜜高温油炸过的龙虾、海胆等。

显然，庞贝人已经丧失了最基本的羞耻心和罪恶感，甚至连最后一点人味和人性都泯灭殆尽了。人们一味沉迷于享乐，追求各种新鲜刺激的体验，不是沉湎于酒精、肉欲里无法自拔，就是陶醉于刀口舔血的盛宴狂欢，忍受不了须臾的平淡和无聊。人们从来没有想过未来，不曾认真思考过今日的罪恶，会不会给明日的自己带来灾难。半醉半醒中，总是慵懒地眯着眼，心不在焉地说："明天是捉摸不定的，好好享受眼下的每一刻吧。"似乎一点也不在乎明天的太阳会不会照常升起。庞贝人的想法非常简单：放纵每一个今天，哪怕明天天崩地裂、洪水滔天。

他们没有想到这么快世界末日就找上了自己，天火焚城的灾难不期而至，沉睡了好几个世纪的维苏威火山猛然间苏醒了，伴随着轰隆隆的爆炸声，它张开了骇人的火口，将血红色岩浆和灼热的火山灰、石头一齐抛向数千米的高空，眨眼间黑烟腾空而起，尘埃纷纷而下，遮天蔽日，从天空到地面，火星四溅，毒气蔓延，庞贝古城很快就变成了人间炼狱。粗粝的熔岩和厚重的火山灰堵住了门窗，令室内的居民活活闷死。

外出的人更倒霉，不时受到浮石、灰烬和各种颗粒物的攻击，由于那些喷发物质温度极高，人的皮肤瞬间汽化，骨骼全部碎裂，大脑因受不了高温高压沸腾爆炸。死去的肉身尚未倒下，便被漫天飞舞的火山灰层层包裹了起来，形成了一具具酷似雕塑的人体模型。这是大自然的杰作，以一种极其残忍的方式凝固了他们临终前的最后姿势，并赋予其逼真的质感。随着时间的推移，里面的尸体渐渐腐烂殆尽，但凝固的空壳却完整地保留了下来，它真实地记录了庞贝人死前挣扎的惨象。

柳陌花街、妓院酒吧、大斗兽场彻底沉寂了，热闹喧哗、闻名遐迩的庞贝古城刹那间变成了一座毫无生机的死城，一切皆化为虚无。城市化为废墟之后，深埋在火山灰下不见天日。直到整个帝国的大厦在天灾人祸中倾覆，他们仍然没有从颓靡堕落和嗜血的兽性中走出来，这岂不是天大的悲剧？

征服者图拉真——一手将罗马疆域推上巅峰

提图斯上位伊始，便遭遇了极大的挫折，天公不作美，让维苏威火山吞噬了庞贝和附近的城池，给创立不久的弗拉维王朝蒙上了一层不祥的阴影。政权交接时发生这样的天灾，的确不是什么好兆头。两年之后，运数不佳的提图斯神秘去世。不过他不是被咒死的，而是被他的弟弟图密善毒死的。

图密善弑杀了兄长，迅速爬上了皇帝的宝座，开始实施专制独裁统治。在位期间，他大力排挤打压元老院，用恐怖手段对付异己，随便找了个借口，便给元老显贵们扣上乱党的帽子，处死了一大批人。元老们忍无可忍，发动宫廷政变，将其杀死。参与政变的前执政官涅尔瓦被推选为国家元首。弗拉维王朝覆灭，罗马帝国进入安敦尼王朝时期，又称五贤帝时期。

在将近一个世纪的时间里，五位才干出众的贤王相继即位，给罗马帝国带来了长久的和平与安宁，这段时间，政治清明，经济繁荣，文化艺术氛围活跃，国运蒸蒸日上，它让人们想起了帝国开创之初的黄金岁月，因此被称为后黄金时代。当年，奥古斯都屋大维把罗马帝国带向了强盛和辉煌，使盛世景象延续了40年之久，随着屋大维的辞世，帝国国运江河日下，一度陷入倾轧与纷乱。五贤王的横空出世，给日薄西山的帝国带来了好运与希望，迷惘无助的罗马人于峰回路转之中，终于看到了柳暗花明。

安敦尼王朝的第一位贤王涅尔瓦赢得了元老院支持，但不受军队和将领们的爱戴，为了改变这种局面，他将日耳曼总督图拉真收为养子，成功缓和了和军方的关系。一年之后涅尔瓦驾崩，图拉真顺理成章继承了帝位。图拉真是五贤王中影响力最大的一位君王，他在位时，帝国的版图扩张到了极限，势力范围东起美索不达米亚平原的幼发拉底河，西到欧洲尽头西班牙，北抵西亚和不列颠，南至非洲的撒哈拉大沙漠。

图拉真是一个胃口极大的好战分子，从即位到去世，连年发动大规模的军事征服战争，一次次掀起血雨腥风，但是没有一个罗马人指责他穷兵黩武，也没有人把暴君的恶名施加在他身上，相反，这个双手沾满鲜血的君主，被视为正直善良的楷模，居然还荣获了"贤王""仁君"的美誉，人们把所有歌功颂德的溢美之词都献给了他，还在广场上建了一根擎天而立的记功柱，以表彰他的功勋。那么图拉真究竟是一个怎样的人呢？他是比肩恺撒、亚历山大、汉尼拔的战神，还是堪比希特勒的嗜血狂魔？想要了解真实的他，还得从他传奇般的人生履历说起。

图拉真出身于军人世家，从小在军营中长大，在随父出征的实战中积累了丰富的战斗经验，渐渐展露出惊人的军事才华。36岁那年，风华正茂的他被任命为军团指挥官，两年后出任执政官，成为横跨军政两届的铁腕人物。由于在与日耳曼人作战的过程中表现抢眼，荣膺"日耳曼尼库斯"光荣称号。因军功赫赫，个性果断刚毅，非常受军队的爱戴和拥护，深受尚武传统影响的罗马人民也都十分敬畏他。先王涅尔瓦介于他的声威和地位，将其收为养子，定为安敦尼王朝的下一任接班人。他由此扶摇直上，成为了第一个来自外省的罗马元首。

图拉真即位后，没有马上入住罗马王宫，而是继续待在军营里，他似乎不急于举办登基大典，在前线忙得不亦乐乎，整整过了一年半，才慢腾腾地回到罗马，向全体臣民致意。他虽然出生行伍，习惯了打打杀杀，却对元老院十分友好，一度郑重承诺，在位期间绝不会处死任何一位元老，日后国家大事事无巨细都会向元老院汇报。元老院没想到这位雷厉风行的军人元首居然如此仁慈和温和，不由得感激涕零，"贤王""仁君"的美名由此而来。图拉真掌权期间，罗马内部空前团结，人们暂时放弃了利益的争夺，把矛头一致指向了边疆之敌。这使得军人出身的他，得以在没有任何压力的情况下，大胆发动战争，不断开疆拓土。

图拉真很快把征服的目标锁定达西亚。达西亚是坐在金山银矿上的军事强国，多次打得罗马人丢盔弃甲，还逼迫罗马帝国每年上缴岁币。这样的奇耻大辱，是一向尚武好战的罗马人不能容忍的。图拉真出于一雪国耻和掠夺金银的双重目的，悍然发动了针对达西亚的战争。在战场上，图拉真表现得十分英勇，经常身先士卒、浴血杀敌，全然不顾自身的安危，看到士兵受伤，毅然撕裂战袍为伤兵包扎伤口，被视为爱兵如子的典范，一时传为美谈。经过两次大规模的恶战，罗马军团攻下了达西亚的首都，大获全胜。战后，罗马把达西亚变成了殖民地，运走了无数的金银财宝，有效改善了帝国日益紧张的财政状况。不久图拉真又征服了位于阿拉伯半岛、地处要冲位置的巴泰王国，将其列为行省，控制了罗马和帕提亚波斯帝国的贸易通道。

最后，图拉真将利剑指向了体量庞大的帕提亚波斯帝国。当时图拉真已经60岁了，希望借助征服帕提亚波斯帝国，为自己辉煌的军事生涯划下一个完美的句号。屡战屡胜，对于一个天才军事统帅来说，既是幸事，也是悲哀，找不到强大的竞争对手，让图拉真感到分外无趣和孤独，他迫切需要同旗鼓相当的强敌来一次巅峰对决，以点燃热血，找回激情，赋予罗马更多的荣耀。于是调动了11个军团，出动15万大军远征西亚。在正式出征前，他花了大量的时间修筑边界的道路，兴建了多个军事据点、营垒以及保障后勤供给的军事基地，与此同时派出密探对帕提亚进行了全方位的考察，敌方的虚实、地形地貌、政治局势以及风土人情，所有信息全部掌握。他发现行将即位的太子安世高在帕提亚的统治很不稳固，帕提亚帝国表面上庞大强盛，实际上外强中干，远不如罗马强大。

知己知彼之后，图拉真胜券在握。他不动声色地展示了罗马的军事势力，故意暴露用兵的意图，轻松瓦解了帕提亚的王公部族，许多风云人物纷纷率众投降。接着他采用威逼利诱、软硬兼施的方式打击帕提亚的邻居亚美尼亚，兵不血刃地占领了那里，迫使当地部落为自己效命，共同对付帕提亚帝国。孤立无援的安世高被逼向绝路，被迫来到罗马军营谈判。他当着图拉真的面取下了王冠，轻轻地放在图拉真的座席前，以示臣服之意，希望对方能按照老规矩，把王冠重新戴到他头上。但图拉真没有这么做，他拿起王冠，吩咐士兵带走。士卒们见状，高兴得欢呼起来。图拉真的态度很明显，他不接受帕提亚帝国的乞和，坚决要把亚美尼亚变成罗马帝国版图上的一个行省。

由于亚美尼亚王室是帕提亚帝国王室的分支，双方长期保持密切友好的关系。罗马执意要灭亡亚美尼亚王，自然会让安世高产生唇亡齿寒、兔死狐悲的感觉。可悲的是，他不仅救不了国家，连自己都救不了。掌权没多久，就被图拉真派来的人暗杀了。奇怪的是，图拉真吞并了亚美尼亚之后，并没有马上进逼帕提亚，在将近两年的时间里，他一直忙着修路和练兵，新修的道路一直通到帕提亚边区，后勤物资堆积如山，军事基地遍布沿途，军队的战斗状态达到了巅峰。

眼看时机成熟，图拉真高调地宣布，罗马将占领整个美索不达米亚，把帕提亚波斯变成罗马帝国的一个行省。这个霸气外露的宣言，引起了波斯人的恐慌。波斯人放下了彼此的偏见，众志成城团结到一起，集体反抗罗马。面对此起彼伏的暴动，图拉真陷入被动，他调动军队四处扑火，却仍然控制不了局面，各地区的罗马守军均遭到了疯狂的屠杀。帕提亚波斯大军跨越国界，深入亚美尼亚时，和罗马发生了大规模冲突。经过一场血战，波斯军战败。罗马帝国又收复了许多因波斯人暴动丧失的土地。图拉真为了尽快地稳住形势，扶植波斯王族子孙登上了帕提亚帝国的宝座，打消了将帕提亚变成罗马行省的念头，但暴动仍然没有平息。图拉真晚年为了镇压各地起义东奔西走，经常扶病出征。由于连日指挥士兵攻城，他渐渐体力不支，病倒了。卧床养病期间，惊闻许多新征服的地区趁罗马对外用兵，发动了大起义，起义之火以燎原之势迅速蔓延，已经波及埃及。怀着无比失落和抑郁的心情，图拉真病死在班师回朝的路上。

在罗马人眼里，图拉真是民族英雄，是了不起的征服者，是威震寰宇的战神，但在被征服地区，图拉真是可怕而又危险的敌人，野蛮的掠夺者，灾难的制造者。图拉真执政期间，罗马的疆域扩展到了极限，尚武的罗马人十分认可这位功勋卓著的军人元首，一度给予他极高的赞誉，这并不奇怪。图拉真带着无尽的遗憾离开了，但他给罗马人留下的是一个版图庞大的强盛帝国，被誉为贤王，也算是情理中的事。

哈德良的文治武功和断袖之癖

图拉真临终前，将远方亲戚哈德良收为养子，没来得及指定继承人，便匆匆离世了。他的皇后宣布哈德良为合法的帝位接班人，元老院默认了这一说法，哈德良顺理成章登基。哈德良与表叔图拉真大为不同，他既有君王的威严、军人的严谨，又多才多艺、幽默风趣，武功赫赫，文治也丝毫不逊色，罗马帝国在他的治理下，持久繁荣稳定，以至后世评价说，他执政的时期堪称"人类最幸福的年代"。那么他是否当得起这样的赞誉呢？真实的哈德良大帝究竟是不是一个完美的明君呢？想要弄清真相，我们必须了解他的生平。

哈德良是一个外乡人，他出生于罗马行省西班牙，家境殷实，在衣食无忧的优渥环境中长大，受到了系统而良好的教育。所以是古罗马皇帝中文化素养极高的一位。他博闻强识，涉猎广泛，精通数学、天文学、哲学，在多个领域均有建树，同时又富有文学天赋和艺术细胞，创作了许多脍炙人口的优秀诗篇，并凭借自己的审美情趣改变了罗马的建筑。这位多才多艺的皇帝，最喜欢做两件事：一是像个流浪家一样周游世界，到处旅行；二是在旅行过程中，观赏品鉴各地区的优美建筑。他执政的 20 年，大部分时间不是在罗马度过的，而是在旅途中度过的，足迹遍布罗马所属的所有大中型城市。他把各地最时尚的建筑元素和最符合建筑美学的建筑风格带回了罗马，一度改变了罗马的市容和风貌。他主持建造的很多建筑保留了下来，堂皇的拱门、精雅的别墅，都是他的得意之作。

　　哈德良不仅有才学，而且十分亲民，为人颇为慷慨。据说有一天他出宫办事，在半路上遇到了一个栽种无花果树的老人。老人辛勤劳作的样子深深打动了他。于是他忍不住问："你想品尝自己培育的果实吗？"老人豁达地说："我可能活不到吃无花果的年纪，不过不要紧，我的儿孙能吃到。"哈德良若有所思，对老人说假如他吃到了无花果，一定要把这个好消息告诉自己。老人欣然应允。

　　由于这位老者毕生都在劳作，体格非常健朗，即便到了须发花白的年纪，仍然神采奕奕、精神矍铄，结果真的在有生之年看到了无花果结果，品尝到了自己栽种的果实。哈德良听说后，非常高兴，他让老人坐在镀金的椅子上，并把老人采摘果实的篮子装满了金子。此举是为了犒赏勤奋的劳动者，让罗马人认识到劳动的价值。罗马上流社会的贵族大多好逸恶劳，繁重的劳动由中下层的穷苦大众和奴隶承担，以前人们皆以为，只有贫贱之人才会动手干活，把所有的劳动视为苦役，并鄙视那些辛勤劳动赚取血汗钱的穷人。哈德良大方犒赏勤劳者，重金表彰劳动者，被视为亲民之举，在民众中引起了强烈反响。

哈德良执政早期，大力推行文治和善政，上台第一件事便是与帕提亚波斯帝国的国王谈判，签订条约归还图拉真吞并的美索不达米亚地区和亚述省，使美索不达米亚恢复了原来的地位，又变成了依附于罗马帝国的一个小王国。此举旨在结束外部纷乱，给罗马人民创造一个和平安定的国际环境。哈德良在位时，罗马帝国仍然在向外扩张，但对外策略进行了全面调整，罗马人不再对征服地区进行殖民统治，而是致力于拓展势力范围，使被征服的国家变成了亲附于罗马政权的小国，这样既保障了罗马帝国的利益，又实现了长治久安，同时有效抑制了叛乱，可谓一举多得。

许多英明的君主到了晚年都变得昏聩，遗憾的是，哈德良也不例外。年富力强时，他的贤明有目共睹，可是到了统治晚期，他忽然变成了一个荒淫残暴的暴君，私生活混乱，且迷恋酷刑和杀戮，据说有一次竟下令屠杀了60万名犹太人，那么他为什么会性情大变呢？据说是因为一个叫安提诺乌斯的美少年。

哈德良有过正常的婚姻，但是他对女人兴趣不大，年轻时便有断袖的癖好。晚年他到希腊旅行时，邂逅了一个叫安提诺乌斯的少年。安提诺乌斯是典型的希腊人，面容俊逸清秀，脸庞棱角分明，身材如雕塑般完美，一双深邃的大眼睛闪闪发光，带着海洋的气息和阳光的魅影，沉思凝眸时，宛若玉雕的璧人，更像一尊会呼吸的艺术品，低头浅笑时则给人以温柔邪魅的感觉，足以蛊惑众生。这美得教人叹息的男子，女人见了惊叹迷狂，男人见了一样会动心。哈德良不可救药地爱上了他。

　　仅仅因为一面之缘，哈德良便陷入了万劫不复的劫难。为了同希腊美少年朝朝暮暮，他果断将其收为随从，并不时为对方会献上火辣的情诗。黎明时分，两人登临了卡苏斯山，观看给宙斯献祭的仪式，共同见证那个神圣的时刻。可能是因为祭祀地点海拔太高，随行的人员遭到了雷击，两名祭祀当场被雷劈死。然而哈德良并未将这突如其来的意外视为不祥之兆，他一如既往地宠爱安提诺乌斯，将其视为一生的挚爱。接下来的日子里，他带着这位美少年周游列国，两人形影不离，宛若热恋中的情侣。哈德良一刻也离不开安提诺乌斯，在围猎狮子的危险活动中，也把这位脆弱的"美人"带在了身边。安提诺乌斯差点葬身狮口，千钧一发之际，哈德良勇敢地挺身而出，冒着生命危险从凌厉的狮爪下救出了自己的爱人。

　　这段旷世奇恋在当时是不被看好的，注定要以悲剧收场。两人爱意日渐浓深时，悲剧发生了。安提诺乌斯莫名溺死在尼罗河里。有人说他是自杀的，因为男宠的身份让他倍感羞耻。有人说当时哈德良身染恶疾，眼看重病不治，安提诺乌斯为了让他恢复健康，把自己当作祭品献给了河神。无论如何安提诺乌斯死了，哈德良失去了唯一的知己，从此心神恍惚，性情大变。

　　哈德良不在乎世人如何评价他的功过是非。晚年他疾病缠身，饱受心脏病的折磨，腿脚不灵便了，还得了灰指甲。妻子先他而去，他十分淡然，没有表现出过度的悲伤。事实上，他已经生无可恋，一度要求身边的侍从协助自己自杀。很难让人相信，这位曾经英姿勃发、踌躇满志的罗马皇帝竟然沦落到这般下场。

最后的岁月他是在借酒消愁中度过的，临死前还在写诗，去世时享年 62 岁，据说他是抑郁死的。

当之无愧的仁德之君

哈德良去世前夕选定埃里乌斯·恺撒为接班人。埃里乌斯·恺撒天资英纵，风华正茂，可惜健康状况不佳。年老体衰的哈德良想当然地认为，人只有上了年纪，身体机能才会出毛病，年轻人血气方刚，不可能患上大病，埃里乌斯·恺撒身体孱弱，多半是因为养尊处优，缺乏必要的锻炼。为了让手无缚鸡之力的埃里乌斯·恺撒早点变得强壮起来，哈德良把他派到了边境军事基地，让他接受严酷艰苦的军事训练。埃里乌斯·恺撒虚弱不堪，在急需疗养的情况下被遣送到了军营，结果可想而知，边疆艰苦的生活条件和繁重的军务彻底摧垮了他的身体。在不到一年的时间里，他便病入膏肓，年纪轻轻就吐血而亡了。

哈德良不仅不反省自身，反而责骂已经过世的埃里乌斯·恺撒，把他比作一堵即将倾倒的烂墙，认为自己即便使出洪荒之力，也不能避免墙体的倒塌。骂完之后，哈德良把皇位传给了年过半百的安敦尼·庇护。其实他真正看中的人是马克·奥勒留。当时马克·奥勒留年仅 17 岁，没有政治经验，不能胜任君主的工作。哈德良退而求其次，选择了安敦尼·庇护，并开出了条件，要求对方必须把马克·奥勒留收为养子，并指定其为下一任接班人。由于安敦尼·庇护年事已高，按照正常的规律，他在位十多年，便会死在任上，那时青年才俊马克·奥勒留已经长大成人，并且熟谙政务，恰好可以即位。

　　哈德良的计划十分完美，但正所谓计划赶不上变化，人的寿数是很难事先预测的，安敦尼·庇护非常高寿，居然活过了古稀之年，整整统治了罗马23年。马克·奥勒留直到不惑之年才得以即位。安敦尼·庇护是五贤帝中在位时间最长的君主，他的上位带有一定的偶然性，因为先王哈德良只想让他当一个过渡角色，当初考虑并不周全。一般而言，君主在选立接班人时，会严格考察对方的政务处理能力和军事才干，还要考虑他是否受元老院贵族和军方的支持。安敦尼·庇护不懂军务，对边境情况知之甚少，所以在军事领域没有什么太大的作为。好在他接受罗马时，帝国的版图已经足够庞大了，不需要进一步开拓了，他可以安然地做一个和平主义者和守成之君。

　　哈德良在位时，东奔西走，往来于各行省旅行巡查，大部分时间不在罗马，引起了各方的不满。安敦尼·庇护则一直坐镇罗马，不仅免除了奔波之苦，而且得以按部就班地处理内政，可谓一举两得。他高寿的原因，可能是因为心如止水、洒脱淡然，不像前几任皇帝那样富有野心，不那么逞强好胜，也不具攻击性，故而得以安享晚年。总之，他在位期间，波澜不惊，罗马没有发生什么惊天动地的大事，以至历史学家认为无事可记。那么这位政绩平平的皇帝为何成为了五贤帝的代表呢？罗马政治清明、国力富强的美好时代为何要用他的名字命名，被称为安敦尼王朝呢？

　　答案很简单，安敦尼·庇护是名副其实的"贤王""仁君"，他不仅贤明，而且贤德，确实是一位宅心仁厚、温和善良的君主。统治罗马期间，他从未做过劳民伤财的事情，平时非常节俭，总是精打细算。虽然生活简朴，却不吝啬，一度把自己的私房钱捐出来，给穷苦的平民买米买油，举办节日不从国库拨款，向来自掏腰包。除此之外，他还推行了许多仁政善政，严令限制奴隶主用各种刑具惩罚奴隶，禁止奴隶主草菅人命、无缘无故杀死所属的奴隶。他非常重视教育，通过拨付教育经费，为出身寒门的孩子解决了就学难的问题。为了建立高素质的教师队伍，实时制定相关政策，提高了教师和哲学家的社会地位。

安敦尼·庇护从不发动不义的战争，对武力征服别国没有半点兴趣，但这并不意味着他是个软弱可欺的人，如果敌人兴兵犯界，损害了罗马帝国的利益，他也会毫不犹豫地予以痛击。苏格兰部落袭扰边境，他果断调兵远征不列颠，打退了苏格兰人，把帝国的边界向北推进了上百公里。阿兰尼人入侵希腊城邦，后来又大举侵犯奥力维亚。安敦尼·庇护火速派兵支援罗马军团，赶走了阿兰尼人，保护了当地人的人身和财产安全。

安敦尼·庇护是继努马以来，第二个热爱和平和正义的君主。他是一个如假包换的罗马人，行事风格却与传统意义上的罗马人大不相同。罗马富人注重享乐，热衷于敛财和挥霍，他却毕生节俭，乐善好施，把钱财都用来做慈善了，对物质利益毫不动心。他率真淳朴，没有虚荣心，也不虚伪，总是那么和蔼可亲，不曾挖空心思神化过自己，也没有发表过唯我独尊的"壮志豪言"。罗马的历史，罗马的荣耀，离不开火与剑的征服，离不开血雨腥风，罗马人对和平的概念是很淡薄的，对鲜血的渴望却异乎寻常的强烈，正因为如此，罗马成了盛产铁血将军和暴虐君王的国度，某些声名显赫的战将和国君大多杀人如麻，对生命缺乏最基本的敬畏。安敦尼·庇护在这种环境中成长，却能遗世独立，坚守自我，是非常难得的。

安敦尼·庇护不喜欢打仗，也不擅长打仗，他无意成为雄才大略、疯狂开疆拓土的君主，只想给罗马和地中海世界带来持久的和平。事实上，他确实做到了。单凭这点，他便无愧于"第二努马"的美誉。安敦尼·庇护唯一的不足之处，就是忧患意识不强。哈德良在位时，一直居安思危，花了大量的时间修筑边防线，为帝国培养了许多能征善战的军人，以保障罗马任何时候都能轻松应对外敌的入侵。安敦尼·庇护继续重用哈德良提拔的军人，在军事上进行了全面的战略收缩，开始专攻为守。可是在培养接班人的问题上犯了一个大错误，他尽可能地把马克·奥勒留留在身边，悉心教授其行政经验和治国策略，并不注重军事才干的培养，这使得马克·奥勒留即位后，面对四处来犯的强敌不知所措，为日后的边境危机埋下了隐患。

安敦尼·庇护是一个货真价实的贤王。他希望自己的接班人也能成为同样的人，希望对方继承自己的遗志，用毕生的精力和热血追求正义、真理、和平，而不是鼓吹鲜血的荣耀，去践踏弱小的民族，所以他没有把马克·奥勒留培养成军事强人。去世前夕，他把马克·奥勒留召到榻前，用尽最后一丝力气，挤出了一句简短的话——"公平无私"，这就是他给继任者的托付，希望未来的国君能大公无私，公平地对待每一个人，给罗马乃至世界带来真正的治世。

哲学家皇帝的悲怆与挣扎

马克·奥勒留是五贤帝时期最后一位君王，他不仅是一个精明强干的睿智君主，还是一个思想深邃的哲学家，著有《沉思录》流传于世，时至今日，这部鸿篇巨著依旧散发着哲理的馨香和智慧的光芒，畅销不衰。马克·奥勒留是一个哲人，向往和平宁静的生活，最大的愿望莫过于退隐与世无争的乡间，过着平淡幸福的日子，把时间都花在沉思默想和探求真理上。可惜老天没有给他这样的机会，他在位时，罗马边界战事频仍，作为君王他无法置身事外，为了御敌或平叛，不得不四处奔波，频繁出战，不仅受尽舟车劳顿之苦，而且心灵饱受折磨，所以近代哲学家罗素说他是一个非常悲怆的人。那么马克·奥勒留究竟经历过怎样的挣扎，他的人生经历又是怎样的呢？

马克·奥勒留是地地道道的罗马人，生于罗马，长于罗马，出身于富足的精英家庭。父亲去世得早，是母亲和祖父把他抚育大的。据说他非常早慧，小小年纪便获得了皇帝哈德良的赏识，年仅6岁便破格进入了骑士会，7岁就读于名校萨利圣学院，接受最好的教育。他的祖父也很注意培养他，几乎把罗马最优秀的教师全都请进了家里，一共给他聘请了17位老师，其中4个教文学、4个教修辞、8个教哲学、1个教法学。全面系统的教育不仅开启了他的智慧，还对他人格养成产生了巨大的影响。从小师长们便告诫他，要对人类心存善意，不要产生报复的念头；任何时候都要保持客观公正的立场，不能轻易站队；要谦逊热诚，不能因虚荣去撰写一些华而不实的空泛文字或为了沽名钓誉口若悬河地谈论道德。

马克·奥勒留在师长们的循循善诱下，非常注重品德的修养，从小便拒绝穿衣锦华服，不睡高床暖枕，坚持在轻简朴素的环境中修炼心性。作为贵族子弟，他被迫出席观看角斗比赛和赛场比赛，不过与其他观众不同的是，他在角斗场从不观看人兽搏杀的残忍场景，大部分时间都在看书。11岁时，他便穿上了长袍，从着装和生活方式上模仿古希腊的先贤。哈德良一直非常看好他，坚定地认为他是接班人的最佳人选，以至于他尚未成年，便把他列入了帝王的候补名单里。正是因为哈德良的欣赏和偏爱，他才得以问鼎国家元首的宝座。

马克·奥勒留在位时，罗马人口鼎盛，帝国总人口的比重达到了世界总人口的五分之一，管理这么庞大的国家，不免要日理万机。马克·奥勒留经常通宵达旦地工作，推行了一系列的法令，对民法进行了大量的修整，将不合理的部分统统去除。他本人酷爱哲学，在精神上有洁癖，非常注重道德建设，所以尽可能把违背道德和公义的行为纳入法律框架。然而马克·奥勒留在位期间，处理内政的时间并不多，他大部分时间都是在军营里度过的，戎马倥偬大半生，受尽鞍马劳顿之苦，一边埋首于繁忙的军务，一边思考人生，百忙之中抽出有限的时间，写下了经久不衰的旷世名作《沉思录》。

《沉思录》文辞优美，凝练而深刻，字里行间散发着淡淡的忧郁，忧郁中透着高贵的情趣，焕发着理想主义光辉。它本是马克·奥勒留情感宣泄，类似于心灵独白，却因为因缘际遇，给无数人带来了启发和惊喜，至今仍受广大读者追捧和青睐。从《沉思录》的只言片语和历史资料来看，马克·奥勒留是一个温雅随和、高度自律的君子，他心地善良、仁慈公正，很有希望成为一个类似于努马和安敦尼·庇护的仁君，可惜的是造化弄人，命运偏偏把他推到了血雨腥风的战场。他极度厌恶战争，认为战争本身就是邪恶的，它诱使人类互相残杀，毁坏摧残人类的美德，是比瘟疫还要可怕的存在。作为哲人，他不愿意卷入任何一场战争，但作为一国之君，他有义务保卫国家领土完整和边境安全，不得不离开罗马，一次又一次远征。

马克·奥勒留运气不佳，上任伊始便战事不断，帝国还多次遭受自然灾害的打击。好在他不用独自面对难题，干弟弟维鲁斯一直在协助他。安敦尼·庇护过世前，把王位传给了马克·奥勒留兄弟，罗马进入二帝共治时代。兄弟俩并肩作战，密切配合，度过了一段非常艰辛的岁月。公元前161年，帕提亚国王领兵入侵叙利亚。马克·奥勒留兵分两路迎击敌人，击溃了帕提亚人，稳定了北方和东方的边界。维鲁斯将入侵者赶出了叙利亚和亚美尼亚，并乘胜拿下了帕提亚的两个城池，罗马大获全胜。民众为之欢腾。可惜好景不长，罗马东路军在西亚战场上染上了瘟疫，凯旋之后，把可怕的流行病毒带到了罗马。

这次瘟疫几乎席卷了罗马城的各个角落，严重程度超过任何一个时代，疫情高峰期，每天都有上千人死于非命。死亡的阴影笼罩在每个人头上，恐慌的情绪不断蔓延，摧毁了罗马人的信心和意志，无数人像逃离火坑一样逃离了罗马，奔向人口稀少的荒远之地。紧接着，罗马又发生了特大水灾，庄稼歉收，到处都在闹饥荒。马克·奥勒留兄弟竭尽全力救灾防疫，勉强控制住了局面。帝国元气尚未恢复，北疆又受到了日耳曼蛮族的入侵。两位皇帝再次御驾亲征。瘟疫和水灾，吞噬了大量的人口，给帝国带来了一系列不利的影响，不仅促使兵源减少，还影响到了国家税收，帝国爆发了财政危机，无力支付庞大的军费开销。马克·奥勒留兄弟为了筹措军饷，几乎变卖了所有的家当，连镶嵌在皇冠上的珠宝也取下来卖了。

日耳曼蛮族蹂躏了帝国东北部的行省，正准备南下进入意大利半岛，形势非常危急。马克·奥勒留兄弟亲赴前线，指挥士兵战斗，暂时稳定了边陲。不幸的是，不久维鲁斯染上重病，病死在军营里。马克·奥勒留顾不得悲恸，继续领导军队作战。冬天，多瑙河沿岸冷得滴水成冰，凄厉的寒风和恶劣的工作环境，不断摧残着他虚弱老迈的身体。他心力交瘁，越发感到力不从心。这场战争整整持续了六年，六年的军旅生涯，对于一个迟暮的老人来说，无疑是非常难熬的。尽管如此，马克·奥勒留仍然保持着旺盛的斗志和清晰的思考能力，征战间隙，坚持撰写《沉思录》。

马克·奥勒留本质上是一个哲学家，他从未喜欢过战争，而且对政治也不感兴趣，所热爱的只有两件事——清修和思考。哈德良的器重和赏识，改变了他的人生轨迹，使他不得不面对尸横遍野、血流成河的战场和充斥着权谋与阴暗的官场政治，这让天性纯洁、追求高尚情操的他感到非常矛盾和痛苦。他虽然多次打退日耳曼人的入侵，赢得了罗马人的爱戴，却丝毫没有成就感和满足感，直到病死在维也纳军营，才得以彻底解脱。

马克·奥勒留在品质道德上无可指摘，而且功勋卓著，堪称人类历史上少有的贤君。但正所谓人无完人，贤君也是有弱点的。马克·奥勒留过于淳朴和宽厚，容易受人蒙蔽，经常被一些欺世盗名的伪君子欺骗，以致用人不当。比起在朝政方面的失误，他在经营家庭方面所犯的错误更严重。终其一生，他都没有看清妻子的真实面目，居然把一个水性杨花、伤风败俗的荡妇当成了忠实温柔、冰清玉洁的贤妻良母，妻子豢养面首、纵情声色，他不仅丝毫没有察觉，还一直感激上苍把这么完美的女人赐给自己。他对子女的教育也是失败的，由于过于溺爱纵容儿子，导致儿子顽劣成性，以至于继任大统以后，肆意妄为，把帝国推向了万劫不复的深渊。

第六章

三世纪危机——危难重重，大国盛极而衰

五贤帝中最后一帝破坏了传位制度的法则，把皇位传给了不成器的儿子康茂德，间接导致了三世纪危机的发生。康茂德遇难后，帝国陷入了无休止的内乱。僭主如雨后春笋般不断冒出，军事独裁取代了正常的传位，军队频繁参与政变，弑杀拥立国君，政局陷入前所未有的动荡。绝大多数的皇帝在位时间都不长，犹如走马灯一般被频繁更换，军队才是帝国真正的主宰。军人乱政，使罗马帝国元气大伤，一浪高过一浪的奴隶起义，进一步打击了腐朽没落的专制统治。罗马国运江河日下，辉煌时代一去不复返了，成为一种遥远的记忆。

滴血的记录：康茂德大帝的 735 次角斗比赛

罗马帝国由盛转衰是从康茂德上台开始的。马克·奥勒留废除了立贤不立亲的传位制度，把王位传给了他那不争气的儿子，间接影响了帝国的国运。人们眼中清心寡欲的马克·奥勒留为何会犯下如此严重的错误，难道是私心作祟吗？不可否认的是，在传位时，马克·奥勒留是有私心的，不过当时他认为立贤和立亲之间并不存在严重冲突，只要儿子康茂德能成才，把王位传给亲子未尝不可。他似乎不曾注意到，康茂德根本就不具备成为贤君的资质。

康茂德从小便排斥高雅和理性的东西，喜欢感官刺激，尤爱马戏、格斗和打猎，老师向他宣讲做人的道理，教授其各门学科，他厌烦透顶，什么也听不进去，但是教他挽弓射箭、投掷标枪，他却异常兴奋，能够全身心投入。这样的人做了皇帝之后，怎么可能耐得住寂寞，长年埋头批阅奏章呢？事实上他刚上台不久，便对政务厌倦了，马上把国政大事全都托付给了佞臣，自己则沉迷于声色犬马和令人血脉偾张的角斗比赛，还亲自下场跟野兽较量、同角斗士搏杀，收获了一大堆狂热的观众，赢得了一片喝彩声和欢呼声。据说他喜欢披着一身色彩斑斓的兽皮出场，看起来十分威风，可笑的是，他穿着这身特制的行头猎杀百兽之王狮子，有一次居然连续杀死了 100 头凶猛的狮子，刷新了斗兽的最高纪录。他猎杀的对象不只是狮子，还有犀牛和大象以及许多来自异域的禽兽，只要是体型庞大的动物，他都有兴趣与之较量一番。

　　康茂德的独特爱好，让元老院深感不安，引起了一片声讨之声。康茂德不仅没有反思自己的行为，还为此洋洋得意，身材魁梧健壮的他自诩为大力神海格力斯转世，不放弃任何一次耀武扬威的机会，前后参加了735次角斗比赛，几乎百战百胜，斗兽场俨然成了他的人生舞台。元老贵族为此无比震惊和错愕，他们无论如何都不敢相信，堂堂帝王竟然像奴隶一样，披着兽皮或裸着半身，把自己投放到张牙舞爪的猛兽或肌肉虬结、健壮如牛的角斗士面前，进行殊死搏斗，这不仅极其危险，而且有失体面，关系到皇家的威仪和帝国的颜面。

　　血腥刺激的角斗比赛，深受罗马民众喜爱，战绩辉煌的角斗士往往被中下层人士奉为偶像，他们被视为罗马精神的象征，集勇敢、高贵、荣誉于一身，如同神一般的存在。可上流社会对其不屑一顾。罗马皇帝为了赢得民众的爱戴，往往不顾上流社会的反对，亲自参与角斗表演，卡里古拉、提图斯、哈德良等君王都身体力行地为广大群众表演过，为保障安全起见，他们的对手配备的都是粗钝的刀片，不足以威胁其人身安全，他们活动的范围受到严格限制，保障其不会被人或动物所伤。也就是说，之前君王们的表演都是娱乐性质的，可康茂德不同，他是第一个手持利剑、长矛、标枪，屠杀野兽和竞争对手的皇帝，场面非常血腥震撼，与传统意义上的角斗比赛并没有什么不同。

　　起初与康茂德对决的都是一些缺乏经验的角斗士，或者胆小怕事的观众，这些人全都成了皇帝的手下败将。尽管胜之不武，康茂德仍旧自鸣得意，他毫不留情地处决竞争对手，并认为能陪皇帝本人过招或死在皇帝的剑下，乃是一种莫大的荣耀。然而总挑一些较弱的对手，不能满足皇帝虚荣心和好胜心，为了证明自己的强大，成为传说中的不朽英雄，康茂德确实下了血本，并承担了一定的风险。有一次，一只目露凶光、身材矫健的黑豹被带到了竞技场，眼看要扑向被处以极刑的罪犯。康茂德手持弓弩，嗖的一声把箭射了出去，一箭命中黑豹的要害部位。黑豹应声倒地，一动不动地倒在血泊里，而那个吓得浑身发抖的犯人却毫发无伤。由于康茂德有百步穿杨之功，且百发百中，在射杀野兽的时候通常是安全的，但是如果他状态不佳或偶尔失手，很有可能激怒猛兽，给自己或他人带来危险。

康茂德嫌射杀黑豹不过瘾，开始射杀更凶猛的大型动物。最为人所津津乐道的是，他曾经一口气杀死过上百头狮子。那天狮房的门四敞大开，100头狮子蜂拥而出，绕着圆形竞技场跑来跑去，看起来异常紧张和愤怒。康茂德不慌不忙地抽出利箭，一箭接一箭地射过去，将正在奔跑中的狮子逐一射死。狂暴的草原之王就这样殒命斗兽场，成为罗马皇帝炫耀武功的祭品。据说康茂德力大无穷，随便选一种武器，都能戳穿犀牛厚重的鳞甲，为此赢得了不少掌声。大臣们逢迎谄媚，不断歌功颂德，给他制造了不少幻觉，民众盲目地崇拜他，使他陷入了更深的自我迷恋之中。

康茂德非常崇拜神话英雄，尤其喜欢听古代英雄与猛兽作战，将人类从危险中拯救出来的动人故事，并把自己当成远古英雄的化身，从未认真思考过古今的差异。在遥远的古代，人类的栖息地时常有野兽出没，豺狼虎豹经常伤人性命，所以猎杀野兽才会被视为一种英勇的行为。到了古罗马时期，罗马人建立起了大大小小的城市，野兽早就主动远离了人类活动的区域，与人类不再有交集。人类闯入荒野，把它们从世界各地掳到罗马，再用各式花哨的武器将其杀死，以满足皇帝的虚荣心，不具备任何的正当性和正义性，也算不上一种英勇的表现。

康茂德即位时年仅 20 岁，心智不成熟，故而表现得极为幼稚和狂妄。他的理想不是把国家打理好，而是成为明星、偶像，让全体臣民对自己崇拜得五体投地。为了实现这一目标，他成了猎杀动物的屠夫和刽子手，经常用各种利器瞄准动物的头或心脏，总是能一击毙命。他不仅杀野兽，也杀人畜无害的大型温顺禽类，以满足观众们对鲜血的渴望。有一次他用长箭切断了鸵鸟的脖子，当时鸵鸟正在急速奔跑，忽然受到攻击，避之不及，优美细长的脖颈被斩成两截，血水不断涌出，立时一命呜呼。像鸵鸟这样温柔优雅的禽类，不具攻击性，只能任人宰割，但野兽就不同了，它们可能不顾忌罗马皇帝的威严，不管不顾地朝康茂德扑咬过去，然后把他撕成碎片。为了防止这种事情发生，竞技场设置了安全可靠的防护措施，可是任何防范措施都不可能万无一失。斗兽对于长在深宫中的康茂德来说，仍然是一项十分惊险的游戏。

比起斗兽，同人类交手就安全多了。康茂德下场比赛时，通常手持圆形盾牌和长剑，戴着头盔，一幅全副武装的样子，而他的对手则裸着身，手中只有一张网和一把样式花哨的三刃叉，一网网不中或一叉刺不中，就会把自己暴露在长剑攻击的危险下，必须撒开腿逃命或伺机张开网，发起第二轮攻击，才能得到喘息的机会。双方武器装备不对等，表面上看，康茂德耍了花招。其实也不尽然。对方的武器也是很有杀伤力的，康茂德一旦被网住，再被刺上一叉，必然命丧当场。不过人们不允许角斗士这么做，如果康茂德被困住，必然有人及时干预。说不定旁边的弓弩手会马上将步步紧逼的角斗士射杀。比赛的结果可想而知，活下来的总是康茂德，而死去的总是他的竞争对手。屠杀动物杀到手软的康茂德，倘若心情大好，很有可能绕过对手。不过在格斗士学校练习时，他绝不心慈手软，必须把对方刺伤，来彰显自己剑术的精进。而陪练的对手还要把一道道御赐的伤口，当成荣耀和勋章，直到流干鲜血，结束卑微的一生。

康茂德在位时，没有什么可夸耀的政绩，与父王马克·奥勒留相差甚远，名声极差，他不仅成为玩物丧志的代表，还成了与尼禄齐名的暴君，一手终结了五贤帝时期的清明政治，马克·奥勒留若泉下有知，一定会后悔当初的选择。

一场宫廷斗争

康茂德大帝以嗜血残暴著称，而他的父亲却被视为仁君，如果简单地用子不肖父的理由来解释，似乎并不能说明问题，那么贤君的儿子为何没能成为贤君，反而成了暴君了呢？这还得从他特殊的成长环境说起。

康茂德的母亲福斯蒂娜素是一个妖冶轻佻的艳后，不仅没有国母的端庄和威仪，反而以淫荡放纵而远近闻名，据说她的好几个情夫都得到了加官晋爵的赏赐，皆被委以重任或进入肥缺部门就职。整个帝国上下，只有马克·奥勒留被蒙在鼓里，不知道她那些秽乱宫闱的丑事，其他人都能如数家珍般谈论她的风流韵事。这样一位情欲旺盛的母亲，是腾不出精力关爱子女的。因为她的柔情和滥情全部给了各式各样的男人，实在没有多余的情感分给少不更事的儿子。

母亲的忽略和冷漠，或多或少影响了康茂德的性格养成。更糟糕的是，这位为人妇为人母的女人，在丈夫面前装纯情玉女，在情夫面前放浪形骸，人前人后判若两人，给儿子康茂德树立了极坏的榜样。康茂德从小便不知道美德为何物，对人性卑劣龌龊的一面却了若指掌，长大后的性情可想而知。尽管马克·奥勒留花了不少心思去塑造他、培养他，仍然没有办法使他摆脱原生家庭的不利影响。

马克·奥勒留在教育栽培康茂德的时候犯了一个明显的错误，那就是对这个独子过于宠溺。康茂德出生前，马克·奥勒留有过两个儿子，都不幸夭折了。由于经历过丧子之痛，马克·奥勒留对第三个到来的儿子格外珍惜，并且对这个儿子寄予厚望，以至于小家伙刚刚呱呱坠地，他便打算立其为接班人。康茂德5岁被赐予"恺撒"的荣誉称号，年仅14岁便开始参与政事，然而表现不尽如人意，让马克·奥勒留大失所望。康茂德是在深宫大院的锦绣膏粱中长大的，养于妇人之手，习惯了脂粉堆和奢华堕落的生活，对政事一点也不感兴趣。马克·奥勒留虽然对儿子失望，却并不绝望，一度幻想着元老院德高望重的贤人能悉心教导康茂德，使之成为一个正直果敢的人。

马克·奥勒留晚年急于让儿子接位，由于恨铁不成钢的缘故，对康茂德的态度有些简单粗暴，经常嫌弃康茂德懦弱无能不成才，有时还拔苗助长。这些不适当的做法，对年轻气盛、自我感觉良好的康茂德来说，无疑会造成巨大的心理阴影。康茂德日后极度狂傲自恋、不可一世，很有可能是因为年少时受到过过多的刺激。

母亲淫荡，父亲时而宠溺时而苛刻，至多会让康茂德变成一个心理有缺陷的人，并不能解释他日后的残忍行为。事实上，他是天之骄子，人类能享受的东西，他什么也不缺，几乎应有尽有。作为贤君的爱子，从小活在光芒之下，年纪轻轻便登临帝位，前途一片大好。在这种情况下，他应该发自内心地热爱生活热爱人类才对，为何会误入歧途，成为臭名昭著的暴君呢？因为在他心灵脆弱的时候，他的姐姐又把他往黑暗的道路猛推了一把，使他对人类对美德彻底丧失了信心。那场精心策划的刺杀，给康茂德带来了挥之不去的梦魇和永难抚平的心理创伤，毁掉了他残存在心底里的最后一丝温情。

那是一个丝毫没有特点的日子，与往常并没有什么不同。年轻的皇帝带着随从出现在熙熙攘攘的剧场门口。人群见到皇帝本尊，格外激动，不时发出赞叹声和惊讶的呼声，市民纷纷涌向皇帝，殷勤地表达由衷的敬意，场面十分混乱。康茂德并未感到不快。得知自己如此受欢迎，他不由得心花怒放，一直微笑着向人群颔首致意，表现得非常有风度。不知什么时候，有个穿长袍的青年鬼鬼祟祟地挤了过来。康茂德并未对他多加留意，以为他不过是一个前来溜须拍马逢迎讨好的贵族，希望对方能长话短说，不要耽搁太久。那个青年别有深意地看了皇帝一眼，忽然扬手道：“元老院给你带来了这个——”康茂德感到莫名其妙，先是怔了一下，定睛一看，才发现青年手中握着一把明晃晃的匕首。

说时迟那时快，周围的侍卫听到喊声，连忙一拥而上，迅速夺下凶器，将刺客捉拿归案。暗杀者被瞬间制服了，康茂德并没有受伤，但随着案件审讯的进展，他受到的伤害比中刀还要深。

原来这场刺杀闹剧，是他的亲姐姐露西拉一手策划的。姐姐杀弟弟的理由，更是令人哭笑不得，仅仅是为了"奥古斯塔"的称号和皇女的虚名。露西拉比康茂德大 10 多岁，一度被马克·奥勒留看好，可惜是个女儿家，不能选为皇位继承人。为了让女儿贵上加贵，马克·奥勒留把露西拉嫁给了名义上的弟弟维鲁斯，使之成为皇后，并授予其"奥古斯塔"的荣誉称号。"奥古斯塔"和屋大维的名誉称号"奥古斯都"相对应，即皇后的意思。并不是每位皇后都能获得这一名号，只有元老院认可、皇帝不反对的情况下，皇后才能头顶"奥古斯塔"的光荣桂冠。

维鲁斯病死时，露西拉不满 20 岁，马可·奥勒留不忍心看她守寡，又把许配给了行省总督庞培亚努斯。从母仪天下的皇后降格为总督夫人，使贪慕虚荣的露西拉十分不高兴，她一度想要拒绝这桩婚姻。马克·奥勒留承诺为她保留"奥古斯塔"的头衔，她才勉强同意出嫁。五年后，母后去世，露西拉成为了罗马帝国唯一的"奥古斯塔"，她对这项荣誉更加看重，生怕康茂德的皇后夺走这独一无二的尊号。康茂德刚即位两年，她便动了杀心。有一种说法是，她听说弟媳怀孕了，担心弟媳诞下皇嗣后，会荣膺"奥古斯塔"的称号。即便弟媳怀孕的消息并不属实，她也不能完全放心，因为她的现任丈夫不是皇帝，她也不是名副其实的皇后，她没有资格去阻止真正的皇后获得"奥古斯塔"的荣耀。要想保住这一尊号，唯一的方法就是杀死弟弟，扶庞培亚努斯上位，或者另立新君，跟庞培亚努斯离婚，转投新皇怀抱。

庞培亚努斯对先王马克·奥勒留忠心耿耿，不可能参与刺杀先王独子的阴谋，所以露西拉把希望放在了表兄渥米狄乌斯·库瓦特拉托斯。渥米狄乌斯·库瓦特拉托斯在元老院享有席位，还做过执政官，是新君的合适人选，唯一的缺憾是有政治背景无军方背景，不知道能否获得军队的支持。露西拉管不了那么多，只想先除掉康茂德，以后再从长计议。最后一个环节，就是物色杀手了。露西拉把刺杀任务交给了丈夫庞培亚努斯的外甥昆提亚努斯。昆提亚努斯穿着长袍带着匕首混进了人群，欲趁乱袭击康茂德，将其杀死在剧院门口，不过没有成功。

康茂德虽然没有死于暗杀，他的心却死了。自从父亲去世后，姐姐便成了他最亲近的人。他永远无法理解，看着他长大的亲姐姐为何会为了一个蜗角虚名而狠心对自己痛下杀手，这个世界实在是太疯狂太荒诞了。这段手足相残的经历，彻底颠覆了康茂德的人生观和价值观，他陷入深深的恐惧之中，变得残暴好猜忌，总是疑神疑鬼，一旦心生疑虑便会毫不犹豫地将嫌疑人处死，绝不给任何人伤害自己的机会。事后，他把姐姐露西拉流放到了卡普里岛，因为对往事无法释怀，后来派人将其处决。然而露西拉的死，并未使康茂德获得解脱，他只有在浴血搏杀时才能获得真正的放松，这也是他沉溺于斗兽场无法自拔的原因之一。

"独夫"的穷途末路

亲人的背叛，使康茂德变成了一个非常消极的人，他对政治越来越厌恶，于是开始了长达10多年的怠政。统治的前五年，他把国家大事全权托付给了近卫军长官佩伦尼斯，自己则沉迷于淫乐嬉戏和血腥残忍的角斗比赛，一边从女人身上找快感，一边沐浴淋漓的鲜血，终日醉生梦死。

佩伦尼斯是个不折不扣的奸臣，为人八面玲珑，擅长欺上瞒下，在皇帝面前表现得奴颜婢膝，非常恭顺和谦卑，人后则露出另一副嘴脸，比饿狼还要凶狠和贪婪。他故意编织各种莫须有的罪名陷害贵族，然后将没收的财产据为己有，在充实私人小金库的同时，制造了累累冤案。他的种种不当之举，引起了不列颠军团的强烈不满。军团选出了150名代表前往罗马，向康茂德请愿，要求依法处死佩伦尼斯，平息众怒。不久，不列颠军团哗变，长官普里斯克库斯称帝。佩伦尼斯率军平息了骚乱。

寝宫侍从忌妒佩伦尼斯受皇帝宠信，很想取而代之，于是向康茂德进献谗言，离间君臣之间的关系，使生性多疑的康茂德对宠臣佩伦尼斯产生了怀疑，佩伦尼斯因此伏法受诛。克里安德如愿坐上了近卫军长官的位置。康茂德早已看透了宫廷和官场上的钩心斗角，对各种明枪暗箭和卑鄙的伎俩洞若观火，他不会轻易相信别人，之所以选择克里安德充当亲信，是因为底层社会的人更让他放心，这些人无权无势，只能充当别人的附庸，脱离了主子一文不值，没有能力兴风作浪，所以必定对主子分外忠诚。

克里安德原本是一个卑贱的奴隶，因偶然的机缘被送进了皇宫。他非常懂得投其所好，总能满足康茂德各方面的需求，康茂德非常依赖和赏识他，没过多久便给予了他公民的资格，还把他提拔到了高位。由于长年亦步亦趋地侍奉着主子，克里安德在察言观色方面练就了高超的本领，通过些许蛛丝马迹的线索，即能猜穿康茂德的心思。他能轻而易举地左右康茂德的判断，对康茂德的影响远远超过了佩伦尼斯。

康茂德一向妄自尊大，意识不到自己已经被身边的奴仆操控了，总是一厢情愿地把克里安德想象成俯首帖耳的忠犬。在他看来，克里安德无德无才，完全仗着自己的恩惠和宠信才扶摇直上爬到现在的位置的，因此这个奴才一定会对恩主感恩戴德，不敢怀有异心。克里安德无疑是个头脑活络的聪明人，应该知道恩主既能立他也能废他，他只有死心塌地地效忠，才能保住今天的荣华富贵和高官显爵。

康茂德把一切想象得太简单了，他似乎并不懂得什么叫作恃宠而骄。奴才一旦得势，往往比主子还要狡诈凶蛮。克里安德上任后，开始独揽大权，肆无忌惮地卖官卖爵、中饱私囊，宫廷内外被搞得乌烟瘴气。更气人的是，他把免费发放给罗马公民的粮食运到集市上贩卖，自己日进斗金，却害得老百姓忍饥挨饿。当时帝国到处闹瘟疫，现在又出现了饥荒，罗马人对抗不了天灾，只能自认倒霉，但是绝对不会为人祸埋单。无数的市民走上街头，呼吁严惩国贼克里安德。愤怒的人群浩浩荡荡地奔向皇帝的行宫，强烈要求康茂德交出克里安德。克里安德吓坏了，连忙调动骑兵镇压。

平民手无寸铁，对抗不了全副武装的正规军，很快被赶回了街区，有的当场遇难，有的被铁蹄活活踩死。骑兵踏着尸体和血污追到了大街上，群众与之展开了激烈的巷战。藏身于各个角落的市民，从四面八方向袭击晕头转向的近卫军。有的从窗口不停地抛掷碎石，有的则趴在屋顶，往下面扔石头和瓦片。雨点般密集的碎石破瓦劈头盖脸地向近卫军打来，阻断了军队前行的道路。

关键时刻，卫队中的一支步兵临阵倒戈，也加入了战斗。据说这支步兵队伍早就对近卫军骑兵骄横跋扈的行为感到不满，看到这群训练有素的骑兵居然在光天化日之下驱赶杀戮赤手空拳的罗马市民，愤怒的情绪立刻被点燃了。他们毫不犹豫地站在了人民一边。近卫军寡不敌众，只好灰溜溜败退。请愿队伍重新包围了皇宫。当时康茂德正高卧在富丽堂皇的宫邸中寻欢作乐，对骚乱的情况一无所知。侍从们都不敢如实相告。千钧一发的时刻，两个妇女挺身而出。一个是康茂德的姐姐法迪娜，另外一个是康茂德平时最宠爱的情妇。两个女人担心皇帝陛下继续安卧寝宫，会被汹涌而来的暴民杀死。为了避免悲剧的发生，她们披散着头发，哭着跪在康茂德面前，用紧迫惶急的语气控诉克里安德的罪行，并郑重其事地告诉康茂德，罗马人民异常恼怒，若不能妥善处理此事，怕是要大祸临头了。

康茂德错愕不已，这才从恍惚迷离的醉梦中清醒过来，他当机立断，立刻发出命令斩杀克里安德，并将人头抛出宫外，扔向罗马广场上的群众，好让人民知道罪大恶极的佞臣已被处死，正义得到了彰显。罗马市民见民贼独夫已死，莫不拍手称快，火气很快降下来，骚乱也随之平息了。康茂德又一次被自己信任的人背叛，疑心越来越重，为了消除恐惧和不安，他开始大开杀戒。许多元老贵族莫名被列入死亡名单，糊里糊涂地死在了屠刀之下。当时几乎没有任何人敢出言反对康茂德，但康茂德仍疑虑重重，总是无缘无故地怀疑别人，总把一些不相干的细节串联起来形成证据链，然后大肆搜捕杀害"形迹可疑"的元老。诛灭了元老的家族，连远亲也不放过，逐一逮捕处死，直到完全斩草除根，康茂德才肯安心。

康茂德杀人杀红了眼，原来对他言听计从、一起寻欢作乐的人，也都成了他铲除的目标。他不再信任任何人，别人的一个无心的眼神、一个下意识的动作、一句脱口而出的话语，都会引起他的怀疑，激起他的愤怒，只要不高兴，他可以处死任何一个令其感到不放心的人。一时间人人自危，连他最宠爱的情妇马西娅和内侍埃克勒克塔斯都感觉不安全了。出于自保心理，两人决定先下手为强，于是联合近卫军长官莱塔斯，共同策划了弑杀暴君的行动。

有一天康茂德打猎归来，又渴又累，马西娅非常贴心地给他递上了一杯酒，里面下了毒。康茂德喝下毒酒以后，感觉头痛欲裂，胃肠绞痛不已，全身如同火烧一般灼热。他怀疑有人在自己的饮食里下了作料，于是挣扎着把喝下去的酒全部呕吐了出来。吐完之后，康茂德感到身体极度虚弱，不停地冒虚汗，为了尽快恢复体力，摇摇晃晃地去了浴室。正当他惬意地享受泡澡的乐趣时，他最喜欢的摔跤手纳尔奇苏斯闯了进来。他不清楚对方想干什么，但是本能地嗅到了一股杀气。纳尔奇苏斯没有给他太多思考的时间，猛地冲了上去，死死地勒住了他的脖子，直到他断气才扬长而去。

康茂德死了，他生前作恶多端、杀人无数，死后遗臭万年，被永久地钉在历史的耻辱柱上，不断受到历史学家和世人的唾骂和挞伐。有人说罗马帝国的千秋基业就是被他毁掉的，他把一个金碧辉煌、光芒闪耀的强盛帝国变成了一个锈蚀斑斑、积满尘埃和枯枝败叶的腐朽国家，甚至把日后的三世危机的全部责任归咎到他头上。客观来说罗马帝国盛极而衰、由有序进入动荡混乱，康茂德确实负有不可推卸的责任，但后世的危机，背后有很深刻的社会原因，并非是康茂德一人造成的。

康茂德上任以后，立刻跟日耳曼蛮族签订了条约，在稳定帝国原有的疆界的前提下，允许日耳曼人留在罗马帝国的境内，为帝国服役看边。此举为双方争取到了长达 60 年的和平。由于马克·奥勒留武力挞伐日耳曼人徒劳无功，康茂德的和平谈判得到了更多的肯定。不可否认的是，康茂德确实在客观上为罗马赢得了长久的和平，但他这么做不是为了国家和百姓着想，而是为了满足一己私欲。这个在深宫暖阁中长大的皇帝，早已习惯了懒散舒适的生活，不可能像先王马克·奥勒留那样心甘情愿地跑到蛮荒之地作战，更不可能去主动尝试鞍马之苦，简陋的军帐、严肃无聊的军人、酷寒的气候，都是他无法忍受的。宫廷的靡靡之音、活色生香的娇躯，斗兽场里鲜血的盛宴和此起彼伏、震耳欲聋的欢呼声，才是他最喜欢的东西，这些东西全在罗马，不在边疆或行省，为了继续留在帝都享乐，他当然乐于与日耳曼人达成和解。

康茂德签订和平条约，准许日耳曼人入境，虽然在短期内双方相安无事，但从长远来看，后患无穷，日后蛮族大举入侵罗马，正是当年埋下的隐患造成的。总体来说，作为皇帝，康茂德是非常不称职的，他只是一个不成器的纨绔子弟，除了享乐，身无长物，没有意愿也没有能力去管理一个庞大的帝国，马克·奥勒留传位于他，是莫大的错误。但康茂德并非生性邪恶，他一步步走向罪恶的深渊，是特殊的成长经历和一连串的背叛造成的，至高无上的王权，让他饱尝"高处不胜寒"的孤独感，亲情和友情在错综复杂的利益纠葛面前显得格外脆弱，被家人和朋友算计过以后，他对人情人性产生了怀疑，变得越发多疑，为了消除隐患而滥杀无度，这才成就了暴君的恶名。

荒诞的皇位大拍卖

康茂德暴死，给罗马帝国带来了无可估量的影响。在将近一个世纪的时间里，罗马都是在混乱无序的状态下度过的，政治家失去了稳定局势的能力，军队唱起了主角，不仅高调参与皇帝的废立，还掀起了各种内战和风波。帝国饱受战火荼毒，隐藏已久的社会危机全线爆发。城市萧条衰败，商业不景气，农业生产滞缓甚至出现倒退。没落的奴隶制经济，由于生产效率低下，已经支撑不起庞大的帝国大厦。罗马帝国摇摇欲坠，财政枯竭、政局动荡之时，没有出现强有力的人物匡扶救世，只有一个个过渡人物犹如跳梁小丑一般纷纷跳上历史舞台，你方唱罢我登场，给混乱的时局增添了更多的变数，加速了罗马帝国的分裂和瓦解。重重乱象，史称"三世纪危机"。

三世纪危机初期，近卫军掌握了实权，他们扶持德高望重的城市长官珀蒂纳克斯上位，但不肯交出军权。珀蒂纳克斯为人正派，深受罗马人民爱戴，可惜手上没有兵权，形同傀儡，很难有所作为，他刚想整顿军纪，就被哗变的近卫军残忍杀死。国家再次陷入群龙无首的困局。当时罗马帝国统治着世界 1.5 亿人口，没有皇帝，帝国的机器就会全面瘫痪，近卫军弑君之后，不敢怠慢，到处物色新皇帝的人选。为了快点找到新的傀儡，他们把这项重任交给了元老院的资深议员。由于珀蒂纳克斯民望很高，近卫军弑君之举引起了公愤，议员们不愿蹚这片浑水，拒绝参与扶立皇帝的政治阴谋。近卫军无可奈何，只能自己想办法，经过数日的紧急讨论，居然想出了一个破天荒的馊主意——把皇位当作商品，公开拍卖，谁出的价码高，就把皇冠戴在谁的头上。

随着拍卖会的举办，罗马历史上出现了最滑稽最荒唐的一幕。当日，一个嗓门洪亮的士兵兴奋地爬上城墙，边沿墙奔跑边高声叫卖，就像推销本市最热销的土特产品一样。拍卖现场挤满了看热闹的人，有人观望，有人窃窃私语，大多数人则面面相觑，不晓得近卫军在搞什么名堂。少数富有的政客动心了。靠海上贸易起家的大商人和元老院议员朱利埃纳斯对拍卖会产生了浓厚的兴趣。当时他已年过花甲，正途还算顺遂，不过已经没有上升的空间了。他听说皇位拍卖的消息之后，非常激动，来不及打探细节，便急匆匆地赶了过来。他的家人幻想着一人得道鸡犬升天，纷纷为他打气，谄媚地说以他的气质和身材，穿上皇帝的紫色斗篷，一定极富皇家风范。

正派人士皆对拍卖会嗤之以鼻，因为售卖皇位的不是别人，正是谋害先王的凶手。但投资分子不管那么多，他们只想爬上御座，感受号令天下的滋味，至于其中的是非曲直则全然不顾。朱利埃纳斯正是这样的人。当然，他的同类也不少。有个叫苏尔庇西亚努斯的阔佬，身居显位，当时正担任市政官，对皇位志在必得。他不断抬高价码，与朱利埃纳斯公开叫板。两人竞相抬价，价码一涨再涨，旁边的近卫军不停地鼓噪助威，怂恿竞争者加价，最后苏尔庇西亚努斯报出了最高价码——2万塞斯退斯。这已经是天文数字了。但朱利埃纳斯并未退却，又在原来的基础上添加了5000塞斯退斯，最后以25000塞斯退斯的价格购得皇帝的尊位。拍卖锤一锤定音，交易就这样结束了。随着闹剧的收场，近卫军满脸喜色地宣布，朱利埃纳斯为下一任罗马皇帝。

近卫军如此亵渎皇冠，引起了广大罗马市民的强烈反感。民众希望叙利亚总督佩森尼乌斯·尼格尔能兴兵讨伐近卫军，推翻朱利埃纳斯的统治。朱利埃纳斯尚未坐稳宝座，便已经失去了民心，绝大多数的罗马人都认为，他不配做国家元首。他不在乎民众怎么想，因为乱世之中，谁掌握了军队谁就可以坐拥天下。他是近卫军拥立的皇帝，皇冠是他花费真金白银买来的，这些钱足以犒赏三军，如今军方对他感恩戴德，只要他和军方沆瀣一气，谁也没有能力推翻他。

当天晚上，朱利埃纳斯便带着一批近卫军耀武扬威地闯进了元老院，十分神气地坐在罗马皇帝的御座上，不无得意地宣布："我召集你们前来，是想通知你们，军队选择让我做皇帝，你们要按照例行程序批复这项决议。"元老议员们虽然不愿意承认这个花钱买来的皇帝，但迫于近卫军的淫威和压力，不得不昧着良心批复了相关文件。就这样朱利埃纳斯紫袍加身，由一个暴发户摇身一变，成了罗马合法的皇帝。不过罗马市民永远都不会认可他。朱利埃纳斯很快便察觉到了民众对他的厌恶。他移驾回宫时，半路上不断有市民朝他扔石头，还有一部分市民偷偷溜出京城，千里迢迢地跑到野战军团的驻地通风报信，请求军队赶紧回师诛讨窃国逆贼。

面对紧张的形势，朱利埃纳斯决定恢复近卫军的特权，以便随时镇压反对者。他大肆犒赏军队，借着近卫军的声威巩固自己的统治。当然，他也不想跟元老院闹得太僵，曾经试图以温和的方式和怀柔政策拉拢同僚，但所有的努力都失败了，几乎所有的元老都对他无比憎恶，大家隐忍不发，仅仅是因为受制于近卫军的胁迫。元老院和市民的不满，不足以撼动朱利埃纳斯的统治地位，但边疆手握雄兵的总督们就不一样了，他们完全可以借助民意兴师讨逆，把朱利埃纳斯轰下台。

总督们对诛讨国贼兴趣不大，他们各自打着小算盘，都想借讨逆之名发展自己的势力，然后拥兵自立。叙利亚总督佩森尼乌斯·尼格尔、潘诺尼亚总督塞维鲁、不列颠总督克洛狄·阿尔比努斯就是这样的角色。他们趁乱自立为皇帝或恺撒，并合谋瓜分了帝国边境的军团。佩森尼乌斯·尼格尔麾下有 10 个军团，掌控住了东部地区。塞维鲁有 16 个军团，把莱茵河、多瑙河一带划入自己的势力范围。克洛狄·阿尔比努斯掌握了三个不列颠军团的精锐之师。相比之下，盘踞在御座上的朱利埃纳斯则逊色很多，除了 1 万多名近卫军，他手上几乎没有可调之兵。近卫军都是一些见钱眼开、朝三暮四的散兵游勇，战斗力根本不能跟正规军团相比。

在众多敌人之中，朱利埃纳斯最怕的是实力雄厚的塞维鲁。因为对塞维鲁来说，皇位是唾手可得的，16 个军团不日便能将近卫军消灭干净。听说塞维鲁就快打到京师了，朱利埃纳斯吓坏了，马上督促元老院宣布对方为人民公敌，并发出赦免令，向野战军团宣布，谁要是能手刃或俘虏叛军主将塞维鲁，就能得到皇家的赦免。与此同时，他又派了一名剑术高超的刺客前往军营，暗杀塞维鲁。坐镇罗马的日子里，朱利埃纳斯惶恐不安，几乎每天都在积极备战，他招募了新的军队，并把用于表演的大象抽调给军方，试图驱赶这些庞然大物到战场，吓退塞维鲁的精锐部队。随后又派遣特使前往拉文纳，接管海上舰队，决定孤注一掷，与塞维鲁决一死战。

事实证明，朱利埃纳斯一切的努力都是徒劳无功的，他那些紧锣密鼓的布置，全都没有派上用场。塞维鲁行动实在太迅速了，军团在短短一个月时间内便杀入了意大利半岛，以至朱利埃纳斯的计划尚未徐徐展开，便被强行中断了。塞维鲁赶在特使抵达拉文纳之前，便收编了罗马军队，使朱利埃纳斯的计划落空。最可笑的是，那名英勇的刺客，抵达目的地后，识相地向塞维鲁屈膝投降，刺杀计划也跟着破产了。塞维鲁兵临罗马城下时，近卫兵懒懒散散，已经很久没有出操了。新招募的水手对水上作战一窍不通，甚至不会操作战舰。大象忽然发脾气罢工，把背上的象兵一个个地掀翻在地。

　　朱利埃纳斯自知大势已去，但仍贪恋帝位，曾幻想着与塞维鲁共同治理天下。元老院拒绝接受这一提议。城破前夕的最后时刻，朱利埃纳斯不知从哪儿找来了一个来自远土的魔法师。魔法师念念有词地在一群小男孩身上施法。每个小男孩身上都贴上了一道符咒，他们蒙着双眼，大声颂歌，前面是一面镜子。魔法师要求他们透过蒙布看镜子，说出自己所见到的预言。一个孩子声称他看到了未来：塞维鲁将挥师入城，问鼎天下，而朱利安努斯则会在四面楚歌中狼狈退位。不久，预言成真，元老院奉塞维鲁之命宣判朱利埃纳斯死刑。朱利埃纳斯束手就擒时感到困惑不解，结结巴巴地说：“皇位是我通过公平的竞拍花钱买来的，难道我做错了什么吗？”刽子手没空跟他理论，干净利落地砍下了他的头颅，罗马城再次易主。

军阀当政之祸

军阀出身的塞维鲁兵不血刃地占领了罗马，赢得了帝国的统治权。据说他从小便心怀大志，富有帝王风范，在别的男孩追逐打闹撒欢疯玩时，他只钟情于一种名为审判的游戏。每次他都有模有样地端坐在正中央，威风凛凛地扮演审判者的角色，而他的小伙伴则手持酷似法西斯和斧钺的器械，毕恭毕敬地侍立于前方，其余的男孩整整齐齐地环列在侧，做洗耳恭听状，等着他宣判。长大之后，塞维鲁果然成了定夺他人生死的君王，朱利埃纳斯成了他上位前第一个牺牲品。

塞维鲁当上皇帝以后，坊间出现了种种类似于天有异象、此人注定不凡的可笑传闻，说得神乎其神。据说塞维鲁初次来到罗马时，恰好听到旅店的店主在大声朗读哈德良皇帝的传记，这是一个好兆头，预示着初出茅庐的塞维鲁将成为像哈德良一样伟大的君王。还有一种说法是，塞维鲁应邀出席皇家举办的盛大宴会，当天穿着希腊斗篷入场，有个神秘人觉得他有帝王之相，斗胆将皇帝的托加披在他的身上。晚上，塞维鲁做了一个奇怪的梦，梦见自己趴在母狼腹下，如饥似渴地吸吮母狼的乳头。另外一次皇家宴会上，侍者摆错了座椅，使他阴差阳错地坐在了皇帝的座席上。

所有传闻无非都是一个论调，塞维鲁和花钱买皇冠的跳梁小丑朱利埃纳斯不同，他注定是要做皇帝的。那么塞维鲁是怎样一个皇帝呢？究竟是万众归心的仁君还是古罗马历史上又一个臭名

177

远扬的暴君呢？这个问题不难回答，我们看看他掌权之前的表现，大致便可判断出他的为人了。一般而言，人的权力越大，欲望越多，越有可能作出癫狂的事情，发迹前劣迹斑斑，发迹后只会变本加厉，这是普遍的规律。据说塞维鲁在出任总督副将时，便已经非常嚣张跋扈了。有一次他大步流星地走到象征至尊权力的法西斯束棒跟前，他的老乡不合时宜地走了过来，简单地续完旧之后，热情地给了他一个大大的拥抱。塞维鲁把脸一沉，立刻喝令士兵把老乡拖下去杖责，并趾高气扬地说："平民胆敢拥抱罗马总督副将，是不可能不受罚的。"此后，总督副将地位迅速提升，原先出行尚能步行，后来全坐轿子了。

　　塞维鲁一时得志，成了君临天下的帝王，自然更有派头了，是不可能允许广大平民、贱民亲近自己的，谁要是胆敢忤逆他，轻则杖打，重则砍头，如果没有人能推翻他的统治，那么暴政会一直延续下去。罗马市民和元老院害怕塞维鲁，佩森尼乌斯·尼格尔不怕，他不甘心让粗野的军阀头子爬到自己头上，遂发动了伊苏斯大战，双方展开了殊死较量。伊苏斯地形复杂，一侧紧挨着悬崖峭壁，对面就是汪洋大海，另一侧山峦起伏、层林密布，山脚下有一道狭窄的通道，并设有关隘，路之尽头同样是波涛滚滚的大海。佩森尼乌斯·尼格尔在山脚下安营扎寨，将重装精锐步兵安排在了冲锋陷阵的第一线，标枪兵、投石兵负责协同作战，弓弩手在最后面。战场的左边是万仞悬崖，右边是莽莽苍苍的森林，这种奇险的地形极其不利于行军，敌人是很难绕到大后方的。所以他安心地将所有的辎重和补给全都堆放到了后方营垒。

　　佩森尼乌斯·尼格尔并没有意识到自己所犯下的致命错误：

森林地带不便行军，至多会减缓敌军的步伐，却不能阻止敌军前进。塞维鲁打听到佩森尼乌斯·尼格尔没有在森林地带部署兵力，防备空虚，不由得大喜过望，连忙派奇兵穿越森林，绕到后方伺机袭击佩森尼乌斯·尼格尔的军队。佩森尼乌斯·尼格尔的军队见到敌军，无比惊讶，连忙向对方投掷石头和标枪，弓弩手万箭齐发，箭雨石雨标枪纷纷而下。塞维鲁的士兵马上高举盾牌抵挡。在排列紧密的长形盾的掩护下，军队缓缓前进，虽不时有人倒下，仍未能阻止军队向后方阵地挺进。佩森尼乌斯·尼格尔发现敌情后，顾不得感叹唏嘘，缓慢组织重甲步兵冲锋。双方展开了肉搏战。士兵们纷纷抽出随身携带的短剑砍杀敌方，一边疯狂挥砍，一边举着盾牌防御，不时有人被砍伤砍断肢体，更有人哀号着倒下，被自己的血呛死。

塞维鲁的兵力远不如佩森尼乌斯·尼格尔，其麾下的士兵发现自己的军队不断损兵折将，同伴的数量急剧减少，而敌军却像蚂蚁一样密密麻麻，似乎永远也杀不尽。这个发现非同小可，士兵们很快绝望了，开始主动撤退。千钧一发之际，天气突变，霎时间大风骤起、乌云密布，紧接着大雨滂沱，突如其来的暴风雨扰乱了佩森尼乌斯·尼格尔的作战计划。在风力的作用下，雨水疯狂地冲刷着士兵们的身体和脸庞，使他们无法睁开眼睛。迎风而立的佩森尼乌斯·尼格尔军队与盲人无异，顿时军心大乱。塞维鲁由于处在背风向，尚能勉强视物，于是伺机反击，对敌人发动了猛烈的进攻。

雨不仅没有停歇，而且越下越大，佩森尼乌斯·尼格尔军的劣势越来越明显。士兵们大多来自遥远的东方，深受希腊文化的熏陶，对希腊诸神充满敬畏，他们认为在战争期间老天降下雨水蒙住他们的眼睛，是众神之王宙斯在刻意惩罚他们，为此士气大为低落。塞维鲁的士兵却有如神助，越战越勇。战斗没有持续多久，佩森尼乌斯·尼格尔的军队便兵败如山倒。佩森尼乌斯·尼格尔只好下令撤退。他的军队人马众多，塞维鲁军一时无法将其歼灭，只要能保住有生力量，他随时都可以重整旗鼓、东山再起。他计划先退回叙利亚，再从长计议，可惜未能成行，军队就被塞维鲁的爱将瓦勒利安努斯截住了。瓦勒利安努斯的一支骑兵斩断了佩森尼乌斯·尼格尔军的退路，其本人则带着另一支部队迎头痛击佩森尼乌斯·尼格尔军。佩森尼乌斯·尼格尔军背腹受敌，在对手的两面夹击下迅速溃败，军队死伤惨重，侥幸活下来的士兵纷纷缴械投降。佩森尼乌斯·尼格尔面对全军覆没的惨境，心灰意冷，仓皇策马奔逃。塞维鲁军大获全胜。

不久，塞维鲁军又成功平定了不列颠总督克洛狄·阿尔比努斯的叛乱，内战宣告结束。塞维鲁成为罗马帝国唯一的皇帝，开创了塞维鲁王朝。塞维鲁是军人出身，上位后，一直用治理军队的方式治理国家，习惯了发号施令，从来不把元老贵族放在眼里。他把身居高位的元老一个个赶出了政坛，让不学无术、只会耍枪弄棒的骑士取而代之。随后他又大规模的扩充了军队，用高官厚禄笼络将领，用优厚的军饷收买士兵，组建出了一支战无不胜的铁军。打赢内战以后，塞维鲁军一举击溃了帕提亚人，帝国得以将垂涎已久的美索不达米亚并入版图。

接连在军事上取得辉煌战果，使得塞维鲁愈加狂妄，为了突出自己的至高无上，他把皇权专制推向了顶峰，公然凌驾于法律之上，不受任何力量约束，总能摆出一种大义凛然的姿态居高临下地主宰众生。在他眼里，帝国不再属于公民，不再属于罗马，而是变成了他自己的私家财产，子民卑贱如奴仆，地位堪比牛马，本质上是会呼吸会说话的财产，他可以予取予夺、随意销毁，谁也没有资格质疑他，也没有权力阻止他。罗马帝国的权杖落到这样一个人手里，真是莫大的悲哀。

乱世中的"草头王"皇帝

公元前 211 年，塞维鲁病入膏肓，弥留之际把两个儿子叫到榻前，留下临终遗言："你们兄弟俩日后一定要互相友爱，和睦相处，维护统治最紧要的是，让士兵们发财，其他人都不重要，不必花心思管他们。"塞维鲁教授的治国御人之道，确实符合当时的形势。在 3 世纪，罗马士兵对国家的忠诚度大打折扣，他们不再为帝国效力，只为金钱和利益卖命，丧失了军人的荣誉感，不仅肆意蹂躏手无寸铁的罗马公民，还经常操纵时局，拥立或废黜皇帝。所以皇帝必须小心谨慎地对待军队，大方犒赏他们，不然就不能长久保有帝位。

塞维鲁的两个儿子卡拉卡拉和盖塔谨遵父王教诲，从来不敢亏待军队，于是在军方的拥立下顺利登基。罗马又一次进入二帝共治的时代。卡拉卡拉和盖塔继承了父亲独断专行的秉性，都想大权独揽，不能容忍对方染指最高权力，不可避免地发生了冲突。兄弟俩拔刀相向，不久卡拉卡拉杀死了弟弟盖塔，并诛灭了盖塔的党羽，成为了罗马帝国唯一的统治者。卡拉卡拉是一个不折不扣的暴君，把军人独裁的作风带到了宫廷的每个角落，一不高兴便大开杀戒，他的妻子和岳父全都死在他的屠刀下。为此上台没多久，便遭到了罗马人的唾弃。他对外宣称杀掉弟弟是迫不得已，完全是出于自卫。民众不买账，特地编排了讽刺喜剧揶揄他，控诉他残杀手足的卑劣行径和其他暴行。

为了讨好民众，卡拉卡拉主持建造了规模宏大的大浴场，又颁布了著名的安东尼努斯敕令，授予帝国境内全体自由人完整的公民权，规定女性自由民所享有的权利与罗马男人等同。在此之前，许多罗马自由民拥有的都是有限公民权，才享有完整的公民权。只有意大利半岛的居民、居住在各行省的罗马人及少量高级别的地方贵族。安东尼努斯敕令的出台，无疑会使很多人受益。

卡拉卡拉虽然名声不佳，不得罗马人民喜爱，但在军事上很有作为。他自诩为亚历山大大帝，曾领兵远赴日耳曼边界，击败了作战神勇的阿拉曼人，接着挥师美因河，征服了阿勒曼尼人。次年，转战叙利亚和埃及，开辟东方战场，与宿敌帕提亚狭路相逢，然而他没有死在敌人的刀剑之下，却被自己的贴身侍卫杀死了。弑君者名为马克里努斯，他暗杀卡拉卡拉的动机有两种说法：一种是卡拉卡拉不肯提拔他为百夫长，使其心生怨恨；另一种是暴君卡拉卡拉嗜杀成性，不久之前杀死了他的哥哥，他是为了给兄弟报仇，才把屠刀对准自己誓死保护的皇帝的。

无论如何，马克里努斯杀死了不得人心的卡拉卡拉，成了下一任罗马皇帝。这位新皇出身寒微，据说是获释奴隶的后代，经过个人的努力奋斗，进入了骑士阶层。他是罗马历史上第一位出身骑士的皇帝。马克里努斯上任后，做的一件事就是与敌人签订和平条约，从美索不达米亚撤军，尽快把罗马军团从帕提亚战争的泥潭中拖出来。紧接着，他又大幅度地削减了军费开支。此举令军队深感不安。全军上下皆以为皇帝的外交策略毫无可取之处，不仅长别人志气灭自己威风有丧权辱国之嫌，而且还寒了军人们的心。塞维鲁的妻妹玛伊莎眼看新皇不得军方的爱戴和支持，遂以复仇之名，出兵讨伐马克里努斯，并对外宣称外孙埃拉伽巴路斯有先皇塞维鲁的骨血，有权继承塞维鲁的帝位。

马克里努斯正欲班师回朝，惊闻塞维鲁的亲属发动叛乱，连忙纠集部队平叛。双方在叙利亚首辅附近的因迈村相遇。大战在即，玛伊莎不急于布阵，却忙着给先皇卡拉卡拉和外孙埃拉伽巴路斯塑像。前者的雕像神圣静穆、不怒自威，有一种凛然不可侵犯的威仪，后者的雕像一身戎装、英姿勃发，颇有乃父遗风。埃拉伽巴路斯则挥舞着长剑，以鲜衣怒马的形象立于军队正前方。马克里努斯的军队见状，忽然怀念起卡拉卡拉金戈铁马的峥嵘岁月，遂临阵倒戈，杀死了自己的近卫长官，转投敌人阵营。马克里努斯狼狈败逃，流落到小亚细亚，最后被一名军官认出，当场殒命，他的儿子也一同遇难。经元老院批准，埃拉伽巴路斯成为帝国的新皇帝。

埃拉伽巴路斯登基时，年仅 15 岁，小时候在太阳神庙当过祭司，长大之后，对世俗事务不大热心。这位年轻的皇帝不急于回首都接管帝国，在路上花了一年多时间，才慢腾腾地抵达罗马。入城时，他的装扮一点也不像罗马人，不仅毫无英武之气，还涂脂抹粉，意兴阑珊地坐在白马所拉的奢华御轿中，里面供奉着一颗锥形的黑石，据说那颗黑石代表太阳神。新皇的异国情调，或多或少引起了罗马人的不安。他日后的表现，果然惊世骇俗，居然对着罗马诸神的神坛欣赏淫歌艳舞，还强迫跳舞的少女作出挑逗性的动作。

埃拉伽巴路斯是个极度好色的君王，终日沉湎于淫乐，像更换衣服一样更换身边的媵妾，徜徉于不同的花丛之间，猎艳无数。不知从什么时候开始，他又迷上了男色，经常在神圣的公共场合，跟漂亮的娈童眉目传情，拉着对方白皙纤秀的小手不放，举止动作极为亲昵。

埃拉伽巴路斯的所作所为，为上流社会所不齿，并引起了罗马帝国高层的深度厌恶。玛伊莎见外孙埃拉伽巴路不得人心，担心江山不保，于是决定拥立另一个外孙——亚历山大·塞维鲁为帝。玛伊莎做事非常谨慎，没有马上发动宫廷政变，而是费尽周章地说服埃拉伽巴路斯收亚历山大·塞维鲁为养子，并指定后者为继承人。亚历山大·塞维鲁自幼接受罗马教育，行为、思想、谈吐，都十分罗马化，深得元老议员和权贵的赏识，有头有脸的大人物纷纷投奔于他的门下，俨然把他当成了帝国的最高领导。埃拉伽巴路斯为此极为不安，马上取消了亚历山大·塞维鲁的头衔。近卫军军官担心埃拉伽巴路斯会向亚历山大·塞维鲁下毒手，立刻作出表态，誓言要拼死保卫亚历山大·塞维鲁的人身安全。埃拉伽巴路斯担心近卫军哗变，被迫恢复了亚历山大·塞维鲁的头衔和荣誉。

为了检验军队的忠诚度，埃拉伽巴路斯耍了花招，派人散布谣言说亚历山大·塞维鲁已死。本以为消息传出，官兵们会马上匍匐在自己脚下，慷慨激昂地宣誓效忠，马上与亚历山大·塞维鲁划清界限。没想到事与愿违。军队不仅没跑来宣誓效忠，反而群情激奋，誓言要为惨遭昏君残害的亚历山大·塞维鲁报仇，军官们直到看到亚历山大·塞维鲁活生生地出现在自己面前，才平静下来。试验的结果，让埃拉伽巴路斯颇为恼怒，事后他狠狠地责罚了带头闹事的军官。这场精心策划的闹剧，就这样草草收场了，埃拉伽巴路斯的名声更加败坏。玛伊莎见埃拉伽巴路斯大势已去，便默许近卫长官将其杀死。年仅 14 岁的亚历山大·塞维鲁被扶上了皇帝的宝座。

亚历山大·塞维鲁在位时，注重维护元老院贵族的利益，从元老院中提拔高级官员，辅佐自己处理朝政，恢复了君王和元老院互相依存的关系。为了缓解日益严峻的经济危机和社会危机，他推行了一系列的措施：比如缩减财政开支，降低罗马公民的税务负担，并允许 20 岁以上的贫困自由民卖身抵债。鼓励自由民卖身当奴隶的政策，符合元老院贵族的利益，却因违反罗马传统原则，引起了军方强烈的不满。

军方很快发现这位新上任的皇帝比埃拉伽巴路斯好不了多少。埃拉伽巴路斯掌权时，出手阔绰，从来没有亏待过军队，而亚历山大·塞维鲁则小气得多。皇太后莫米娅为了应付经济危机，怂恿儿子削减军队开支，导致军人福利下降。这样的变化，对唯利是图的军官们来说是无法忍受的，盛怒之下，他们干脆不听皇家指挥了。莫米娅只好把钱花在敌方日耳曼人身上，希望用钱买来边境的安宁。军队得知真相后，愈加不满，军官们一致认为如果发动政变改朝换代的话，一定能从新皇身上捞到更多的油水，于是立刻拥立训练新兵的长官马克西密努斯为帝，马克西密努斯承诺会支付双倍的军饷犒赏三军，并额外加付奖金。全军欢腾，于是在马克西密努斯的授意下，杀死了亚历山大·塞维鲁和莫米娅。罗马帝国改换天日，塞维鲁王朝走向终结。

昙花一现的短命政权

新帝马克西密努斯是色雷斯人，由于出身卑微，受人唾弃和鄙视，一时难以服众。为了尽快树立权威，他用极其严酷和粗暴的手段对付元老院贵族及藐视他的罗马市民，搞得天怒人怨。他在位仅仅三年，便遇害身亡了。弑杀他的是近卫军，幕后指使者是元老院。经历了无数的政权更迭以后，衣冠楚楚的元老院贵族们仍然热衷于谋杀、暗杀和各种刺杀活动，所不同的是，这次他们学会了和军方合作。

同年，元老院先后选出了四位皇帝，分别是戈尔迪安一世、戈尔迪安二世、普皮恩努斯、巴尔比努斯。前两位是父子，死于马克西密努斯追随者的叛乱，后两位为军事将领，死于近卫军哗变。随后，年仅13岁的戈尔迪安三世被扶上了御座，由于年龄太小，稳定不了朝纲，他一直扮演着傀儡皇帝的角色。后来在与波斯人作战的过程中意外离世。244年，来自叙利亚的菲利普登上了帝位。

菲利普的人生富有传奇色彩，据说早年以偷盗为生，曾经混迹市井，干过不少偷鸡摸狗、顺手牵羊的勾当。不过在当时的时期，这算不得罪恶，穷人生活无着，老老实实遵纪守法，怕是要日日啼饥号寒，直到饥馁冻饿而死。菲利普是穷人当中运气最好的，不仅大富大贵，还当了皇帝。自立为帝以后，他马上做了一件惊天动地的大事，为落成1000周年的帝都罗马举办了盛大的庆典活动。庆典场面隆重，耗资巨大，十分令人震撼，从不同的层面揭示了罗马的荣光与伟大，唤起了罗马人的自豪感，但各地的叛乱仍此起彼伏、接连不断。罗马人似乎并不认可这位新元首。菲利普在位时，帝国的边境问题越来越严峻。3万多名哥特人浩浩荡荡地越过了多瑙河，向罗马边界进逼。驻扎在麦西亚的罗马军团不仅没有驱逐哥特人，反而加入了蛮族的阵营，一起洗劫蹂躏罗马境内的城池。

248年，哥特国王阿尔盖修斯大举出兵罗马，菲利普派遣大将德西乌斯抵御蛮族入侵。德西乌斯于年底之前越过多瑙河，深入梅西亚境内，在梅西亚首辅取得大捷，成功打败了阿尔盖修斯的军队。捷报从前线传入宫廷，菲利普欣喜异常，不过很快脸上的笑容便凝固了，接下来的消息令他大为气愤，德西乌斯居然在军队的拥立下，公然篡位自立。有功之臣，不待朝廷嘉奖，就变成了乱臣贼子，这世道怎么乱成了这样？更让菲利普恼火的是，他尚未出兵，叛军便先行动了，大举开赴罗马，很快便到达维罗纳附近。菲利普再也按捺不住了，愤然领兵迎战，结果战死在沙场上。德西乌斯成了新的罗马皇帝。

德西乌斯统治时期比菲利普还短，在位两年便死在了任上。他面临的局势更加复杂和凶险，莱茵河和多瑙河沿岸，蛮族蠢蠢欲动，不久哥特人便跨过边界，深入巴尔干腹地。德西乌斯御驾亲征，攻打哥特军团。然首战不利，哥特人利用当地迂回复杂的地形，跟罗马军团玩起了捉迷藏，把罗马人耍得晕头转向，神秘消失之后又忽然出现，打得罗马人措手不及。罗马军团遭遇了前所未有的惨败，德西乌斯见势不妙，危难时刻，选择了临阵脱逃。哥特人乘胜攻打菲利普波利斯，并杀死了前来投降的色雷斯长官。攻城行动进展得很不顺利，哥特人使出了浑身解数，仍然没有攻克城池。当时德西乌斯已经缓过了心神，抱着一雪前耻的想法，重新率领军队包围了哥特大军。战局发生了微妙的变化，哥特人主动议和，并表示愿意把抢来的战利品全部进献给罗马。德西乌斯一心求胜，从未想过议和，严词拒绝了哥特人的请求。罗马和哥特的战争越演越烈。

不久，7万名哥特大军跨过多瑙河，直扑色雷斯。大敌当前，德西乌斯宣布儿子赫伦尼乌斯与自己共同执政。这样父亲遭遇不测，儿子可以马上坐拥江山，将国祚延续下去。德西乌斯设想很好，现实却很残酷。他的儿子没有活到独揽大权的年龄，便先他而去，让他经历了白发人送黑发人的悲剧。罗马大军在莫西亚省的一个小镇迎战哥特军团。由于求胜心切，德西乌斯中了哥特人的诱敌深入之计，中了埋伏，导致赫伦尼乌斯中箭而死。德西乌斯忍痛继续作战，连续突破了敌军的两道防线，深入沼泽地带。周围到处都是泥泞，罗马人的标枪很难精准投射，处处陷于被动。哥特人长得人高马大，体格健壮，投枪又长，能轻而易举地杀死远距离的罗马人。罗马士兵纷纷倒在污泥和血泊中，德西乌斯本人也在这场战斗中阵亡了。

副将加卢斯被立为新皇。元老院把德西乌斯的另外一个儿子霍斯蒂利安立为皇帝。罗马又同时出现了两个国君，很有可能再度爆发内战。不过人们担心的事情没有发生，体质虚弱的霍斯蒂利安很快被一场瘟疫夺取了生命。加卢斯成为唯一的王者。加卢斯登基后，宣布儿子沃鲁西安努斯为共治皇帝，随后改变了对外策略，主动向哥特人乞和，并承诺每年支付贡金。加卢斯的软弱态度，令军方大为不满。大将埃米利安努斯不顾罗马政府订立的合约，率领军队将哥特人赶回了多瑙河对岸，并截获了官方支付的巨额贡金，把钱全部分发给了部众。在军队的拥护下，埃米利安努斯自立为帝，领兵杀回意大利本土，企图推翻加卢斯的统治。加卢斯没来得及迎战，就被自己的部下杀死，他的儿子也跟着遇害了。

埃米利安努斯挥师入京，正式加冕为帝，四个月后，瓦勒良打着为先帝复仇的旗号，率领大军杀向京都，杀死埃米利安努斯，成为新的皇帝。上台不久，他把儿子加里恩努斯立为共治皇帝，让加里恩努斯留守罗马监国，自己亲率大军东征，对付异军突起的萨珊波斯帝国，起初，战斗进行得很顺利，罗马军团势如破竹，很快收复了叙利亚和安提阿的土地，不过没过多久，能征善战的波斯大军便战败为胜，大破罗马军团，不断攻城略地，一路烧杀，将无数罗马公民掳为奴隶。瓦勒良惨遭俘虏。现代学者认为，像瓦勒良这样的军事将领不大可能兵败被俘，他多半是中了波斯人的诡计。罗马人作战失利时，瓦勒良幻想通过和平谈判的方式，让波斯人退出美索不达米亚。他同萨珊波斯帝国国王萨波尔一世谈判时，萨波尔一世要了花招，下令将其俘虏。

瓦勒良沦为阶下囚之后，受尽屈辱，每次萨波尔一世骑马，都会逼迫他趴在地上当踏板，萨波尔一世踩着他的背脊翻身上马，威风凛凛地扬长而去。由于心情极度抑郁，瓦勒良遭俘没多久便病死了。他带来的罗马军团被强行驱赶到胡泽斯坦地区修筑堤坝，饱受苦役的折磨。皇帝被俘，受辱而死，给罗马人民带来了强烈的震撼，帝国的国威以及皇权的神圣性都不同程度地受到了影响。驻守莱茵河地区的军官波斯图姆斯趁机割据一方，占领了高卢、不列颠和西班牙部分领土，创建高卢帝国。后来帕尔米拉也脱离了罗马帝国的统治，宣布独立。罗马陷入分裂，各地军队接二连三地拥立皇帝，出现了"三十僭主"的纷乱局面，哪个僭主赏赐不够优厚，就会惨遭杀害，被更慷慨的竞争者所取代。罗马帝国的政局混乱到了极点。

侠盗举义和巴高达运动

三世纪危机时期，受到伤害的不仅是过客般短命的君王，还有广大劳动人民。随着经济危机、社会危机的加剧，隶农（地位比奴隶略高，靠租种田地为生）、破产失地农民生存日益艰难，地位已经和奴隶无限接近。部分有产者和中层奴隶主由于经济不景气，纷纷破产。某些城市议员因为政府的不当政策，失去了尊贵的地位和经济基础，成为穷苦大众的一员。非常时期，政府征集不到赋税，动用了极端手段，勒令市议员自掏腰包填补欠税，由于数额巨大，市议员负担不起，只好售卖土地，大批量地释放奴隶，降格为守着几亩薄田艰难度日的小农，有的更惨，直接被打入社会底层，沦为不名一文的隶农或者背井离乡、四处流浪。下层民众的队伍不断扩大，渐渐形成了一股不可忽视的力量。

城市经济和农业迅速凋敝的同时，大庄园经济崛起，少数大地主和大奴隶主成为受益者，他们因手持特权，长久享有土地和生产资料，得以不劳而获，享受荣华富贵。底层人士的苦难和上流社会的奢靡形成了鲜明的对比，广大群众再也忍受不了特权阶层的鱼肉和盘剥，纷纷奋起反抗，起义的烽火燃遍各地。

早在塞维鲁当政时期，意大利半岛便出现了杀富济贫、反抗不公社会秩序的侠盗，一度给腐朽没落的统治阶级以沉重的打

击。为首的头领是一个叫布拉·费利克斯的人，他活跃于公元 3
世纪早期，非常聪明，知道怎么和官方周旋，一次又一次地逃过
了罗马军队的追捕，总能靠智谋脱险。布拉·费利克斯在官方的
档案里是臭名昭著的强盗，但在穷人眼里，他是仗义有为的大
侠，因为他只打劫贵族，专门惩治养尊处优的社会蠹虫，从未冒
犯过穷人。布拉·费利克斯在民间受到崇拜，一些亡命天涯的奴
隶、走投无路的隶农、厌倦战争的逃兵和落魄潦倒的官吏，纷纷
投奔到他的麾下，很快便组建了一支 600 人的队伍。随着贫富差
距的拉大，起义队伍的规模越来越大，不断有穷人加入，引起了
官方的恐慌。

据说，布拉·费利克斯曾经活捉过一个百夫长，但是没有为
难他，没过多久就把人放了，放人之前，他义正词严地警告对方
说："长官，告诉贵族老爷们，把奴隶们喂饱，不然饥饿的奴隶
终有一日会变成强盗和土匪。"由于起义队伍获得了穷苦人的同
情，义军头领布拉·费利克斯受到群众掩护，官方兴师动众地镇
压，花费了整整两年时间，才将起义军彻底剿灭。因为屡次清剿
不力，布拉·费利克斯成了官方最重视和头痛的通缉犯之一，最
后还惊动了罗马皇帝塞维鲁。有一次，塞维鲁竟亲自带兵逮人。
可笑的是，在战场上攻无不克战无不胜的皇帝，居然扑了个空。
布拉·费利克斯凭借高超的化妆技术，骗过了所有人的眼睛，轻
而易举地躲过了一劫。

布拉·费利克斯神出鬼没，又擅长乔装改扮，更重要的是，
深受民众爱戴，不少人甘愿冒风险藏匿和保护他，官方想要将他
捉拿归案，绝非易事。官兵不仅要和布拉·费利克斯神斗智斗
勇，还要跟千千万万支持义军的穷人斗争，结果可想而知，布拉

·费利克斯总能神奇地脱身。布拉·费利克斯最后伏法，不是官方的功劳，而是他自己犯了大忌。自古英雄难过美人关，布拉·费利克斯也不例外。他爱上了一个风姿绰约的女人，一个善于魅惑男人的有夫之妇。可能是为了得到赏金，也可能是出于其他目的，那个女人出卖了他，害得他被官府生擒。

布拉·费利克斯被判处了极刑，即投放野兽，将其活活撕咬至死。这是一种非常残酷的刑罚，布拉·费利克斯的遭遇比斗兽场上的角斗士还要悲惨，角斗士尚可凭借手中的武器与兽类相搏。而他只能赤手空拳地面对牙尖爪利、张着血盆大口的野兽，所有的反抗都无济于事，以往那些金蝉脱壳的策略全部失灵了。在野兽眼里，他只是一块会移动的鲜肉、一头诱人的猎物、一顿丰盛的美餐，除此之外，便无价值。野兽没有悲悯之心，只有渴饮鲜血的本能，猎杀是其天性，弱肉强食是它唯一懂得的法则。在它的食谱里，人肉和其他动物的肉并没有什么区别。猎杀人类，并不会让它迟疑或感到不快。所不同的是，在自然界捕猎，这个过程通常迅速而平淡。但在刑场，显得格外惊心动魄。猎物发出了凄厉的叫喊，身躯不停地扭动抽搐，尽管伤痕累累、血渍斑斑，身体已经残缺不全，还在痛苦地挣扎。野兽没有耐心等待他流干最后第一滴血，索性把刀锋般的牙齿对准了他的要害部位，干脆利落地结束了他的生命。

士兵们无比扫兴，他们本以为这个过程会更加缓慢更有看头，没想到这么快就结束了，有些人忍不住摇头叹息，因为他们觉得罪犯被撕得支离破碎才算过瘾。可是用缓慢而又变态的方式将一个大活人折磨致死，只是人类的邪恶欲望，并不是野兽爱干的事情，野兽只会在本能的驱使下运用猎杀技巧，不会按照人类的指示用刑。

即便如此，整个过程已经足够残忍了。观刑的百姓纷纷流下了难过的泪水。曾经追随过布拉·费利克斯的义军则吓得魂飞魄散，再也不敢公然跟政府作对，行动更加隐秘和谨慎。后来官府加大了对义军的打击力度，义军队伍很快便分崩离析，不久就被剿灭了。

时隔多年以后，高卢地区又出现了一个义军领袖，集合数百名饥寒交迫的奴隶，发动了大起义。领导者不再是一个侠盗，而是一个富有正义感的士兵，名叫马特努斯。马特努斯带领奴隶大军攻取城镇，占领田庄，沿路洗劫大庄园，焚毁奴隶名单和债务凭证，将脑满肠肥、色厉内荏的反动官员和为富不仁、罪行累累的大奴隶主全部杀死，每接管一个地方，就打开监狱的牢门，把牢里受苦受难的囚犯悉数释放。为了让奴隶主明白"己所不欲勿施于人"的朴素道理，马特努斯提议把奴隶主变成奴隶，让那些贪婪残暴的"吸血鬼"感受一下受剥削受奴役任人宰割的痛苦滋味，该倡议得到了广大奴隶的拥护，农民和牧民也站在起义军一边。马特努斯把农民编入步兵，把牧民训练成精锐骑兵，起义军声威大震。

义军经过七个月艰苦卓绝的战斗，成功拿下了奥尔良，杀掉了一些作威作福的贵族和奴隶主，并剥夺了他们的不义之财。这场声势浩大的奴隶运动，史称"巴高达运动"。巴高达运动持续时间之久，规模之浩大，参与人数之多，席卷范围之广，完全超出了统治者的预料，以致罗马帝国渐渐失去了对高卢的控制。罗马军队不止一次地出兵平叛，仍然没有挽回帝国逐渐走向败亡的颓势。面对来势汹汹的官军，马特努斯当机立断，把军队分成了无数小分队，让义军乔装改扮之后，悄悄混入罗马城，再神不知鬼不觉地潜入宫廷，杀掉罗马皇帝。可惜的是，计划尚未实施便败露了，义军遭到了血腥镇压。然而巴高达运动并未因此终结。

283 年，巴高达运动进入高潮，阿曼德和埃里安两位领导人纷纷割据一方，自立为帝。他们在各自管辖的范围内铸造了可流通的货币，并杀死了奴隶主和土豪，把田地分给了广大穷苦百姓。罗马出动大量军队前去镇压，遭到了顽强的抵抗，结果连连败退，统帅采用十一抽杀法处决怯战的士兵，才剿灭了起义队伍。大多数的巴高达战死沙场，残部转入地下，继续与罗马政府对抗。直到 5 世纪末，起义的烽火才渐渐平息。

第七章

回光返照——从中兴迷梦走向分裂败落

依靠强大的军事力量和冷酷强悍的铁腕统治建立起来的大帝国，在步入鼎盛之后，必然逐渐走下坡路，直到走向覆灭，这是历史的必然规律。罗马帝国强盛到极致，同时也预示了它的衰亡，扩张到了极限，分裂是一种必然的结局。因为任何一根独木都难以支撑千疮百孔的庞大帝国，国家需要多个中流砥柱，才能勉强维持，至少不至于瞬间分崩离析，坍塌覆灭。前几任皇帝消灭了割据政权，使国家重新归于统一，但未能从根源上解决问题。所谓的"中兴"不过是一种"回光返照"，或是一种错觉，无人能挽回罗马衰落的颓势，也没有人能根除各种社会顽疾。

戴克里先在分身乏术的情况下，提出了分治的构想，结果加速了帝国的分裂。到狄奥多西时期，罗马帝国正式分裂成了东罗马和西罗马。帝国的分裂背后有着很深刻的社会原因，但与家天下的政治也脱不了干系，正是因为皇室把国家当成了私家财产，所以才能像切蛋糕一样，随意瓜分领土和臣民，置国家整体利益于不顾。

加里恩努斯的韬略与远谋

加里恩努斯在位时，帝国处在内忧外患之中，内部群雄并起、军阀林立，奴隶起义风起云涌，外部强敌环伺，战事频仍，边境饱受蛮族蹂躏。面对这无可救药的残局，他自知动用武力不能解决问题，只好改换策略，不再强求帝国领土的完整和统一，放任各路枭雄盘踞一方，致力于处理内政、稳定时局，尽最大的努力维护罗马帝国的现有疆域。他甚至力排众议，暂时抛开国耻家仇，在父王受辱而死之后，主动罢兵息战，推行绥靖政策，与各方强敌议和。正是因为他的忍辱负重，已经濒临崩溃的罗马帝国才得以苟延残喘，然而历史学家对他的评价并不高，原因很简单，他不够勇武强悍，不符合传统意义上的罗马精神，被视为庸主和软骨头，那么历史上的加里恩努斯皇帝究竟是怎样一个君王呢？他是为了大局着想，适度作出了妥协，还是因为缺乏胆气，才做了缩头乌龟呢？

可以肯定的是，加里恩努斯是一个有血性的罗马人，绝不是天生的孬种。早年，他在莱茵河一带同日耳曼人作战，多次打退日耳曼军团。但日耳曼人多势众，且勇武彪悍，罗马军团抵挡不住，只能任由他们浩浩荡荡地越过边墙，侵入高卢和巴尔干地区。日耳曼人是罗马人最大的敌人，一直威胁着罗马帝国的边境安全。双方之间的恩怨纠葛，很难三言两语说清。罗马在疯狂扩张时期，征服过日耳曼部落，并强迫贫穷落后的日耳曼民族向帝国称臣纳贡。日耳曼因生产力低下、武器装备差，长期以来，一直受罗马人的压迫和欺负。后来日耳曼人团结起来，建立起了联盟，不断袭扰罗马帝国的边界，罗马帝国的边境危机由此而来。

广义的日耳曼人包括汪尔人、东哥特人、西哥特人、凯尔特人、盎格鲁人、撒克逊人、阿勒曼尼人等，这些人种长期活跃在高卢以东、莱茵河以北的广大地区，他们在语言、风俗习惯、体貌特征等多方面有许多共通之处，故而罗马人把他们归于一体。日耳曼人最鲜明的特征是金发碧眼、高大白皙、骨骼精壮，作战时在体能上占优势，据说他们的勇猛程度不输斯巴达人。他们会使用铁质武器，而且已经建立起了军事化部队，装备包括短矛、盾牌等，还有可远距离精准杀人的夺命标枪。日耳曼人和斯巴达人一样，生存环境恶劣，为战而生，本身具有一定的掠夺性和侵略性，他们侵略罗马不单是为了复仇，在某种程度上，也是为了满足军事掠夺的需要。

加里恩努斯作为罗马的统治者，有义务抗击侵略，保护边民，事实上他已经尽了最大的努力，可惜结果总是差强人意。有一支日耳曼人一路凯歌，直逼罗马。当时加里恩努斯正在莱茵河边作战，他的父亲瓦勒良当时还活着，正在东部战场阻击敌人。京师告急，两位皇帝却都出征在外。危急关头，一向热衷于内斗和组织暗杀的元老贵族们，忽然正义感爆棚，主动挺身而出，担任起了保家卫国的责任，他们把近卫军全都集结起来，又从广大平民中招募了一些身强力壮者参战。日耳人见守军的人数比自己多，放弃了攻城的打算，带着沿途抢掠的战利品退回到了自己的地界。

加里恩努斯听说后，对元老们的勇气表示钦佩，事后却不免心惊，他敏感地意识到元老院的手已经伸向军界了，他们可以随时调动军队，也有能力发动政变，推翻君王的统治。所以理所当然地认为最大的威胁，不是来自日耳曼，而是来自帝国内部。为了把元老们造反的苗头扼杀在摇篮里，他推行了一系列限制元老院遥控军队的严厉措施，明确规定，禁止元老议员参加任何形式的军事训练，不准他们以任何理由靠近军团营地。这些措施在当时和后世，均被解读为倒行逆施。

在古罗马时期，政界和军界一直存在着千丝万缕的联系，军事将领想要统率千军万马，成为手握雄兵的将才，必须取得议员阶层的资格和地位，政治人物想要得到晋升，拥有更光辉的前途，会主动担任军职，磨炼自己的军事才干。正是因为如此，罗马才涌现出了那么多能文能武、横跨军政两届的高级人才。加里恩努斯将元老院和军队彻底隔离，不允许元老担任军事，同时不让他们插手军务，不利于培养复合型人才，却给普通的士兵、将领提供了更多的升迁机会。更重要的是，有效防范了元老院篡权的危险。

加里恩努斯在军政方面的改革尽管饱受争议，但在当时的历史条件下，确有可取之处。毕竟在外患没有解决的情况下，后院起火是非常危险的。然而元老贵族不会甘于受人掣肘，他们必然竭尽所能掀起风浪，表达自己的不满。在元老们的煽动下，许多行省的大地主纷纷兴兵造反，策划了一次又一次的军事哗变。有的行省决定脱离罗马帝国，成为独立王国，有的行省决定另立新主，与中央分庭抗礼。全国各地涌现出了无数的僭位者。不过这些僭位者上位不久，便陷于自顾不暇的境地，无力与帝国叫板了。面对日益高涨的奴隶、隶农起义，僭位者和行省贵族们焦头烂额、应接不暇，蛮族的强势入侵又让他们无力招架，他们实在腾不出时间和精力，给罗马帝国制造麻烦。加里恩努斯作壁上观，乐得清静。

在大多数人眼里，加里恩努斯对内过于强势，对外又过于软弱，这正是他不被看好的原因，但这种处事风格恰恰能反映出他的高明之处。作为大权在握的君王，他可以运用铁腕手段稳定国内局势，但对付武力强大的蛮族，光采用铁腕手段是不行的，有时需要软硬兼施，必要时需运用怀柔策略。为了国家利益，加里恩努斯毅然迎娶了斯威弗部落马科曼公主，并允许马科曼国王享有潘诺尼亚居住地的土地所有权。此举旨在分化蛮族，之前马科曼部落和阿勒曼尼人是盟友，时常联手侵略罗马。加里恩努斯高举马科曼部落，并与之建立同盟关系，必然引起蛮族内讧，这对罗马帝国是有利的。但傲慢的罗马贵族不认可这桩政治联姻，认为罗马皇帝屈尊迎娶蛮族少女，是对罗马荣誉的玷污和亵渎，他们不仅不承认马科曼公主在罗马后宫的合法地位，还给这位不施粉黛即光彩照人的美丽少女强加上"加里恩努斯侍妾"的侮辱性称呼。

加里恩努斯不在乎国人是否理解自己，他继续按照自己的方式处理内政外交。为了扩充兵力，提升军队的战斗水平，他吸收了不少蛮族骑兵，并大胆任用蛮族将领，以致有的军团上至长官下至士卒，都由蛮族充任了。罗马帝国依靠蛮族军队收复了莱茵河、多瑙河之间的广大地区，并多次打退外敌的入侵，成功镇压了好几拨规模浩大的起义。但军队蛮族化，副作用非常明显，罗马同化蛮族失败，最终酿成了引狼入室的可怕后果，最后亡于蛮族之手，正是当年埋下的孽根。

由于加里恩努斯当政时独断专行，不介意做孤家寡人，这就为他日后惨遭部下谋害埋下了伏笔。有一年，他亲率大军攻打米兰僭主奥略卢斯，阴谋分子故意慌慌张张地闯进军帐，趁他用餐之时报告敌人准备突围的消息。形势紧迫，他顾不得吃饭，赶忙放下饭碗，匆匆忙忙地跑到前线组织军队反攻。因为走得太急，尚未穿戴甲胄便暴露在敌军的射程之内。但射杀他的不是敌人，而是藏匿在营垒门口的一个低级军官。他最终没有战死，而是死在了自己人的阴谋下，着实令人悲叹。

克劳狄二世的功绩和污点

加里恩努斯弥留之际，指定克劳狄二世为帝位接班人。有人怀疑克劳狄二世参与了谋害加里恩努斯的计划，有人则认为克劳狄二世与先王加里恩努斯的死毫无关联，无论克劳狄二世是否扮演了不光彩的角色，他都不曾引起过加里恩努斯的半点怀疑，否则他就不可能顺理成章地被指定为继承人。克劳狄二世是一个非常擅长演戏的人，为了表达对先王的怀念，可谓做足了政治秀，不仅善待先王的家人，还将先王奉为伟大的神明，风光大葬。更重要的是，他为先王报了仇，逮住了奥略卢斯，并开设军事法庭，判处对方死刑。

可见克劳狄二世是一个厉害的狠角色，而且非常不简单。那么他的背景究竟有多雄厚呢？传闻他的祖先是特洛伊国王，家族显赫，还有人说他不是凡人，而是半人半神的结合体，乃宙斯之子的后裔。这些传说当然不可能是真实的。他可能只是伊利里亚地区的一个市井小民，混入了一些蛮族的基因，小时候平平无奇，看不出与其他的孩子有什么不同，直到长大后到军队服役，他才成为焦点人物。据说他长得非常魁梧，力气很大，能一拳打落人的牙齿。凭借高超的武艺和赫赫军功，他屡受嘉奖，连连升迁，年纪轻轻就当了军事护民官，一度引起罗马皇帝德西乌斯的注意。有一次，他在一场备受瞩目的摔跤比赛中，击败了大名鼎鼎的摔跤手，得到了皇帝德西乌斯亲自颁发的奖赏，并且被提拔到了军队高层。

毫无疑问，克劳狄二世又是一个军人出身的皇帝。军人当政弊端多多，却有一个好处，那就是擅长指挥作战，能有效抵御侵略、平定内乱。克劳狄二世刚戴上王冠，便得到了阿勒曼尼人入侵的消息。莱提亚和意大利本土惨遭蹂躏，罗马守军被打得丢盔弃甲，只能眼睁睁看着蛮族携带着掠夺来的财物和人口，大摇大摆地离去。克劳狄二世非常震怒，立刻裁撤了一些不称职的官员，自己亲率大军讨伐阿勒曼尼人，并任命奥勒利安为骑兵部队的司令官。两人密切配合，一举击溃了侵略军。这一战，罗马损失不大，阿勒曼尼军团的伤亡则超过了 5 万人，自此元气大伤。克劳狄二世因成功打败了日耳曼部落，被赋予"伟大的日耳曼征服者"的光荣称号。

比起阿勒曼尼人，哥特人对帝国的威胁显然更大。269 年，32 万名哥特大军乘船渡海，登上了巴尔干半岛和希腊，准备洗劫希腊诸邦和马其顿，尤其是富得流油的塞萨洛尼基。主力部队上岸后，立刻包围了塞萨洛尼基。克劳狄二世听说后，马上出动军队攻打哥特人，并采用高明的策略，诱使哥特人放弃了围城的行动，在奈苏斯城附近展开决战。哥特军团兵力雄厚，人数众多，差点将罗马军团击溃，关键时刻，援军火速赶到，从后方袭击了因取胜处在得意忘形状态中的哥特军，扭转了不利的局面。哥特骑兵在罗马人的两面夹击下全线溃败。罗马人乘胜追击，歼灭了5万名敌兵，俘虏了成千上万的士卒。克劳狄二世因大破哥特军团，又获得了"哥特征服者"的荣誉头衔。不久，蛮族残部被罗马人赶回了多瑙河对岸，在此后一个世纪的时间里，他们再也没有大规模犯边，行动收敛了许多。

解决了蛮族入侵的问题，克劳狄二世得以腾出时间考虑消灭各地僭主和割据政权，一统江山的大计。当时"三十僭主"已经所剩无几，只剩下高卢帝国和帕尔米拉王国没有受到朝廷的大规模讨伐。前者控制着不列颠、高卢和伊比利亚半岛，后者将势力范围拓展到了埃及、小亚细亚和西亚。克劳狄二世首先把矛头对准了高卢帝国，一举收复了西班牙和高卢境内的部分土地，统一帝国的目标指日可待。遗憾的是，他并没有完成这一宏伟目标。正当他紧锣密鼓地实施统一大计时，蛮族达尔人和萨尔马提亚人忽然犯境扣边，他不得不亲率大军征讨，在战场上不幸感染了瘟疫，最后功败垂成、猝然离世。

客观来说，克劳狄二世扭转了罗马帝国与蛮族对抗时的劣势，是一个非常优秀的军事统帅，为此受到后人歌颂。但是由于他是行伍出身，作风强硬，做过一些不得民心的坏事，履历上增添了许多污点。据说为了让军人出征时无牵无挂，他居然下令禁止军人结婚，强迫已经有婚约的军官和士兵撕毁承诺，抛弃未婚妻，然后以单身汉的身份义无反顾地冲向战场。有个叫瓦伦丁的修士不忍心看到有情人被棒打鸳鸯，活活拆散，不顾朝廷的禁令，秘密为年轻男女举行婚礼，并充当证婚人。

瓦伦丁在罗马威望很高，上至王公大臣，下至黎民百姓都很敬重他，连罗马皇帝本人也对他敬慕有加，但公然违抗君令，是对皇权的挑衅，克劳狄二世是不可能放过他的。瓦伦丁遭到了逮捕，随之锒铛入狱。在监狱里，他认识了狱长的女儿。女孩年仅16岁，宛若一朵含苞待放的花蕾，柔嫩脆弱，美丽不可方物，可惜美中不足，眼睛看不见。身为盲人的她，看不到眼前色彩缤纷的世界，内心不免寂寞，所以她很喜欢跟人交流，经常到监狱里跟新来的犯人聊天。在交谈过程中，瓦伦丁那充满魅力的磁性嗓音和渊博的学识、不俗的谈吐深深吸引了情窦初开的少女，女孩情不自禁地爱上了这个神秘的陌生男人，完全不介意对方犯人的身份。

瓦伦丁没有察觉到女孩的变化，只是为失明少女感到惋惜。女孩告诉他自己不是天生眼盲，小时候耳聪目明，3岁时的一场意外事故夺走了她的视力，使她陷入了永久的黑暗。瓦伦丁认为女孩有希望恢复视力，就对她说到一个叫布拉丁的地方，寻找一种神奇的草药，将草药的汁液涂在眼睛上，坚持敷疗一段时间，就能重见光明。女孩听罢欣喜若狂，连忙把这个天大的好消息告诉了父亲。他的父亲派人找到了那种治疗眼疾的草药，又请来了闻名乡里的医生。接受治疗前，女孩向瓦伦丁表白了，用颤抖的声音告诉他："假如我能看见这个世界，第一个想看到的人就是你。"瓦伦丁也很激动，不断地宽慰她鼓励她祝福她，希望她能早点摆脱黑暗，重睹天日。两个年轻人互生情愫，陷入了热恋。

瓦伦丁从未想到自己能在监狱里收获爱情，但奇迹就这么发生了。可惜因为得罪了克劳狄二世，这段爱情注定不会有什么好结果。一周之后，克劳狄二世下令将瓦伦丁公开处决。瓦伦丁怀着无比复杂的心情走上了刑场，他从人群里不停地搜索着她的身影，就像在茫茫大海上搜寻一条小小的渔船。他的眼睛扫视了每一个角落，连最狭窄的缝隙都没有放过，结果大失所望，她没有来。他多么渴望能再多看她一眼，更希望她能看清自己的面容。但是时间不等人，行刑的时刻到了。瓦伦丁痛苦地闭上了眼睛，他先是承受了无情的鞭打，被打得浑身鲜血横流，接着又被石头打，皮肤肌肉进一步刮伤，肋骨和软组织也受到了损害，比起可见的伤口，内伤则要严重得多。然而瓦伦丁仍然没有死，最后刽子手把他送上了绞刑架。

瓦伦丁被处决那天，监狱长的女儿已经能看见东西了。她兴高采烈地跑到监狱去见瓦伦丁，父亲悲伤地告诉她，瓦伦丁已经被处死了。女孩悲痛欲绝，当天晚上便服毒自尽了。据说这对有情人是在 2 月 14 日死亡的，后世为了纪念他们，便把这一天定为情人节。有关情人节的起源流传着各种版本，可是无论情节有多少出入，最关键的两个人物始终没有变，瓦伦丁确实是被克劳狄二世用酷刑处死的。人们在纪念瓦伦丁，歌颂至死不渝的爱情时，也记住了克劳狄二世的残暴，这位荣膺"伟大的日耳曼征服者""哥特征服者"光荣称号的罗马皇帝，因为残忍地杀死了一个不该杀的人，毁掉了一世英名，这是历史最为耐人寻味的地方。

罗马光复者——奥勒良

克劳狄二世在位仅仅两年就病死了，他的统治时期虽短，却给罗马帝国的历史带来了无可估量的影响。在以后漫长的岁月里，他的继任者沿着他的足迹领导罗马，使虚弱不堪的帝国渐渐恢复了一些元气。因其本人和后面的六位皇帝全部来自伊利里亚，故七人被并称为"伊利里亚诸帝"。

克劳狄二世去世后，他的弟弟昆提卢斯宣布自己是下一任罗马皇帝。元老院承认了他继位的合法性，但多瑙河军团不认可这种说法，他们拥立最受克劳狄二世器重的骑兵总司令奥勒良为新帝，得到了其他军队的相应。元老院只好抛弃昆提卢斯，转而支持奥勒良。昆提卢斯绝望之下割腕自杀，仅仅当了 17 天的皇帝，就一命呜呼了。众望所归的奥勒良在一片欢呼声中登上了帝位。

奥勒良是古罗马历史上举足轻重的一个大人物，他完成了前人未竟的事业，不仅成功抵御了哥特人的入侵，还收复了小亚细亚、叙利亚、高卢、不列颠、西班牙，夷平了割据势力，使分裂的罗马帝国重新归于统一，故而被尊为"世界的光复者"。那么这位了不起的光复者究竟有着怎样不凡的人生呢？

据说奥勒良出生于麦西亚行省的一个普通的农民家里，父亲是元老贵族的佃户，原本没有名字，因为勤劳肯干，做事踏实，受到主家赏识，得到了赐名。奥勒良的母亲是神庙里的女祭司，身份地位尊贵，不知什么原因，屈尊嫁给了一个农民。奥勒良的身世一半可信，一半可疑。他的父亲确实有可能只是一个籍籍无名的佃农，母亲却未必是女祭司，一般而言，神庙里的女祭司必须守贞，是不可以结婚生子的。把奥勒良的母亲塑造成女祭司的形象，无非是为了美化他，不足以为信。

正所谓英雄不问出处，奥勒良虽然出身于下层社会，但不妨碍他成长为一个优秀的年轻人。据说青年时期的奥勒良长得高大英俊，天生臂力过人，十八般兵器样样精通，身手十分了得。20

岁那年，他应征入伍，因作战勇敢、屡立奇功，晋升为百夫长。有一次，他带着300名罗马士兵与上千萨尔马提亚士兵作战。在战场上，他挥舞着战刀，一天之内手刃48名敌人，越战越勇，士卒们在他的激励下，纷纷分奋勇杀敌，结果大获全胜。凭借这次以少胜多的战役，奥勒良被调往高卢担任军事护民官。之后，他以一小队骑兵的兵力歼灭了700名法兰克士兵，俘获了300名战俘，因此一战成名。克劳狄二世当政时期，奥勒良官拜帝国骑兵总司令，地位仅次于皇帝。

奥勒良登基后，继续沿用克劳狄二世的军事政策，悍然讨伐哥特人，经过多次较量，终于把哥特人困在了达契亚省境内，暂时终结了哥特战争。接着，他又一举击败了扣边犯境的阿勒曼尼人，镇压了僭主泰特里库斯，收复了泰特里库斯占领的高卢、西班牙、不列颠大片国土，随后挥师东进，把目标瞄准了帕尔米拉王国。前往帕尔米拉的路途非常艰辛，沿路是一片浩瀚无边的沙漠，几乎找不到水源。数万罗马远征军和蛮族部队忍受着难以想象的疲惫干渴，顶着烈日风沙，徐徐前进。仗还没有打，大家就已经泄气了，因为人们怀疑自己是否能活着走出沙漠。大军唉声叹气之时，不断遭到匪徒的拦路抢劫，心情更加郁闷了。奥勒良强横地驱赶着军队全速行进，逼迫士兵克服重重困难，终于抵达了帕尔米拉城下。

帕尔米拉女王芝诺比娅早在罗马人攻城之前，便已经派人向萨珊皇帝求援了，使者费尽唇舌劝说邻国皇帝出兵相救，强调唇亡齿寒之理。萨珊皇帝不为所动，象征性地派去了少许人马，然后就没有下文了。面对强敌，女王只好采取坚壁清野的政策。帕尔米拉城池坚固，城内粮草水源充足，矢石众多，足以应付很长时间。罗马人费了九牛二虎之力，也没能拿下这座坚城。守军甚为得意，站在城头，对着狼狈攻城的罗马军队破口大骂，其中一人嗓门特大，居然用各种不堪入耳的脏话谩骂奥勒良。此举激怒了奥勒良身边的武士，武士马上搭弓射箭，一箭结果了那人的性命。然而攻城活动仍然毫无进展，城头上不断飞下矢石、投枪和利箭，罗马人死伤无数，奥勒良的胳膊中了一箭。当时骄阳似火，天气酷热难当，城池久攻不下，奥勒良尽管忍痛继续指挥战斗，仍然没有挽回劣势。罗马的处境非常不妙，东有强敌萨珊帝国，北有日耳曼人虎视眈眈，随时都有可能南下犯境，如果再拖延下去，各路敌人乘虚而入，帝国危矣。

　　奥勒良害怕夜长梦多，决定改强攻为和谈，派人给帕尔米拉女王送去了一封劝降信。信中承诺，只要女王肯出城投降，罗马即赦免她和她的孩子，并给予妥善安置，罗马军队将带走金银珠宝和驼马作为战利品，但不会侵犯帕尔米拉百姓的私人财产，也不会伤害帕尔米拉臣民的性命。芝诺比娅很快作出了答复，拒绝投降，表示宁为玉碎不为瓦全，宁可像埃及艳后那样体面地赴死，也不愿苟且偷生，同时指出帕尔米拉并非孤军奋战，不久萨珊王国将大举出兵替邻国解围，城外的阿拉伯人、亚美尼亚人和叙利亚人全都效忠于帕尔米拉，待各路援军兵临城下，胜负方见分晓。奥勒良读完信，马上出兵打退了萨珊帝国小规模援军，并虚张声势地发动了一次远征，惩罚萨珊王国，迫使其置身事外，紧接着他又采用强有力的手腕瓦解了阿拉伯、亚美尼亚同盟军，切断了所有外援，使帕尔米拉陷入完全孤立的境地。

　　随着时间的推移，城内的存粮武器越来越少，在这样耗下去，用不了多久，便会矢尽粮绝，不待城破，就会自取灭亡。芝诺比娅不想坐以待毙，决定以身犯险，亲自前往萨珊帝国，乞求国王出兵相援。她骑着一匹单峰驼，在禁卫军的掩护下，冲出了重围，向东逃遁而去。女王在关键时刻舍弃了健步如飞的马匹，把骆驼当作理想坐骑，原因在于帕尔米拉到萨珊帝国是一片沙海，只有耐饥渴的骆驼才能横渡大漠，到达终极目的地。

奥勒良听说帕尔米拉女王出逃了，立刻派轻骑兵前去追赶，骑兵日夜兼程赶路，更换了无数匹良马，终于把芝诺比娅拦截在了幼发拉底河边。当时芝诺比娅正准备搭船渡河，未能成行，便被活捉了。罗马士兵把女王带到了奥勒良面前。奥勒良语气生硬地问她："你为何要反抗罗马皇帝？"芝诺比娅不动声色地回答说："如果把一个奥勒良或加里恩努斯看作罗马皇帝，恕我无法认同，在我的心目中，您才是伟大的征服者和罗马最高贵的君王。"这种虚情假意的奉承，一点也没有帮到她。当旁边的罗马士兵呼喊着要将她处以极刑时，她吓得全身发抖，但更严酷的考验还在后面。

不久，奥勒良举办了盛大的凯旋仪式。芝诺比娅作为可耻的叛乱者和战俘，被押回了罗马，以披枷带锁的形象在凯旋式上游街展览。芝诺比娅手上戴着黄金打造的沉重镣铐，细长的脖颈上套着一条闪闪发光的金锁链。这套昂贵的刑具令她不堪重负，她几乎站立不稳，却被强迫推着四轮豪华马车缓缓前行，后面还跟着两辆华丽炫目的四轮车。奥勒良坐在战车上，得意地欣赏着辉煌的战果。哥特人、汪达尔人、萨尔马提亚人、阿勒曼尼人、法兰克人、高卢人等日耳曼蛮族俘虏以及新掳掠来的叙利亚和埃及的战俘，全都佩戴着不同的标记，被拉来庆功。当然最引人注目的仍然是帕尔米拉女王芝诺比娅，她身量苗条，轻盈妩媚，娇小玲珑的样子，宛若花丛中的云雀，身上那套笨重的金色枷锁，与她的气质是那么不相称。

最后，帕尔米拉重新并入了罗马版图。为了加强管控，奥勒良一直对该地实行高压政策，并把它发展成了帝国的边防军事重地。奥勒良是如何处置帕尔米拉女王的，后世流传着多种说法。有人说，芝诺比娅被斩首示众，有人说她是在牢里病死或绝食死的，还有一种说法是，奥勒良赦免了她，允许她留在罗马，并赐予其豪宅，她成了罗马贵妇，十分体面地度过了下半生。

弄巧成拙的"东西分治"

275 年春，奥勒良率军远征萨珊帝国。大军行至色雷斯时，罗马秘书官艾洛斯因办事不力，受到奥勒良的训斥。艾洛斯担心皇帝追加罪责，遂伪造文书和死刑名单，把许多优秀的军官都列入了待处决范畴，然后散布谣言，鼓动军官造反。在众人合谋下，奥勒良惨遭暗杀。事泄后，艾洛斯惨遭车裂，弑君者拔刀自尽。

由于奥勒良死前没有指定接班人，军队把选立皇帝的权力交付给了元老院。元老院推选塔西佗为下一任皇帝。塔西佗上台后，平定了蛮族军队的叛乱，在位不足一年，便被军队弑杀，他的弟弟弗洛里安努斯继位。弗洛里安努斯做了 88 天皇帝，同样死于军队之手，后来相继即位的四位皇帝普罗布斯、卡鲁斯、卡里努斯、努梅里安遭遇了同样的噩运。卡里努斯、努梅里安遇害的时间相隔较短，两人都是在远征期间去世的，他们的神秘死亡引发了诸多猜测。近卫军长官阿培尔故意封锁了皇帝驾崩的消息，若无其事地带着军队继续赶路，结果尸体上散发出的恶臭暴露了真相。亲卫队队长戴克里先果断站出来揭发了阿培尔接连谋害两位君主的罪行，并将其杀死。在军队的拥立下，戴克里先成为新的国家元首。

戴克里先上台后，加强了君主专制制度，剥夺了元老院残存的最后一点实权，使贵族元老们完全成为皇帝的附庸。与其同时，将东方国家区分尊卑贵贱的朝礼移植到罗马宫廷，高高在上地指挥百官俯首叩拜。他穿上了华丽的丝绸，浑身上下镶满黄金宝石，华贵的头巾上饰有价值连城的珍珠，就连鞋履上也镶嵌着夺目闪亮的名贵宝石。每次出行，都前呼后拥，身后跟着一大批侍从和护驾的军官，见到他的人必须跪地磕头，平身时还要殷勤地亲吻他的衣角，以示恭敬。罗马的独裁专制统治，从形式上彻底确立了下来。戴克里先并没有遵守旧制，前往罗马登基，而是将小亚细亚的尼科米底当成了驻地，长期在当地办公。罗马变成了名义上的国都，实际上已经不再是帝国的政治中心了。

面对高卢地区此起彼伏的巴高达起义和北方蛮族的强势入侵，戴克里先头痛万分，觉得仅凭一己之力应对不了眼下错综复杂的局面，于是册封马克西米安为"奥古斯都"，宣布两人为共治皇帝。马克西米安没有辜负他的期望，成功镇压了巴高达起义，并在北境建立起了坚固的防线。戴克里先尝到了分权的甜头，不久又设立了两位副皇帝，规定他和马克西米安为正皇帝，号"奥古斯都"，每人配备一个副手，号"恺撒"。眨眼之间，罗马帝国便出现了四位皇帝。紧接着戴克里先又划定了各自的统治范围，将帝国瓜分成东西两部分，把西境交给马克西米安及其副手，东边疆土归自己和另一位恺撒掌管。

从主观意愿上，戴克里先并不想分裂罗马帝国，因为帝国由分裂走向统一，前几任皇帝付出了毕生心血，罗马要是再度被分割，之前所有的努力都将付诸东流。可是帝国内部危机四伏，外部饱受蛮族威胁，只有分而治之，才能保证帝国的大厦不会在内忧外患的双重打击下，倾覆倒塌。这种治国策略有一定的可取之处，但隐患重重，搞不好就会弄巧成拙、自招其祸。正所谓天无二日，国无二主，四个皇帝同时治理国家，很有可能因某个皇帝渴望大权独揽，而引发内战。为了避免这种情况发生，戴克里先给"奥古斯都"设定了执政年限，规定"奥古斯都"掌管国家20年，必须把大权交给副手"恺撒"。"恺撒"晋升为"奥古斯都"，要选任新的副手。为了保证皇室利益的一致性，"奥古斯都"须以嫁女儿的方式，与"恺撒"联姻。

为了强化中央集权，防止各行省坐大后独立，戴克里先把全国划分成了上百个堪称弹丸之地的小行省，每10—12个小行省为一个大行政区。同时增加了驻军和边防部队。戴克里先还发明了以文治武的政策，让文官担任各省总督，武官领受军职，军政相互独立。出于补充兵源的需要，朝廷招募了大量的隶农和蛮族兵，加剧了军队蛮化的问题。军队扩大了，军费增加了，必须加派税收，才能维持帝国的开销。以前，罗马政府征税缺乏统一的规范，戴克里先制定了统一的征收标准，规定乡村的人头税、土地税以实物支付，城市的人头税以货币支付。农民和隶农必须终身在土地上劳作，从事手工业和经商的劳动者，必须把相关本领传授给后代，后代必须子承父业，不得更换职业。行业世袭制，在一定程度上保证了税收的稳定性，却剥夺了罗马人选择职业的自由。总体来说，戴克里先的改革措施在振兴经济、稳定政治方面有一定的效果，但治标不治本，未能成功阻止罗马帝国国力的下滑。

戴克里先晚年曾经回到欧洲访问过罗马，庆祝自己登基20周年。第二年，他起驾返回尼科米底，在半途中染上了重病。病情稍有缓解，他便按照自己当初设定的皇位继承制度，放弃了政权，将大权移交给自己的副手。据说他退位时非常勉强，他舍不得从"奥古斯都"的神圣宝座上退下来，又担心被副手看穿，眼神游移涣散，话语言不由衷，显得十分没底气；而他的副手则咄咄逼人，显得桀骜不驯。最后，他还是心不安情不愿地完成了权力的交接。另外一位"奥古斯都"马克西米安也很纠结，久久不愿放权，在戴克里先的反复劝说下，才恋恋不舍地交出了权杖。

戴克里先退休后，以种卷心菜为乐，从此不问政事。当他的拥护者要求他重新登临帝位时，他摇摇头拒绝了，十分淡然地说："阁下要是有幸能看到自己亲手栽种的蔬菜，就不会说这种话了。"他本以为自己设计的四帝共治制度非常完美，只要两位"奥古斯都"和"恺撒"各司其职，帝国就不会出现纷争，所以从高位上退下来以后，他便可以放心地享受天伦之乐了。事实证明，他太过乐观了。伽列里乌斯和君士坦提乌斯一世取代了他和马克西米安，晋级为"奥古斯都"后，帝国马上陷入了内乱。起因是，伽列里乌斯选择的副手塞维鲁二世不受罗马人的欢迎。马克西米安的儿子马克森提乌斯趁机煽动叛乱，打败并杀死了塞维鲁二世，然后自立为帝。君士坦提乌斯一世在位一年便匆匆离世，他的副手马克西米努斯也没有保住君位，他的儿子君士坦丁一世在军队的支持下，拥兵自立。已经退居幕后的马克西米安也卷入了内战。

元老院把罗马内乱的罪责全部推到了戴克里先的头上，将他指控为罪犯，并逮捕了他的妻子和女儿，以莫须有的罪名将两位无辜的女人杀害。戴克里先抑郁而终，享年62岁。显然，四帝共治的设计是失败的，假如四位皇帝都是纤尘不染、清心寡欲的正人君子，能够同心同德，一齐为国家效劳，自然不会有纷争，不过这种情况是不存在的。四帝当中只要有一位皇帝实力威望强于其他三人，并怀有异心，就会秉着唯我独尊的原则，迫使其他三位皇帝臣服，那么四帝共治局面将被打破。倘若共治的四位皇帝是一群旗鼓相当的野心家，那么帝国就会陷入群雄逐鹿的局面，经过无数的兼并战争方能归于统一，要是彼此不能吞噬对方，帝国将走向分裂。总之，罗马陷入混乱与分裂，戴克里先确实难辞其咎，他的设想过于天真，过于不切实际，以至酿成了无穷的灾难。

千古一帝——君士坦丁一世

在内战中，君士坦丁一世和李锡尼脱颖而出，两人都登上了奥古斯都的宝座，罗马进入了二帝并立时期。君士坦丁一世占有帝国西部领土，李锡尼割据东部，两个皇帝分庭抗礼，各自为政，对峙了一段时间。后来君士坦丁一世击败并绞死了李锡尼，成为罗马帝国唯一的合法君主。独掌大权后，君士坦丁一世抚今思昔，汲取过去的经验教训，充分意识到了四帝共治制度的严重缺陷，于是毫不犹豫地抛弃了这种管理国家的方法，把权力和土地分封给了子侄，用家天下的分封制取代了原来的制度。

君士坦丁一世把长子克里斯普斯封为"恺撒"，指定其为接班人，期待儿子有朝一日能继承家业，统治国家。可惜这个愿望最后落空了。克里斯普斯才干出众，英气勃勃，是一个很好的继位人选。他的魅力不仅征服了百官，还迷倒了自己的继母法乌斯塔。法乌斯塔按捺不住，主动向年轻的继子投怀送抱。克里斯普斯羞愤交加，断然拒绝了她。法乌斯塔怀恨在心，反诬克里斯普斯不顾人伦，勾引自己，添油加醋地向君士坦丁一世哭诉。君士坦丁一世信以为真，为了维护爱妃的名节和自己的荣誉，狠心处死了爱子。克里斯普斯含冤屈死后，君士坦丁一世才知道事情的真相，他悔不当初，为了给儿子报仇，杀死了挑拨是非、含血喷人的奸妃法乌斯塔。

关于克里斯普斯的死，还流传着另外一种说法。相传君士坦丁一世早就有杀子的念头。长子克里斯普斯实在太优秀了，不仅擅长领兵作战，还熟谙政务，能力和才干超过了年轻时的自己。儿子天赋异禀，引起了父亲的恐惧和猜忌。君士坦丁一世本来不想把"恺撒"的尊荣和地位，赐给长子，只是当时其余的儿子太过年幼，他无从选择，只好把长子立为储君。后来为了解除威胁，保住地位，他先下手为强，无故杀死了克里斯普斯。

如今，我们很难知道君士坦丁一世究竟是因为什么原因杀妻灭子的，不过这段不愉快的经历一定给他的心灵带来了巨大的困惑和阴影，终其一生，他都在默默忏悔，致力于以清修的方式减轻自己的罪恶感。杀掉长子克里斯普斯和爱妃法乌斯塔之后，君士坦丁一世将法乌斯塔所出的三个儿子君士坦丁二世、君士坦提乌斯二世、君士坦斯一世全部册封为"恺撒"，让他们在各自的封地治理国家。两个侄儿也得到了册封，占据了帝国核心地区的土地。

君士坦丁一世的独裁作风，比戴克里先更明显，他是罗马帝国至高无上的独裁者，所有臣民都得俯首听令，他的子侄也不例外，他经常到各封地巡视，以加强诸侯国与朝廷的联系。这种分封制度，虽有效避免了政权被外人篡夺，却为宗室子弟同室操戈、骨肉相残埋下了隐患。君士坦丁一世并非没有考虑过这一点，不过作为统治者，他认为皇家利益和帝国基业比血脉亲情更重要，如果家族相煎相残的悲剧能换来帝国的稳定和家天下政治的稳固，那么这种牺牲是值得的。

在军事方面，君士坦丁一世废除了飞扬跋扈的近卫军，终结了军队擅自废立皇帝的荒唐历史，宫廷亲卫队的统领由文官来担任，直接对皇帝负责。经过这一系列的改革，皇帝掌握了军权，从此不再受人掣肘。总体来说，君士坦丁一世在军务方面的改革是成功的，但仍有不妥之处。比如为了防止地方叛乱，他有意识地削弱了边防军队的实力，这对抵御蛮族入侵是非常不利的。因帝国兵源有限，他把大量的蛮族士兵编入国家军队，为蛮族的崛起以及从内部瓦解罗马帝国，创造了条件。尽管他花了不少心思神化自己，自吹自擂地夸耀罗马帝国的神圣和强盛，却再也无法激起罗马人的荣誉感，普通公民宁愿自残，也不愿服兵役，可见君士坦丁一世的领导力和个人魅力不过尔尔。

君士坦丁一世是一个非常矛盾的人，他精力旺盛，野心勃勃，看起来非常精明强干，然而内心却十分虚弱，必须用头衔、光环和珠宝等一切身外之物装饰自己，才能找回自信。换句话来说，他表里不一，仿佛得了人格分裂症，所以他推行的政策比较两极化，往往会使人感到困惑。譬如，在位期间，他曾经推行过仁政善政，制定过保护贫民的法律，致力于为贫困人群提供必要的物质帮助，可惜由于贵族、奴隶主习惯了欺压贫民，向来目无法纪，贫民的权益很难得到保障，一些善政难以推行。无论如何，君士坦丁一世颁布新法令的出发点是好的，确实在一定程度上表露出了对广大贫民的善意。但是对于自食其力的劳动者和奴隶，君士坦丁一世则非常刻薄，他继续执行戴克里先时期的政策，把农民、隶农牢牢束缚在土地上，将佃农变成农奴，严禁佃农、隶农逃亡，逃亡者要被戴上镣铐，送还给主人。某些特定职业，如屠夫、面包师等，行业世袭，子孙后代必须继承祖业，否则违法。他又颁布法令变本加厉地惩罚和压迫奴隶，规定奴隶主有权鞭挞和杀死奴隶，可凭借个人意愿将奴隶鞭打至死。

执政晚期，君士坦丁一世对普通民众的善意荡然无存，开始注重个人享乐，耗费巨资大兴土木，支持建造了许多宏伟的建筑，某些建筑由于急于赶工质量出现了问题，而被夷为平地，纳税人的血汗钱顷刻化为乌有。为了充实国库和皇家小金库，他加紧了税银的催收，每当收税的官员出现在大街小巷，满城都是哀怨之声。有的人家倾家荡产，依旧应付不了苛捐杂税，只好受些皮肉之苦，鞭挞拷打是避免不了的。在政府的催逼下，父母只好忍痛卖儿卖女，有的竟狠心将如花似玉的女儿卖到妓院。

人类历史上出现过许多雄才大略、能够影响历史走向的君王，比如亚历山大大帝、屋大维、成吉思汗、拿破仑等，他们既有破坏性，又有建设性，都缔建了千秋功业，对局部地区乃至整个世界产生过持久深远的影响。君士坦丁一世同这些伟人比起来并不逊色，他具备千古一帝的资质，而且像所有"伟大"的人物一样复杂多变，既光辉又阴暗，既温和又残忍，既热血又冷酷。他破坏有余，但建设颇丰，在位期间，他做了两件为后世所称道的大事：一是采取信仰宽容政策，停止了对不同信仰者的疯狂迫害；二是把国都迁移到了君士坦丁堡，延长了罗马帝国的国祚。

迁都君士坦丁堡无疑是一项明智之举。罗马帝国的经济中心最初在东部。以埃及为代表的东部行省，农业、商业十分发达，非常繁荣富庶，把控着整个国家的经济命脉。而西部地区只是政治中心和文化中心，在贸易、税收和粮食供给等多方面，都依赖于东部的输血。后来由于东部税负太重，发展渐渐停滞，西部迎头赶上，东西部差距日渐缩小。经历三世纪危机的打击，罗马帝国全境陷入衰退，但东部地区仍然比西部要发达，这也是戴克里先将政府机构迁移到东部的根本原因。君士坦丁堡一世选择的新国都堪称形胜之地，它三面临海，扼守要冲，易守难攻，堪称是最坚固的堡垒，屹立千年不倒，令强敌束手无策，种种优越性难以一语概括。罗马沦陷后，君士坦丁堡能延续千年的寿数，与国都的选址有着密不可分的关系。总之新国都坐享经济繁华，有着固若金汤的完美防线，比古都罗马更适合充当政治中心，君士坦丁堡一世迁都，体现出了他高瞻远瞩的一面，是非常值得后世肯定的。

在内乱中分崩离析

君士坦丁一世在度过了人生的第 65 个春秋之后，他渐渐油尽灯枯，走向了生命的终点。临死前，他给子孙留下了一个焕然一新的帝国。可能是因为事先没有想到死神会这么快找上自己，去世前夕他没有指定继承人。

当时君士坦丁二世年仅21岁，还是个青涩的毛头小伙子，君士坦提乌斯二世比他小一岁，同样乳臭未干，而君士坦斯一世年龄更小，年仅14岁，尚未成年。兄弟三人稚气未脱，没了父王的保护，处境非常不妙。他们的叔叔和堂兄在年龄和阅历上占据优势，要是有了不臣之心，江山便会易主，君士坦丁王朝将如流星般被埋入历史的尘烟。罗马的文武百官都为三位皇子捏了一把汗。事实证明，他们的担心是多余的。皇子们虽然年轻，心智却很成熟，他们遗传了君士坦丁一世的沉稳、狠辣，有着与实际年龄极其不相称的心机和城府，父王驾崩没多久，他们便先下手为强，对家族内部人员进行了大清洗，大部分皇族成员均被杀死，名下的土地全被收回。

一般认为，这次清洗活动的主谋是君士坦提乌斯二世，君士坦丁二世和君士坦斯一世也参与了策划，三兄弟利用手中的军队对家人进行了赶尽杀绝的残忍行动，之后瓜分了所有封国的土地。作为行动的主要策划者，君士坦提乌斯二世得到了丰厚的回报，获得了东部的管辖权，君士坦丁二世统治西境，辖区包括高卢、不列颠、西班牙。君士坦斯一世的势力范围集中在意大利半岛、北非的迦太基和欧亚非接壤的巴尔干。由于君士坦斯一世年幼，不适合统治，他的土地暂时由哥哥君士坦丁二世接管。君士坦斯长年后，企图夺回统治权，兄弟反目成仇。经过一场恶战，君士坦丁二世战死。君士坦斯一世后来居上，不仅夺取了属于自己的国土，还接管了君士坦丁二世的地盘，羽翼渐渐丰满，不过他一直没有挑战过君士坦提乌斯二世的权威，兄弟俩相安无事。

350 年，君士坦斯一世被西部叛军弑杀。君士坦提乌斯二世打着复仇的名号，出兵西部，平定了叛乱。死了两个兄弟之后，君士坦提乌斯二世成为了罗马帝国唯一的君主，这个结果让他且喜且忧，喜的是整个帝国为他一人独有，忧的是帝国危机重重、暗流涌动，他一个人应付不了混乱复杂的局面。很快他便感到分身乏术，痛定思痛之后，他不得不物色帮手，于是把堂弟尤里安册封为"恺撒"，将其调任高卢，抵御日耳曼蛮族。

尤里安很有可能是君士坦丁王朝最后一个宗室子弟了，他的家人全部罹难，而幕后的真凶不是别人，正是君士坦提乌斯二世。他能够侥幸逃过一劫，仅仅是因为年幼，对皇权不构成威胁。作为一个背负着血海深仇的可怜孤儿，他从不自怜自伤，而是选择了隐忍不发。在君士坦提乌斯二世面前，他只字不提当年往事，总是一丝不苟地执行对方发出的指令。皇帝陛下派他去高卢，他便义无反顾地去了高卢，而且干得相当不错，不仅得到了军队的拥护，还获得了君士坦提乌斯二世的器重和赏识。然而他从未忘记过幼年时那场无情的大屠杀，复仇的决心从未动摇过。

360 年，君士坦提乌斯二世决定迎战扣边的波斯大军，欲征调尤里安的部队。尤里安断然拒绝，紧接着就竖起了反叛的大旗，马上兴兵讨伐君士坦提乌斯二世。不幸的是，两军尚未交战，君士坦提乌斯二世忽然暴病而亡，临终前将尤里安指定为唯一合法继承人。君士坦提乌斯二世这么做，不是因为愧疚，也不是因为偏爱尤里安，而是因为他膝下无子，君士坦丁家族男丁凋零殆尽，只剩下尤里安一个王族了，实在没有其他人选了。尤里安因大仇未报，饮恨终身，把怨气全都撒在了前朝遗老身上，刚上台便处死了四位首相级别的政治人物，把其中两人判处火刑，其余人等全部流放。

由于帝国没有补充响应的官员，中央政府全线瘫痪。尤里安把权力全部集中到了自己手中，雇用了几个屈指可数的"智囊"组成"内阁"，勉强维持着国家机器的运作。他的智囊基本上都是欺世盗名之辈，既无才学又没能力，根本担不起辅佐君王的重任。尤里安却不在乎，他不仅妄杀贤能，重用庸才，还把中央的权力下放到了地方，使君士坦丁一世的改革成果毁于一旦，地方势力重新抬头。

尤里安一系列不得人心的政策，受到了诟病和批评，为了转移国内矛盾，他亲自率兵远征波斯，希望借助军事上的巨大胜利，提升威望，为自己增加美誉度。事实上此去万分凶险，他要面对的不只是强悍的波斯大军，还有来自罗马军团的威胁。罗马军队中已有许多人对他深感不满。士兵随时都有可能哗变。尤里安顾不得许多，毅然决然地进入了美索不达米亚。战斗进行得很不顺利，他在战场上受了重伤，不久便因伤重不治而死。关于他的死有两种说法，官方给出的解释是，他是被敌军的长矛刺死的。但很多人怀疑，他是死于罗马军官或士兵之手。在帝国后期，军队犯上弑君的戏码屡屡上演，罗马人对此已经司空见惯了，不会深究。还有一种可能是军队护驾不积极，故意看着皇帝战死沙场。

尤里安死后，军官推举约维安为新帝。由于尤里安和约维安名字太过相近，不明真相的士兵误以为皇帝陛下身体已经康复了，忍不住欢呼雀跃起来。后来才发现完全不是那么回事。约维安上台后改变了作战计划，由于在对抗波斯王国的战斗中受过重伤，不适合带伤统兵，又眼见军队士气低迷，实在无心恋战，于是决定引兵撤退。在撤退途中，罗马军团时不时遭到波斯人的袭击，在抵达底格里斯河时，被波斯大军团团围住。约维安不得不低三下四地乞和，为了脱困，被迫签订了丧权辱国的条约，把罗马东部边疆的五个省份割让给了强势崛起的波斯。付出了巨大的代价之后，罗马军团得以安全彻底，大军抵达安条克后，约维安意外地死在军帐中，他可能是因伤重过度而死，也可能是烤火时死于一氧化碳中毒。

　　不久，军队拥立瓦伦蒂尼安为下一任罗马皇帝。罗马帝国进入瓦伦蒂尼安王朝时期。瓦伦蒂尼安上任伊始，便面临两大强敌，即波斯军团和日耳曼军队。罗马和波斯交恶，积怨已久，两大帝国的恩怨很难在短时间内化解。更糟糕的是，尤里安远征波斯时，把主力大军调离了罗马境内，造成帝国内部防备空虚，日耳曼人乘虚而入，边境再次告急。瓦伦蒂尼安无法独自应对危机，于是把弟弟瓦伦斯立为共治皇帝，自己统治西部地区，把东部分给弟弟统治。兄弟俩各司其职，终于挺过了最难熬的岁月，可惜他们只擅长征战，不善于治国，未能从政治方面根除帝国的积弊。375 年，瓦伦蒂尼安病死在了军营里，临终前已经将长子格拉先加冕为帝。不料，军队竟拥立先帝年仅四岁的幼子瓦伦蒂尼安二世为继承人，并强迫格拉先跟幼小的弟弟分享君权和皇位。西帝国陷入混乱。

　　东帝国的情形也不容乐观，瓦伦斯在和哥特人作战的过程中，犯了好大喜功、轻敌冒进的错误，不等格拉先派去的援兵赶到，就同敌人进行了殊死较量，结果壮烈捐躯。东部丧失了君主，格拉先当机立断，指定多瑙河军团长官狄奥多西为东境的皇帝。狄奥多西不擅长大战，与哥特人交战几乎连战连败，但是他很有头脑，且富有政治才华，利用分化瓦解、拉拢利诱等多种手段控制住了哥特人，迫使其向罗马帝国臣服。哥特人长期为罗马服兵役，在后来的战斗中，起到了不可忽视的作用。

狄奥多西对罗马的最大贡献在于，重新建立了行之有效的行政体系。自尤里安上台，罗马几乎进入了无政府主义状态，行政机构名存实亡，官僚体制土崩瓦解，国家运作受到严重影响。狄奥多西着手恢复了君士坦丁一世时期的行政框架，把帝国从无序带向了有序，并开创了狄奥多西王朝。遗憾的是，他把东帝国治理得井井有条，却没有控制住西帝国的局势。后来大将马克西米乌斯犯上作乱，杀死了皇帝格拉先，篡位自立。瓦伦蒂尼安二世跑来求援，狄奥多西打败了叛军，并将瓦伦蒂尼安二世交给将军阿波加斯特照管，自己班师回到东部。没想到刚刚离开，瓦伦蒂尼安二世就被心怀不轨的阿波加斯特害死了。狄奥多西愤而出兵讨伐，平定了西部，歼灭了阿波加斯特及其部众，统一了罗马。

395 年，狄奥多西染上重病，临终前把帝国瓜分成东西两半，分给年幼的两个儿子。罗马正式分裂成东罗马和西罗马。西罗马的国都仍然在罗马，东罗马帝国国都在君士坦丁堡，又名拜占庭，故而被称为拜占庭帝国。

第八章

西罗马帝国——走向末日，衰亡不可逆转

西罗马帝国的国祚不足百年，从罗马帝国母体脱胎没多久，便悲惨地消失在历史长河中了。西罗马为何如此短命呢？原因很多，疲弱的经济、昏庸的君主、腐败的政治、军队蛮化危机以及外敌的入侵，都是致命因素，以致帝国虽然出现了独镇危局的能臣良将，仍然没有改变历史的走向。西罗马人在亡国丧钟敲响之际，仍然在争权夺利、互相残杀，说明这个国家已经沦落到了无可救药的地步，即使有恺撒、屋大维这样的政治强人横空出世，也改变不了任何事情。

蛮族第一忠将的悲剧

西罗马第一位皇帝霍诺里乌斯即位时年仅 11 岁，因年少无知、资历轻浅，不能理政，国政大权集中到了大将斯提利科手里。斯提利科是蛮族骑兵军团的长官，有蛮族血统。父亲是汪达尔酋长，曾为罗马帝国守边。年少时因父亲的缘故，以半人质的身份进入御前近卫军，凭借军功一路高升，一跃跻身到了军队高层，成为帝国的首席司令官。西罗马有这样一位久经沙场的战将保驾护航是一件幸事，斯提利科确实是一个难得的将才，堪称帝国的中流砥柱，然而美中不足，他只懂兵略，不懂政治，游走于东西罗马统治者之间，不知不觉就被卷入了各种钩心斗角的宫廷斗争，充当了政治的牺牲品，令仇者快亲者痛，使得外敌坐收渔翁之利，间接导致了西罗马的衰落。

斯提利科是一个很有责任感的人，自掌权以来，夙夜忧叹，密切关注着蛮族的动向，不仅关心西罗马的生死存亡，而且照看着东罗马的边境安全，完全把东西罗马看成了一个不可分割的整体。可惜他的主子不这么想。西罗马皇帝霍诺里乌斯和东罗马皇帝阿尔卡狄乌斯虽然年纪不大，却毫无少年人的单纯，极度自私，生怕对方占了便宜，在分家产的过程中闹得不可开交。斯提利科无心插手皇家事务，把所有的心思都放在前线上，亲自率兵远征莱茵河，打退了入侵的法兰克、阿勒曼、萨克森蛮族联军。在莱茵河战役如火如荼地开展时，斯提利科收到了一封紧急求援信，信中提到西哥特蛮族将领阿拉里克发动叛乱，直扑君士坦丁堡，东罗马形势危急。

阿拉里克曾经以蛮族雇佣军高官的身份为罗马帝国效力，一度带着西哥特人帮助罗马军团平叛。在狄奥多西统治时期，立下过不少战功。狄奥多西驾崩后，罗马帝国把西哥特人安置在多瑙河南岸，名义上拨给他们土地，允许他们务农，实际上是拿他们充当挡箭牌，强迫他们为帝国看边，抵挡匈奴铁骑的进攻。哥特骑兵自知不是匈奴人的对手，不甘心做罗马人的炮灰，于是团结在阿拉里克的号召下，起兵讨伐东罗马。哥特叛军势如破竹，沿途打败了东罗马的所有野战军，眼看就要兵临首都君士坦丁堡。

危急时刻，斯提利科马上采取了救援行动，他穿越了大半个欧洲，克服了种种难以想象的困难，从莱茵河前线马不停蹄地赶到了君士坦丁堡，以不可思议的速度出现在了西哥特人面前，将阿拉里克的部众围困在了色雷斯和希腊之间的地带。西哥特人突围了好几次，均以失败告终，几乎陷入了绝境。如果不出意外的话，这股蛮族军队将被罗马军团彻底歼灭。然而战场形势向来是瞬息万变的，不久，斯提利科接到了一封来自东罗马皇帝阿尔卡狄乌斯的亲笔信，长叹一声，悻悻拔营而走，眼看即将遭遇灭顶之灾的西哥特人，侥幸逃出生天。那么阿尔卡狄乌斯究竟写了什么呢？说来非常可气，他不仅不感谢斯提利科千里驰援，反而莫名其妙地指责斯提利科擅自登陆东罗马领土，将对方的一番好意解读为侵略，并威胁说要向西罗马宣战，还要求西罗马赔偿战争损失。

日夜兼程救援帝都，打退了来犯的强敌，不但没有得到任何嘉奖，反而遭到一通唾骂和斥责，斯提利科感到分外寒心，但这并不是他撤兵的理由。他放过西哥特人完全是为大局考虑，为了避免东西罗马交战，他只好暂时吞下这口恶气。罢兵不久，阿尔卡狄乌斯又派人送来了一封信，东罗马的态度发生了惊人的转变，官方声称一切都是奸佞小人鲁费努斯在暗中搞鬼，现在这个挑不离间的奸臣已经被处死。阿拉里克正率领西哥特军团蹂躏希腊，希望斯提利科能不计前嫌，马上发兵援助。

斯提利科读完信，顾不得多想，立即出动水路大军，前往战事吃紧的前线，迎击西哥特人。斯提利科麾下的骑兵数量有限，主力部队是阿兰人组成的雇佣兵，但步兵兵力雄厚。对阵西哥特骑兵需扬长避短，还得利用有利地形。他迅速抢占了塔纳罗河畔的几座山丘，诱使西哥特人爬坡来攻，然后居高临下地痛击敌人。双方对峙数日，杀得难解难分。经历了无数场拉锯战后，终于迎来了决战日。阿拉里克亲自披挂上阵，指挥西哥特骑兵反攻，终于切断了阿兰骑兵和大部队的联系，把阿兰雇佣兵歼灭在塔纳罗河畔的战场上。斯提利科趁西哥特人转换阵型之机，攻下了对方的根据地，直捣黄龙，将首领阿拉里克的妻小全部掳走，迫使对方前来谈判。双方很快达成了停火协议，根据合约，彼此交换战俘，罗马释放阿拉里克的家属，作为回报，阿拉里克必须从罗马帝国撤兵。

阿拉里克和罗马缔结合约不到一年，便重整旗鼓，再次杀回意大利半岛。斯提利科与之展开了血战。战场上流血漂橹、尸堆如山，西哥特军团损失惨重，阿拉里克又一次被击败，带着残部逃到了阿尔卑斯山。由于在山地不利排兵布阵，山道崎岖难行，粮草运输不畅，斯提利科没有继续追击，而是选择了与阿拉里克何谈，双方达成了妥协，西哥特军团又一次撤出了意大利。经过几次较量，阿拉里克运用武力是不可能打败斯提利科的，于是想到了反间计。斯提利科长年在外征战，手握重兵，难免会引起统治者的猜忌。阿拉里克充分利用这一有利的条件，重金收买了东罗马的官员和大太监奥特罗匹乌斯，让他们集体向阿尔卡狄乌斯进献谗言，诽谤斯提利科，促使东罗马缩减给斯提利科军队的给养，导致军心不稳。

斯提利科非常生气，强烈要求阿尔卡狄乌斯流放搬弄是非的太监奥特罗匹乌斯，并威胁说，如若不同意，他立刻罢兵回国，再也不管东罗马的事情。阿尔卡狄乌斯闪烁其词支支吾吾，没有作出明确的答复。斯提利科为了让东罗马认识到自己不可替代的价值，任由西哥特人越过科林斯湾，入侵伊利里亚。他当时觉得，收拾手下败将阿拉里克是一件很简单的事，入侵的蛮族不久就会被罗马军团打退，制造不了什么风浪。可事情却没有向他预期的方向发展，局势完全超出了他的掌控，这个放虎归山的大胆行动，导致了十分可怕的后果，阿拉里克的军队疯狂蹂躏了所经过的每一寸罗马的土地。东罗马十分恼火，决定向西罗马宣战。

东罗马虽然军事较弱，却掌控者西罗马的粮食供应和经济命脉。东罗马切断了农产品的供给，西罗马马上闹起了饥荒。斯提利科向西班牙和高卢征调了大量粮食，总算缓解了危机，使西罗马人避免了忍饥挨饿，他自己的人生危机却不容易度过。逐渐长大的霍诺里乌斯，学会了帝王之术，也产生了猜忌之心，总想将功高震主的斯提利科处死，以树立君主的绝对权威。斯提利科敏感地意识到了即将到来的危险，企图将女儿玛丽亚嫁给皇帝，通过政治联姻，稳固和皇室的同盟关系。不幸的是，他的女儿偏偏在关键时刻病死了。敏感时期，西罗马官员纷纷落井下石，诬陷他通敌卖国、意图不轨。

斯提利科十分明白众口铄金的道理，几乎对未来不再抱任何希望，被动地等待着霍诺里乌斯发难。熟料，不久东哥特贵族拉达盖斯带领 40 万蛮族联军进逼罗马。西罗马面临亡国的危险。危难时刻，斯提利科果断挺身而出，联合匈奴单于乌尔丁一举击溃了日耳曼蛮族大军，俘虏斩杀了拉达盖斯。因护国有功，斯提利科的处境有所好转，可惜他接下来犯的错误，几乎使他葬送了一切。不久，一个名为君士坦丁的军官在不列颠拥兵自立，占据了高卢、不列颠、西班牙部分领土，自诩为"君士坦丁三世"。叛军声势浩大，为了平叛，斯提利科引狼入室，居然把老对手阿拉里克召到了罗马。阿拉里克带着军队浩浩荡荡地开赴意大利边境，强迫西罗马缴纳 4000 磅黄金，并威胁说要是不乖乖就范，西哥特人就将和君士坦丁三世结盟，联手对付西罗马。斯提利科只好厚着脸皮向霍诺里乌斯要钱，元老院和皇帝断然拒绝了这一无理要求。

斯提利科焦头烂额，好不容易才说动霍诺里乌斯同意支付黄金，阿拉里克得到承诺以后，按照约定，撤走了军队。这次事件，使得斯提利科的声誉一落千丈，西罗马政府从此再也不相信他了。斯提利科悻悻离开了罗马，长年住在蛮族雇佣军的帐篷里，认为只有待在那里，自己的安全才能得到保障。后来东罗马皇帝阿尔卡狄乌斯去世，心灰意懒的斯提利科又看到了希望，他马上派特使到东罗马打探情况，同时将二女儿特曼提娅嫁给了西罗马皇帝霍诺里乌斯。似乎一切都很顺利，斯提利科做梦都不会想到东西罗马会同时抛弃自己。他的特使遭到东罗马政府的逮捕，跟东罗马重归于好的愿望破碎。霍诺里乌斯偏好男色，对女人毫无兴趣，所以西罗马皇室的联姻，没有换来任何好处。霍诺里乌斯是个偏听偏信的昏君，在听信了谗言以后，愤然将斯提利科以谋反罪处死，并杀死了斯提利科的独生子。可怜一代名将，毕生为罗马帝国鞠躬尽瘁，却换来如此可悲的下场。

京都沦陷，敲响亡国丧钟

斯提利科被西罗马政府处决的消息，传到了蛮族雇佣兵的耳朵里，引起了轩然大波。蛮族士兵全都为长官打抱不平：长官为帝国出生入死、赴汤蹈火，置个人安危荣辱于度外，一片赤胆忠心，却换来这样的结果，可见西罗马主子昏聩透顶、不可救药，继续为他卖命，不会有什么好下场。士兵们群情激奋，当即决定脱离西罗马，加入阿拉里克的大军。

阿拉里克高高兴兴地收编了蛮族叛军，军队扩大以后，顿时底气大增，遂果断挥师进驻意大利，逼迫西罗马履行条约，交付赎金。阿拉里克不相信诡计多端的罗马人会老老实实履行承诺，提出双方分别派出贵族子弟做人质，以示诚意。西罗马的大臣见西哥特人没有武力威逼罗马，而是派人客气地前来谈判，对这个谦逊友好的信号作出了错误的解读，误以为蛮族首领胆怯了，不敢在太岁头上动土，遂不屑于同阿拉里克谈判，摆出拒人千里之外的高姿态，完全无视西哥特人的要求。有的人甚至天真地认为，蛮族迟迟得不到金子，希望落空，会自行从边境撤军。由于太过轻率和妄自尊大，西罗马人在大难临头时没有做任何准备，国都防守空虚，几乎门户大开，当局却愚蠢地认为，根本没必要调集军队勤王。

408 年，阿拉里克带着哥特大军和蛮族联军一连攻下了意大利半岛多个军事重镇，洗劫了好几座城池。他们一路抢掠搜刮，很快便抵达了皇帝行宫附近的沼泽地带。当时西罗马皇帝霍诺里乌斯正在拉文纳避难。假如西哥特人攻下拉文纳，活捉罗马皇帝，就能获得谈判的筹码，换取巨额赎金，哪怕狮子大开口，把赎金提高数倍，西罗马人也得照单全付。好在阿拉里克没有那么做，经过观察，他认为大军没办法穿越泥泞的沼泽地，攻下拉文纳行宫的希望不大，于是暂时饶过了西罗马皇帝，把目标对准了帝都罗马。

蛮族大军翻山越岭，抵达了亚平宁山隘口，他们惊喜地发现隘口居然没有一兵一卒把手，西罗马政府对国防的漠视，给他们提供了许多便利。大军纵横驰骋，如入无人之境，一路上没有遇到任何有效的抵抗。阿拉里克下令在克利图姆斯安营扎寨，就地休息，并允许他们肆意屠杀当地的羊群。那些乳白色的羊羔是牧民为罗马人饲养的，专供罗马人举办凯旋庆功宴会使用。阿拉里克嫌罗马人的羊油水少，味道不够鲜美，没有在当地逗留太久，在变天之前，立即命令士兵拔营而走。

不久，阿拉里克兵临罗马，将这座千年古都密密层层地包围起来。为了逼迫罗马人就范，蛮军占领了罗马城附近的海港，切断了帝都的粮食供给。长期以来，罗马城的粮食和农副产品一直靠非洲行省供应。西哥特人切断了海路补给线，城市不能自给自足，发生了大饥荒。一时间饿殍塞道、饥民遍地，整个城区一片萧条，到处都是饥肠辘辘的难民。紧接着，城里又爆发了可怕的瘟疫，成千上万的人死于饥饿、疫病，街道上横七竖八地陈列着尚未处理的发臭尸体。活下来的人陷入深深的恐惧和绝望，每天以泪洗面，不知道自己还能不能见到明天的太阳。

西罗马危在旦夕，各地的奴隶、隶农和穷苦工匠看到了翻身做主的希望，纷纷加入阿拉里克的阵营，共同讨伐罗马。罗马随时都有可能被攻克，即使不失陷，也有可能成为一座堆满尸体的死城。皇帝霍诺里乌斯被西哥特人吓破了胆，一直龟缩在拉文纳，不敢走出沼泽地，得到京师遭蛮族围攻的消息之后，依旧无动于衷，不肯派兵救援。罗马人只好被迫乞和。面对前来求和的罗马使臣，阿拉里克态度十分傲慢，他口气强硬地说："我们可以答应和谈，不过有个条件，把城里的金银财宝全部上交，要是你们真的有诚意购买和平的话，我们会考虑放你们一条生路。"罗马使臣十分愤怒，但不敢发作，小心翼翼地问："那么请问，您能给罗马市民留下点什么？"阿拉里克不假思索地回答说："生命。这还不够吗？"罗马使臣得知蛮族首领想把罗马榨得干干净净，一点油水都不留，气得热血上涌，态度也硬气起来："城内还有不少守军，士兵日日都在操练，你们攻城，他们必将拼死抵抗，直到流尽最后一滴血。"

阿拉里克笑道："很好，牧草长得越长越密，用刀割起来越省事。"言下之意，西哥特人根本不怕那些聊胜于无的罗马守军，守军就好比大草原上任人宰割的牧草，大军随时准备割下他们的人头。西罗马高层经过再三斟酌，决定妥协，于是跟阿拉里克达成了协议，承诺释放外族奴隶，上缴 5000 磅黄金、3 万磅白银和大量的丝袍、胡椒，并将若干贵族送到西哥特当人质。罗马人答应了全部条款以后，阿拉里克按照约定，解散了围城的军队，并允许罗马市民走出城区，前往附近的港口购买粮食。

霍诺里乌斯对议和条件不满，故意延迟履行合约，用缓兵之计拖住了西哥特人，焦急地等待着东罗马的援军。待西罗马度过了粮食危机，又得到 4000 援军，霍诺里乌斯立时有了胆气，决定撕毁合约，武力讨伐蛮族。他不仅不肯支付赎金，还派人到拉文纳广场痛骂阿拉里克。阿拉里克大怒，因为厌倦了罗马人的出尔反尔，打消了谈判的念头，决心洗劫罗马城，抢光所有值钱的东西，什么都不给罗马人留下。

洗劫罗马的行动发生在 410 年的一天雨夜。那天大雨哗哗地下个不停，明亮的闪电撕裂天幕，照亮了黑沉沉的夜空。人高马大的西哥特人悄无声息地来到了罗马城下，他们身上的兽皮衣服湿淋淋的，不停地滴着水珠。蛮族大军的行动得到了罗马奴隶的热烈响应。由于在合约中，西哥特人强调罗马人必须给所有外族奴隶自由，才能撤军。奴隶们理所当然地把西哥特人当成了解放者和救世主，得知阿拉里克要冒雨攻城，他们非常高兴，十分配合地打开了城门，将西哥特大军全部放了进来。罗马城瞬间沦陷。

西哥特士兵气势汹汹地闯进宫殿和豪宅，带走了所有值钱的东西。他们一把火烧了皇宫，又洗劫了教堂、神庙。抢劫进行了三天三夜，金银财宝、珍稀器物全都进了西哥特人的腰包，富有的罗马人一夕之间变成了穷光蛋。奴隶们趁机造反，严厉地惩处了昔日威严凶狠的主人，不少元老遭到处决。街头巷弄、广场周围堆满了尸体。大量的罗马自由人被俘为奴隶，以至西哥特人离开时，城内冷冷清清，犹如空城。西哥特人并未占领罗马，他们带着丰厚的战利品一路辗转，最终进入了西班牙境内，于 419 年建立了独立王国。

权力漩涡中的女人

阿拉里克洗劫罗马时，不仅抢走了无数的奇珍异宝和金银等贵重财物，还掳走了霍诺里乌斯的亲妹妹普拉茜迪娅。普拉茜迪娅是战利品，也是人质，阿拉里克希望把她当作进一步勒索西罗马的筹码，所以对这位皇家公主非常重视，无论走到哪里都要带上她。阿拉里克计划渡海前往富庶的北非定居，因海上起了大风暴，未能成行，不久身染恶疾，病死在军帐中。西哥特大军在南意大利肆虐了四年，最后与西罗马政府达成了协议，退出意大利半岛，前往高卢帮助西罗马对付其他蛮族，这期间究竟发生了什么，蹂躏西罗马的西哥特人为何会转为自己的手下败将效力呢？

原来一切都是普拉茜迪娅的功劳。阿拉里克去世后，他的弟弟阿道尔法斯继承了王位。阿道尔法斯对活泼娇俏的普拉茜迪娅一见倾心，不仅娶她做了妻子，还主动出动大军帮助西罗马攻打高卢僭主。这桩王室间的跨国婚姻，改变了西哥特和西罗马的外交关系，不仅使两个敌对的国家变成了盟友，还使两国渐渐进入了蜜月期。可惜好景不长，不久，阿道尔法斯转战西班牙时遇害。普拉茜迪娅由高高在上的王后，一夜之间沦为流落异乡的寡妇。霍诺里乌斯觉得妹妹在西哥特势单力孤，怕她遭遇不测，于是就用 60 万斗小麦和高卢境内的一片领土，把她赎了回来。

几经周折，普拉茜迪娅终于回到了故土。当时君士坦提乌斯二世是西罗马首屈一指的权臣，霍诺里乌斯为了拉拢他，安排了一桩政治联姻，把寡居的普拉茜迪娅嫁了过去。婚后，两人育有一双儿女，大女儿叫霍诺利娅，继承了母亲的美貌，小儿子是瓦伦提尼安三世，个性更像父亲。由外廷大臣晋升为驸马爷以后，君士坦提乌斯二世摇身一变，成了皇亲国戚，但他不满足于目前的政治地位，索性要求成为霍诺利乌斯的共治皇帝。在君斯坦提乌斯的威逼下，霍诺里乌斯被迫授予其"奥古斯都"的称号。但东罗马不认可这个僭越的皇家女婿，君士坦提乌斯二世大怒，打算出兵攻打君士坦丁堡，强迫东罗马承认他统治的合法性。远征行动尚未开展，君士坦提乌斯二世突然离奇地死去了。没有人知道他是自然发病身亡，还是被人暗算害死的，背后也许有不为人知的宫廷阴谋。

君士坦提乌斯二世死了，普拉茜迪娅再次成为寡妇，孤儿寡母想要在宫廷立足不容易。为了讨好皇帝哥哥，她几乎使出了浑身解数，总算保住了权势和荣华富贵。然而虚情假意的逢迎，并不能拉近兄妹的关系，偶尔的真情流露却能充分暴露出人性的自私、阴暗、虚伪、冷漠，在精明的算计下，最后一点残存的亲情也被腐蚀殆尽了。他们开始对彼此感到厌烦和不满，总是没完没了地争吵，渐渐发展到了水火不容的地步。

普拉茜迪娅是个很有心计的女人，不仅在朝廷内外广结党羽，身边还有一大批哥特亲兵护卫。她在西哥特当皇后时，就很不安分，有意识地收揽了一大批蛮族追随者，返回罗马时，这批誓死追随她的哥特人，依然亦步亦趋地跟随她，为她保驾护航的同时，也为她出谋划策。霍诺里乌斯因为哥特人的存在，深感不安，总觉得普拉茜迪娅背地里在跟蛮族亲兵密谋什么。兄妹俩失去了互相信任的基础，渐渐走向决裂。为了挫败妹妹的气焰，霍诺里乌斯特地提拔了大将卡斯蒂努斯。

卡斯蒂努斯是一名战将，不适合做宫廷棋子，不过让他在战场上立功，同样可以起到敲山震虎的作用。当时正值汪达尔人新败于苏维汇人，霍诺里乌斯立刻派卡斯蒂努斯领兵出击，命令他把盘踞在帝国境内的汪达尔人一网打尽，在收回领土的同时，弘扬国威。卡斯蒂努斯远征之前，以西哥特曾与西罗马签订盟约为由，要求阿拉里克的儿子阿道尔法斯的侄子提奥多里克一同出兵，围剿汪达尔人。这样做有两点好处，一是可以借助西哥特的兵力消灭强敌，二是可以检验西哥特和西罗马王室的友谊，提奥多里克若是看在叔母普拉茜迪娅的份上起兵，说明西罗马帝国可运用高明的外交手段，把普拉茜迪娅的蛮族资源据为己有。

对于西罗马当局的出兵要求，提奥多里克若会作何反应呢？从族人的利益考虑，他很不想蹚这片浑水。经过连年的征战、迁徙、流浪，西哥特人好不容易安顿下来，百废待兴，实在不宜马上卷入战争。提奥多里克无心起兵，但是为了履行盟约，为了表示对叔母的敬意和支持，最终还是出兵了。可是汪达尔人不好对付，提奥多里克眼看抵挡不住，临时决定撤军。罗马远征军孤军奋战，结果大败而归，唯一的收获是，抓到了在不列颠起兵叛乱的僭主马克西穆斯，他于十年前投奔了汪达尔人，一直和西罗马帝国做对。爱将卡斯蒂努斯无功而返，对日趋复杂的宫廷斗争似乎影响不大，霍诺里乌斯仍然占据上风，随着争执的进一步升级，普拉茜迪娅失去了容身之地，不得不带着年幼的儿女迁居到君士坦丁堡生活。

普拉茜迪娅非常幸运，刚被扫地出门没多久，霍诺里乌斯就驾崩了。由于有断袖之癖，长年不近女色，霍诺里乌斯没有留下子嗣，外甥瓦伦提尼安三世阴差阳错地成了合法的接班人。这真是造化弄人，霍诺里乌斯费尽心思赶走了妹妹和外甥，最后却把大好的江山让给了对方。按照法理和继承顺序，普拉茜迪娅母子完全有资格接管西罗马，这不是任何人的主观意见可以左右的，但国君新丧，西罗马处在动荡之中，作为被驱逐的流亡分子，想要重新入主王庭并不容易。卡斯蒂努斯不希望西罗马政权落入普拉茜迪娅之手，于是拥立元老贵族约安尼斯为新帝。东罗马政府听说后非常生气，派了一支军队护送普拉茜迪娅母子回国争夺王位。东西罗马为此兵戎相见，结果东罗马获胜了。瓦伦提尼安三世登基，普拉茜迪娅母凭子贵，一夜之间由可怜的避难者变成了权倾天下的皇太后。

经历了两度丧夫守寡的不幸和无数次大起大落，普拉茜迪娅终于时来运转，开始憧憬无限美好的未来。皇帝儿子年幼，她可以名正言顺地垂帘听政。事情的进展比想象得还要顺利，凭借高超的政治手腕，她很快赢得了西罗马权臣的认可。在她的精心经营下，后党成了帝国内部最有势力的政治集团。宫廷内外，朝堂上下，到处都是她的心腹。所有人对她言听计从，俨然把她当成了当朝女皇。

正当普拉茜迪娅春风得意之时，提奥多里克忽然跟西罗马帝国翻脸，率军包围了当年叔叔阿道尔法斯和叔母普拉茜迪娅成亲的城池，眼看就要得手，城破之前，西罗马名将埃提乌斯火速前来驰援，成功解了围。提奥多里克败走，此后每年都会出动军队骚扰高卢。每次出征，都败给了埃提乌斯。有一次埃提乌斯大破西哥特军团，活捉了西哥特人的统帅。只要埃提乌斯镇守边疆，西哥特人很难占到便宜。

提奥多里克之所以不顾叔母的面子，屡屡向西罗马发难，是形势所迫，他急于向族人证明自己的军事才华，以稳固地位，百孔千疮的西罗马便成了最好下手的目标。普拉茜迪娅似乎非常理解后辈的处境，很快原谅了对方的背叛和忤逆之举，但对抵御外侮的埃提乌斯却一点也不感激。她认为埃提乌斯功劳威望太高，已经威胁到了自己的摄政地位，一度想要剪除这个竞争对手。然一介女流，想要扳倒一个手握重兵的名将，谈何容易？关键时刻，她想到了提奥多里克，欲借助西哥特的兵力，消灭埃提乌斯。她高估了西哥特军团的战斗力，埃提乌斯不费吹灰之力就将提奥多里克打败了。

普拉茜迪娅马上转变了策略，凭借政治智慧和适度妥协的艺术稳住了埃提乌斯，使之心甘情愿地为儿子瓦伦提尼安三世守护江山，自己安心退居幕后，愉快地度过了人生中的最后岁月。

罗马护国公折断"上帝之鞭"

埃提乌斯是继斯提利科之后的又一位勇将，他不仅骁勇善战，而且谋略过人，凭借高超的战略战术和赫赫武功，为西罗马守住了疆土，因此被称为"护国公"。埃提乌斯之所以名传千古，不仅仅是因为他充当过帝国的守护神，一直忠顺看边，更重要的原因是，他曾经打败过"上帝之鞭"阿提拉，粉碎了匈奴铁骑不可战胜的神话，让饱受蛮族侵略的罗马人看到了民族复兴的希望。

埃提乌斯和阿提拉都是久负盛名的厉害角色，前者出身军人世家，自幼受到尚武之风的熏陶，随着年龄的增长，智慧与日俱增，渐渐变成了一个腹有甲兵、气吞万里如虎的优秀青年将领；后者生于辽阔冰冷的大草原，住毡帐穿皮革，吃羊肉和乳酪，以骑射为游戏，在马背上长大，虽为王族贵胄，却全无纨绔子弟的骄奢之气，打起仗来异常勇猛，几乎百战百胜，把哥特人追得到处乱窜，在短短几年时间内，便征战了大半个欧洲。最近，他又把目标锁定西罗马，希望从西罗马帝国这匹肥羊身上榨取更多的油水。西罗马当局十分恐慌，连忙把埃提乌斯派到了前线。

埃提乌斯确实是抵御阿提拉的最佳人选，因为他和阿提拉有私交，两人自幼相识，友情深厚，若阿提拉念旧，或许两大帝国能免于一战。埃提乌斯和阿提拉人生际遇非常相似，他们都是在十几岁时被送往敌营作人质，因同病相连，彼此惺惺相惜，一度情同手足。埃提乌斯比阿提拉大 15 岁，他少年时代来到匈奴部落当人质，当时阿提拉还是一个不谙世事的孩童，他看着阿提拉一天天长大，整天陪伴小家伙玩耍，度过了一段非常快乐的时光。若干年后，埃提乌斯流落到哥特人的部落当人质。而渐渐长大的阿提拉也经历了同样的噩梦，成了西罗马的人质。幸运的是，这对难兄难弟最后都获得了自由，而且都咸鱼翻身，取得了尊贵的地位。阿提拉摇身一变，成了叱咤草原的匈奴王；埃提乌斯则成为西罗马举足轻重的大人物，深受皇帝瓦伦提尼安三世宠信，全权负责帝国的军事防务。

由于两人私交甚笃，西罗马和匈奴一直相安无事。为了继续维持友好的关系，埃提乌斯不惜把儿子送到阿提拉身边学习骑马射箭。在埃提乌斯的积极斡旋下，阿提拉一直没打西罗马的主意，西罗马帝国边陲得以享受安宁祥和，免遭匈奴铁骑蹂躏。451 年，帝国边地的和平宁静被彻底打破了，西罗马卷入了无休止的纷争之中。起因是法兰克的两位王子在父皇晏驾后分别投入了西罗马和匈奴的怀抱。因参与日耳曼人的夺位斗争，西罗马和匈奴的关系发生了微妙的变化。

紧接着西罗马宫廷又出事了。瓦伦提尼安三世的姐姐荷诺丽亚耐不住闺中寂寞，与侍臣偷情，怀上了孩子。太后认为女儿的放荡行为有损皇家声誉，于是把荷诺丽亚押送到东罗马的君士坦丁堡看管起来。荷诺丽亚正值花样年华，忍受不了这种与世隔绝的幽禁生活，为逃脱牢笼，偷偷托人给阿提拉送去一枚指环，与之私订终身。阿提拉喜出望外，他本来无心统治西罗马，只想敲诈勒索一番，得到这个好消息，立刻改变了主意，决定以西罗马女婿的身份入主王庭。西方帝国不同于东方，比较看重血统，若不是本族的黄金血脉，是很难爬上御座的。以前，阿提拉从未奢望过吞并西罗马，西罗马公主主动投怀送抱、以身相许，让他看到了有利契机，只要两人结为为夫妇，诞下皇嗣，让儿子继承王位，那么西罗马就成了他的囊中之物。

阿提拉越想越开心，于是迫不及待地向西罗马提亲，并要求对方附赠一半的领土为公主作嫁妆。瓦伦提尼安三世断然拒绝了这一无理要求。阿提拉以此为由，出兵讨伐西罗马。东罗马见状，吓得不敢让荷诺丽亚公主存身了，匆匆忙忙将其遣送回去。荷诺丽亚刚刚回国，又被幽禁了起来。

阿提拉没有娶到魂牵梦绕的异国美人，领土要求又遭到了拒绝，好好的美梦泡汤了，空欢喜一场，心里非常不甘，为了教训和威慑西罗马，他率领匈奴大军疯狂蹂躏了高卢行省。此举不仅惊动了西罗马，还吓坏了躲在那里避难的蛮族。蛮族不由得感慨，天下之大无论逃到哪里都逃不出匈奴人的魔掌，与其东躲西藏，不如联合起来打败匈奴，彻底解除威胁。埃提乌斯趁机到处游说，把各地的蛮族团结起来，组成了抗匈统一战线。罗马军团带着蛮族联军与匈奴骑兵在马恩河畔的沙隆展开了会战。

埃提乌斯知道这一战关系到西罗马帝国的生死存亡，压力非常大。他来不及和昔日的好友阿提拉割袍断义，直接走向了战场。因为少年时代在匈奴生活过一段时间，埃提乌斯对匈奴人的打法十分熟悉，认为采用传统的作战方式，根本对抗不了匈奴铁骑势不可当的冲击，唯有运用奇招险招，方能侥幸取胜。于是把战斗力偏弱的阿兰人和其他蛮族编入了中军。这样排兵布阵，军队极有可能被敌军拦腰切断，导致首尾不能相顾。好处在于，把弱点暴露给敌方，引诱对方来攻，可趁机两翼包抄，出其不意地将敌人团团围住。阿提拉布兵的方式恰恰与埃提乌斯相反，中军为精锐部队，不擅作战的东哥特人和其他蛮族军队分列两翼。

战争初期的进展，与埃提乌斯料想得一模一样。匈奴军在箭雨的掩护下，疯狂冲向罗马中军，企图将中军拦腰截断。拱卫中军的蛮族招架不住，乱作一团。匈奴骑兵深深插入罗马军阵之后，立刻调转马头，包抄右翼的西哥特军队。西哥特人不是匈奴铁骑的对手，却顽强抵挡住了匈奴兵马的凌厉攻势，浴血奋战了整整五个小时。战士们大批大批战死，一批刚刚倒下，另一批马上补充上来，两军厮杀在一起，犹如鱼鳞相错一般，场面壮观而惨烈。西哥特王特奥多里克在战斗中受了伤，从马背上摔了下来，未待挣扎站起，便被冲上来的马蹄践踏而死。他的儿子托里斯蒙王子强忍着悲恸，继续指挥哥特士兵作战，直到把匈奴人击溃，才肯松口气。

西哥特人和匈奴积怨已久，匈奴人夺走了他们的家园，害得他们四处流浪，像丧家犬一样无处栖身，要不是西罗马好心收留，他们不知道还要颠沛流离多久。出于感激心理，西哥特人和罗马人冰释前嫌，迅速化敌为友，双方同仇敌忾，终于联手打退了来势汹汹的匈奴骑兵。战神阿提拉遭遇了前所未有的惨败，被迫下令撤退。匈奴兵溃退时，又遭到了罗马军团左翼的袭击，顿时军心大乱。阿提拉不敢恋战，连忙带着残兵败将返回了营地。为了防了敌军追击，他把大篷车首尾相连，临时搭建起了一道军事壁垒，并埋伏了许多箭无虚发的弓弩手。大败之后，阿提拉万念俱灰，一度想引火自焚。他把马鞍堆成了一座小山，将金银珠宝和莺莺燕燕的嫔妃全都放在了上面，自己坐在正中心，决定等到罗马大军杀过来，就和美人一同升天。然而他没有等来埃提乌斯。

　　埃提乌斯本可以对阿提拉赶尽杀绝，但没有那么做。他觉得阿提拉活着，可以震慑住大小蛮族，在蛮族和西罗马帝国之间维持一种微妙的平衡，阿提拉一死，蛮族和西罗马失去了共同的强敌，到时又会拔刀相向。所以从大局考虑，阿提拉活着比死了更有价值。埃提乌斯始终认为西罗马最大的敌人是欧洲境内的各路蛮族，而不是从遥远的亚洲迁徙过来的匈奴人。匈奴人虽然破坏力巨大，但不足以摧垮罗马帝国。欧洲蛮族则完全不同，他们表面上看去并不危险，却像潜在的炸弹一样，随时都有可能爆炸。这些人个个魁梧高大，比牛还要健壮，打起仗来勇猛无比，以前被罗马人收拾得服服帖帖，是因为武器装备落后，自从加入罗马军团，配备了罗马的铠甲、盾牌和利剑，又熟悉了罗马人的阵法，战斗力已经超越了罗马人。假如没有了匈奴人的牵制，各路蛮族纷纷造反，西罗马支撑不了多久，就会走向衰亡。

马克西穆斯的阴谋与杀局

　　击败阿提拉之后，埃提乌斯荣获了"国之栋梁"的美誉，罗马人对他的崇拜达到了极点，外省来的使者络绎不绝地谒见他，见过这位护国公以后，连皇帝也懒得参见了。埃提乌斯因独撑危局，退敌有功，成了人们交口称赞的民族英雄，地位如同国父，名望超过了久居深宫、无所作为的皇帝，引起了皇家的猜忌。同斯提利科一样，埃提乌斯是一位杰出的将帅，却不是一个深谙官场规则和帝王之术的政治家，缺乏政治嗅觉，对卑鄙的暗算、潜在的凶险毫无察觉。

　　埃提乌斯的儿子高登提乌斯和皇家公主小普拉茜蒂娅订立了婚约，这本是一件美事，背后却另有玄机。瓦伦提尼安三世膝下无子，只有两个正当妙龄的宝贝女儿。由于女儿不能继承皇位，政权便有可能被女婿篡夺。瓦伦提尼安三世认为高登提乌斯日后有可能仗着父亲的威望，阴谋篡权，遂决定解除婚约。埃提乌斯并不了解皇帝当时的想法，觉得自己的儿子和皇家的金枝玉叶男才女貌十分般配，两人既然已经有了婚约，就应该结为夫妇、白头到老，违背神圣的誓约，不仅毁了一段大好姻缘，还影响这对新人的人生幸福。为了给儿子讨个说法，埃提乌斯只身来到了皇宫，跟瓦伦提尼安三世理论。

　　瓦伦提尼安三世盛气凌人，态度十分恶劣，摆出了皇帝的威仪，以教训臣下的口吻严厉地斥责了埃提乌斯。埃提乌斯因作为一个军人，脾气也很火爆，两人一语不合，激烈争吵起来。争执过程中，瓦伦提尼安三世忽然从怀里掏出一把利剑插进了埃提乌斯的胸膛。埃提乌斯错愕不已，他万万没有想到皇帝会向自己下毒手。这位笑傲沙场的大将，每次与魔鬼般的强敌交锋都能临危不惧、谈笑自若，历经无数的凶险，皆能化险为夷、全身而退，没想到这次却要折在一个庸主手里。殷红的血水很快浸透了长袍，然而这摊碧血没有溅落到沙场，却滴落到了华美的宫室里，难道这就是为国尽忠的最高报偿吗？埃提乌斯来不及悲叹，甚至来不及回顾他独镇边疆 20 年戎马倥偬的岁月，旁边的佞臣便一拥而上，对他发动了致命的袭击。

手无寸铁的埃提乌斯顿时感受到了恺撒当年的无奈，他就像砧板上的鱼肉一样，任人随意宰割。一刀又一刀刺进他的身体。他浑身是伤，血流满地，大臣们却仍然不肯罢手。这些平时文质彬彬的臣子，瞬间变成了衣冠禽兽，个个目露凶光，紧紧地握着凶器，向毫无还手之力的埃提乌斯发起了一轮又一轮进攻。他们甚至不愿干脆利落地了结受害者的生命，居然破天荒地运用了一种极其细腻的刀法来戕害对方，一连刺了埃提乌斯 100 多剑，迫使其流干了鲜血、当场气绝身亡，才缓缓收剑入鞘。一代名将就这样被凌虐死了，死得不明不白，比恺撒遇害时还要惨烈。残杀他的不是日防夜防的敌人，而是自毁长城的昏君和道貌岸然的奸臣。看来西罗马确实气数已尽，没有了忠心耿耿的悍将守边，它还能维持多久呢？

瓦伦提尼安三世做完了自断右臂的蠢事，一点也不后悔，残忍地杀死了西罗马最高统帅之后，马上封锁了消息，然后把效忠于埃提乌斯的亲密战友逐一骗入皇宫斩杀。这些人全都在军队担任要职，为西罗马帝国立下过汗马功劳，令敌人为之胆寒。瓦伦提尼安三世的斩草除根行动，使军界的精华几乎损失殆尽。有个直言敢谏的大臣听说后，面色悲戚地说："我不清楚陛下与埃提乌斯有什么私人恩怨，只知道陛下用左手砍断了自己的右手。"

埃提乌斯的不幸惨死，令所有的盟友为之叹息，连惧怕他的敌人也感到无限惋惜。一代英雄没有为国捐躯，却莫名其妙地死在暴君的剑下，还有什么比这更荒唐的呢？瓦伦提尼安三世的行径，遭到了全体罗马人的唾弃。罗马人痛苦地意识到，帝国最后一员良将死了，再也没有能人捍卫疆土了，西罗马距离亡国为期不远了。人们无法理解瓦伦提尼安三世为何如此昏聩不明，那么瓦伦提尼安三世究竟是受了什么蛊惑，才会作出这种瓦枉杀忠良的蠢事呢？

瓦伦提尼安三世因埃提乌斯功高震主，早就有了铲除他的想法。不过在残杀埃提乌斯的过程中，还有一个人起到了推波助澜的作用。这个人就是出身名门望族的资深元老佩特罗尼乌斯·马克西穆斯。佩特罗尼乌斯·马克西穆斯能力平平，野心却不小，不满足于在政坛摸爬滚打，一心想要取代战功彪炳的埃提乌斯，于是花重金收买了瓦伦提尼安三世身边的近臣，让他们不断进献谗言，离间君臣关系，说埃提乌斯居功自傲，已经不把皇帝放在眼里了，如不及时铲除，怕是性命堪忧。与其等他犯上弑君，不如一不做二不休，设计将其诛杀。瓦伦提尼安三世本来就容不下埃提乌斯，听了这番话，杀机顿起，于是毫不犹豫地将埃提乌斯杀死在皇宫里。

佩特罗尼乌斯·马克西穆斯借昏君之刀杀掉了竞争对手，原本打算趁势上位，不料被赫拉克留斯捷足先登，抢先占了埃提乌斯的位置。佩特罗尼乌斯·马克西穆斯十分不甘，私下找来埃提乌斯麾下的两个蛮族亲兵，假惺惺地哭诉道："将军为国出生入死，劳苦功高，如今却无故惨遭毒手，此仇不可不报！"二人闻言悲愤不已，当即表示一定要为埃提乌斯报仇雪恨。佩特罗尼乌斯·马克西穆斯又一次巧妙地使用了借刀杀人之计。暗杀计划紧锣密鼓地进行着。蛮族亲兵奥普提拉趁瓦伦提尼安三世阅兵时，忽然从背后扑了过来，刺了他一剑。瓦伦提尼安三世回转身查看凶手面貌，奥普提拉从正面又给了他第二刀。与此同时，另外一位蛮族亲兵萨斯提拉也冲了上来，一剑结果了赫拉克留斯的性命。士兵们冷漠地看着皇帝和最高军事长官被刺客谋杀，全都无动于衷，竟无一人上前阻止，因为他们都是埃提乌斯的追随者，早就对瓦伦提尼安三世恨之入骨，看到昏君被杀，莫不拍手称快。

除掉了瓦伦提尼安三世后，佩特罗尼乌斯·马克西穆斯篡位上台，堂而皇之地当起了皇帝。为了稳固地位，他又把魔爪伸向了瓦伦提尼安三世的遗孀欧多西娅皇后，逼迫皇后委身嫁给自己。刚刚经历丧夫之痛的欧多西娅皇后，不甘失身给仇人，情急之下，竟向汪达尔人求援。汪达尔人已于439年在北非建立汪达尔王国，控制了西罗马帝国和非洲之间的粮食供给，长期横行地中海，大肆劫掠过往的船只，给西罗马日益脆弱的农业、商业造成了进一步的损害。欧多西娅皇后幻想着借助汪达尔人的力量，推翻佩特罗尼乌斯·马克西穆斯的统治，显然是不切实际的。事实证明，这项外交举措，是西罗马王室最大的败笔。汪达尔人首领盖萨里克把大批舰队带到了罗马附近的海域，战舰密密麻麻，蔚为壮观，震惊了所有的西罗马人，佩特罗尼乌斯·马克西穆斯吓得望风而逃，在逃跑途中，被怒不可遏的罗马市民所杀。

紧接着，汪达尔人攻陷了罗马，进行了长达14昼夜的烧杀掠抢，将帝国的财物洗劫一空，然后带着大量战利品和3万名俘虏，兴高采烈地挂帆远去。汪达尔人离开时，拥有百万人口的罗马，只剩下了区区7000人，从此一蹶不振。其他日耳曼蛮族见西罗马气数已尽，纷纷侵入各行省。不久，高卢行省成了法兰克人、勃艮第人的地盘，不列颠岛南境成了盎格鲁人、撒克逊人、朱特人的雄踞之地，伊比利亚半岛西北地区变成苏维汇人的领地。西罗马支离破碎、四面起火，国家机器全线瘫痪，领土和军政大权都已经落入蛮族手里，事实上已经名存实亡了。

压垮帝国的最后一根稻草——邦角海战

经过多次洗劫，西罗马元气大伤，日渐衰亡。瓦伦提尼安三世死后的20年里，西罗马帝国先后出现了9个傀儡皇帝，他们不仅大权旁落，而且身不由己，荣辱存亡全由蛮族首领决定。苏维汇人李希梅尔操控了西罗马帝国的军队和政权，当政时间长达16年之久，其间他拥立废黜了好几个皇帝，并兵谏杀死了一个皇帝，权势熏天，烜赫一时。

李希梅尔原本是埃提乌斯的部下，曾长期为西罗马帝国效力。他兼具两大王族的血统，父亲是苏维汇国王，母亲乃西哥特如假包换的公主。这么显赫的出身，当然不甘心给西罗马当马前卒。客居罗马期间，他充分了解了罗马文化和宫廷政治，认为罗马人绝无可能接受蛮族皇帝，遂掌握了国政大权之后，一直没敢公开称帝，满足于在幕后操纵傀儡皇帝。由于连续杀害两位皇帝，背负了弑君者的恶名。

死在李希梅尔屠刀之下的西罗马皇帝名叫安特米乌斯。安特米乌斯的即位非常富有戏剧性。当时先王利比乌斯·塞维鲁已死，西罗马当局找不到合适的继承人，大权在握的李希梅尔一时也没有物色到最佳利益代言人，以至皇位整整空悬了两年。后来汪达尔人频频洗劫意大利沿岸，西罗马不堪其扰，于是向东罗马求援。东罗马不仅送去了援兵，还给他们指派了皇帝，这个新皇帝就是安特米乌斯。

安特米乌斯的即位，加强了东西罗马之间的关系，对罗马帝国来说确实是一件好事。可喜的是，安特米乌斯并不是一个软弱无能的窝囊废，而是一个非常有韬略的杰出政治家。在他的努力下，高卢北部、达尔马提亚等行省的军阀纷纷倒向了西罗马，帝国内部的混乱局势有所缓和。为了稳住李希梅尔，他把女儿下嫁给了对方，这桩政治婚姻使军方和宫廷紧密团结起来。安定了内部，安特米乌斯把目光转向了帝国的心腹大患——蛮族。当时西哥特已经在西班牙建国几十年了，根基十分稳固，不易图取，安特米乌斯为了腾出手来对付其他蛮族，承认了哥特人在西班牙的统治。他最想收复的土地不是西班牙，而是富庶的北非。汪达尔人才是他首先要铲除的目标。如果罗马人能从汪达尔人手里夺回北非，那么很有希望咸鱼翻身，实现中兴之梦。

复兴罗马的希望全部压在了针对北非的军事行动中，西罗马为此倾尽了全国的兵力和物力，东罗马也慷慨解囊，前来助战，据说时任皇帝利奥一世大方地拿出了 46 吨黄金，援助了

1100 艘战船，并委派皇亲国戚巴西利斯库斯赶赴前线指挥作战。东西罗马联合进攻，一路凯歌，先后占领了萨丁尼亚、西西里岛和埃及的部分土地，眼看要对汪达尔人形成战略包围。收复北非失土指日可待。468 年 6 月，罗马舰队在距离迦太基60 公里的邦角半岛的海面上停泊下来。非洲的气候十分独特，夏日的东风一点也不温和，呼呼地刮个不停，力度足以把船只掀翻，为了避免这种情况发生，巴西利斯库斯把舰队布设在海岛的西侧。

汪达尔国王盖萨里克对当地的天气了若指掌，他认为五日之后风向会发生改变，到时顺风点火，必能一举摧毁罗马舰队。为了把战事向后拖延五天，他可谓费尽心机，先是派人低三下四地求和，又送去了大量的黄金偷偷贿赂巴西利斯库斯，总算为汪达尔人争取到了宝贵的时间。盖萨里克的预测非常准确，五日后海上果然刮起了西北风，罗马人的船只全被吹向了岸边。盖萨里克带着舰队飞一般驶向邦角半岛，把事先备好的空船布置在上风口，然后点燃了空船，使之在风力的作用下快速漂向罗马舰队。火船顺风而下，几乎把罗马人的船只全都点着了。罗马战舰瞬间被烈焰浓烟包围，大部分焚毁了，无数的士兵葬身火海。汪达尔舰队趁乱撞击，将尚未烧毁的少量战船撞沉。经过一场恶战，罗马海军全军覆没，舰队被彻底摧毁。

邦角海战是军事史上浓墨重彩的一笔，它戏剧化地呈现了"樯橹灰飞烟灭"的奇景，气势恢宏，不亚于任何一场载入史册的经典战役，可惜胜利不属于罗马人。那把冲天大火把西罗马复兴的资本烧得干干净净。安特米乌斯的领导力遭到了质疑。李希梅尔不再看好日薄西山的西罗马，与汪达尔人越走越近。安特米乌斯无比愤怒，双方的矛盾渐渐明朗化，后来发展到了拔刀相向的地步。472 年，李希梅尔领兵攻打西罗马，击败并杀死了安特米乌斯。

安特米乌斯遇害后，瓦伦提尼安三世的女婿奥利布里乌斯被李希梅尔立为新帝。关于奥利布里乌斯的即位，流传着两种说法：一种是东罗马派他出使西罗马，调节安特米乌斯和李希梅尔的矛盾。没过多久，东罗马皇帝利奥一世便对这个特使产生了疑心，觉得他和汪达尔王室关系太近，日后很有可能与汪达尔王国结盟，作出损害西罗马利益的事情，于是连忙给西罗马送去一封书信，叮嘱安特米乌斯杀死奥利布里乌斯和李希梅尔。不料这封信的内容被奥利布里乌斯和李希梅尔所知，奥利布里乌斯恼羞成怒，马上背叛了东罗马，与李希梅尔结成同盟，被后者拥立为皇帝。第二种说法是，李希梅尔一直蓄谋杀死安特米乌斯，扶植新傀儡上台，于是选定了奥利布里乌斯。汪达尔国王盖萨里克十分痛恨安特米乌斯，支持李希梅尔另立新主。

无论如何，本来可能有所作为的安特米乌斯被害死了，又一个无所事事的庸主上台了，西罗马运数急转直下，眼看就要滑落谷底。奥利布里乌斯仅仅做了七个月时间的皇帝便病死了。李希梅尔死在了他的前面，再也不能兴风作浪了，但西罗马的灾难并未终止。李希梅尔的外甥弗拉维乌斯·恭多巴得继续行使废立大权，又扶植了一个傀儡皇帝。后来他的父王猝然崩逝，为了争夺王位，他离开了罗马，回到了自己的国家。接下来，掌权的是勃艮第人冈多拜德，他一手扶立了格利塞里乌斯。格利塞里乌斯只做了两年皇帝，就被尤利乌斯·尼波斯赶出了罗马。尤利乌斯·尼波斯成为了西罗马新的主人。一年后，潘诺尼亚人欧瑞斯特赶跑了尤利乌斯·尼波斯，把自己的儿子罗慕路斯·奥古斯都立为皇帝。476 年，日耳曼雇佣军首领奥多亚塞发动政变，杀死了欧瑞斯特，并废掉了西罗马最后一任皇帝罗慕路斯·奥古斯都，自诩为意大利的统治者，西罗马帝国灭亡。

第九章

东罗马帝国——拜占庭的绽放与凋零

东罗马的统治阶级总结了西罗马亡国的教训，变革了军事制度，基本实现了军队的本土化和军政的分离，不仅有效抵制了蛮族的入侵和渗透，而且收复了大部分疆土，将西罗马丧失的领土重新并入了帝国版图。表面看来，形势一片大好，东罗马似乎要重塑罗马帝国的辉煌了，然而事实却令人大失所望。东罗马兵力不足，战线太长，根本没办法维持这么庞大的疆域，在日耳曼人、土耳其人等外来民族的连续进攻下，好不容易收复的国土渐渐损失殆尽，最后只剩下君士坦丁堡一座孤城，随着君士坦丁堡的陷落，国家也跟着灭亡了。

排外阴影下的军队本土化

西罗马灭亡时，东罗马正处在利奥一世的统治之下。利奥一世是利奥王朝的开创者，其魄力和雄心与君士坦丁大帝相比丝毫不逊色。与西罗马一样，东罗马的军权也曾经操纵在蛮族军事将领手里。狄奥多西王朝末代君主马尔西安统治时期，蛮族统帅阿斯巴把控着兵权，可随心所欲地行使废立大权。利奥一世便是在他的拥立下，登上帝位的。利奥一世不甘心当傀儡皇帝，刚刚上台便组建起了一支强大的军事武装，与蛮族力量对抗。随后他把掌上明珠阿利雅得尼许配给了伊苏利亚高级将领弗拉维·芝诺，获取了对方的支持。两人合谋诱杀了阿斯巴，夺回了军政大权。

利奥一世在位期间，政绩可圈可点，他抵御住了蛮族的入侵，收服了东哥特人，利用狄奥多西长城将西哥特人和匈奴人成功挡在了国门之外。当然最高明的策略在于将东哥特人引向了意大利半岛，间接导致了奥多亚塞的灭亡，算是为西罗马报了灭国之仇。在此之前，大多数东罗马皇帝都倾向于偏安一隅，对西罗马的危难毫不关心，利奥一世完全不同，他非常明白唇亡齿寒的道理，曾不惜一切代价支援西罗马，送去了大批军队和黄金，还指派过皇帝。可惜西罗马不争气，最后还是亡国了。

利奥一世充分汲取了西罗马灭亡的教训，认为解决外患的根本之道在于打击控制蛮族，故对待蛮族的态度一贯强硬。在制定内政外交政策时，处处针对蛮族。坚决不允许蛮族迁入东罗马境内，无论对方是正常迁徙还是兴兵犯境，一律给予痛击，不把对方驱逐出境，决不罢休。在与蛮族作战的过程中，坚持不割地不赔款，绝不签订丧权辱国的条约。这些政策确实有效抑制了蛮族对帝国的蚕食，不过并没有从根本上解决问题。面对日渐衰落的罗马帝国，利奥一世回天乏术，他虽然表现得非常强势，在位 17 年却寸土未复，没有担起复兴罗马的重任。西罗马灭亡前夕，他已经意识到局面无法挽回了，于是跟哥特人达成了协议，暂时解除了哥特大军对东帝国的威胁，此后再也没有想过要收复西罗马的国土。

为了避免重蹈东罗马的覆辙，利奥一世致力于军队本土化，几乎把军队中的日耳曼军官全都替换掉了，代之以伊苏利亚人。利奥一世十分信任伊苏利亚，特地组建了一支训练有素的伊苏利亚卫队，他的女婿弗拉维·芝诺因为伊苏利亚血统的缘故，受到了特别的提拔和重用。伊苏利亚人弹冠相庆之时，日耳曼人开始倒霉遭殃，他们在东罗马成为最不受欢迎的一群人，不仅丢了军衔和兵权，而且饱受歧视，一夜之间沦为过街老鼠，有的甚至浪迹街头、流离失所。

东罗马净化军队、清洗日耳曼的举动历来饱受争议，利奥一世一度被斥责为大沙文主义者，不少人认为他违背了民族大融合的趋势，公然煽动种族仇恨，使原本和睦相处的蛮族少数民族和罗马走向对立，不仅割裂了社会，还人为地制造了许多不必要的灾难。不可否认的是，利奥一世抑制军队蛮化的政策确实过了头，不过也是迫于当前的形势。众所周知，军队是国家机器的核心支柱，担负着保卫国家安全的艰巨任务，还承担着开疆拓土的重任。罗马帝国的强大是建立在疯狂的军事扩张基础上的，军人的作用不言而喻。

从某种意义上说，罗马走向强盛和伟大，靠的不是哲学艺术，也不是光辉灿烂的文明，而是野蛮的流血战争。战争始终是第一要素。由于帝国后期吏治腐败，挫伤了罗马人参军的积极性，政府不得不吸收蛮族士兵入伍，大量的日耳曼人、色雷斯人、叙利亚人、波斯人渗透罗马军队。新鲜血液的注入确实给日渐颓废的罗马军团带来了新气象，不过也带来了巨大的安全隐患，许多蛮族将领并非真心保卫罗马，一味利用手中的权力肆意废立皇帝，直接导致了东罗马的灭亡。血淋淋的教训摆在眼前，利奥一世不得不防。

伊苏利亚人拥有东罗马的公民权，从法律角度看，他们已经属于罗马人。虽然仍有一些人把伊苏利亚人视为不开化的蛮族，但相较于体貌特征、文化习俗与罗马人迥异的日耳曼人，伊苏利亚人其实是被当作同胞来看待的。因此，为防止军权和国政大权落入外族人之手，利奥一世别有用心地高举了伊苏利亚人。此举受到了食古不化的元老院的激烈反对，元老院坚持认为伊苏利亚人不是纯粹的罗马人，有外国血统，不可重用。弗拉维·芝诺受宠信，让元老贵族们深感不安。在元老院当差的皇亲国戚不断地提醒利奥一世，让他小心提防弗拉维·芝诺，并添油加醋地说，此人已经对东罗马的皇权构成了严重威胁。

利奥一世渐渐产生了猜忌之心，临终前没有把皇位传给正当盛年的女婿弗拉维·芝诺，而是传给了年幼的外孙子利奥二世。利奥二世年仅 7 岁，根本不能主政，其父弗拉维·芝诺顺理成章地当起了摄政王。利奥一世本以为虎毒不食子，弗拉维·芝诺即便再贪恋权位，也不可能狠心让自己的亲生儿子永远当傀儡，更不可能对亲子痛下杀手。事实证明，他想错了。弗拉维·芝诺觊觎皇位已久，为了君临天下，什么事情都做得出来。可怜的利奥二世刚刚登基十个月，便神秘地死去了。害死他的不是别人，正是他的亲生父母。其母阿利雅得尼为了成全丈夫早登大宝的愿望，毒死了年幼的儿子。毒杀亲子的阴谋得到了弗拉维·芝诺的默许。这对鬼迷心窍的夫妇，如此性急，如此没有容人之度，连傀儡儿子都容不下，着实令人匪夷所思。

利奥一世的遗孀对外孙的非正常死亡，感到无比痛心，于是联合自家的兄弟起兵讨伐弗拉维·芝诺，把弗拉维·芝诺赶出了君士坦丁堡。弗拉维·芝诺不甘放弃好不容易得到的皇位，马上纠集蛮族大军杀回王庭，一举击溃了太后党人，将岳母及其兄弟全部诛杀，重新掌握了大权。这场灭绝人伦的行动，引起了阿利雅得尼的强烈不满。眼看着母亲和舅舅喋血宫廷，她却无能为力，不禁对丈夫充满了恨意。作为一个铁石心肠的女人，她可以为自己的男人牺牲新生骨肉，却不能六亲不认，不能置老母于不顾。母亲的死，让她看清了弗拉维·芝诺的本质，这个男人无情无义，冷若冰霜，从未顾忌过她的感受，不曾爱过她片刻，一直把她当成可利用的工具。

如梦初醒之后，复仇的种子在她心里生根发芽。她强颜欢笑、恬退隐忍了14年，终于找到机会杀死了薄情的丈夫，为母亲和舅舅报了大仇。随后她下嫁给了阿纳斯塔修斯，推举阿纳斯塔修斯为东罗马皇帝，利奥王朝的统治终结。阿纳斯塔修斯刚上台，就做了一件惊天动地的大事，把前朝备受宠信的伊苏里亚人逐出了君士坦丁堡，进一步推行军队本土化政策。原本享有公民权的伊苏里亚人大批大批地被赶到了色雷斯，莫名遭到流放、驱逐，伊苏里亚人大为不满，纷纷聚集起来，起兵反叛东罗马政府。东罗马多了一个敌人、少了一个盟友，但是军队确实彻底本土化了，军权回收到了罗马统治者的手里，对于这个结果，阿纳斯塔修斯感到分外满意。

阿纳斯塔修斯临终前，没有指定继承人。元老院经过商议，一致推举近卫军首领查士丁即位，查士丁以70岁高龄登基，号查士丁一世。东罗马历史翻开了崭新的一页，进入查士丁王朝统治时期。

查士丁尼大帝——扬鞭奋起，收复旧河山

查斯丁一世年老体衰，处理不了繁重的公务，遂早早选定了接班人，授予侄子查士丁尼奥古斯都尊号，叔侄俩共同治国。在位8个月后，查斯丁一世寿终正寝，查士丁尼成为东罗马帝国唯一的君主。他即位时，政府国库充足，军费开销不成问题，已经具备了收复失土的实力，恢复罗马版图指日可待。

当时日耳曼人已经在西罗马境内建立了许多大大小小的王国，西罗马的领土几乎被瓜分殆尽。查士丁尼认为，要想恢复古罗马帝国的荣光，必须荡平蛮族国家的政权，将西罗马丧失的疆域并入东罗马，重新统一地中海世界。经过多年的苦心酝酿和积极备战，查士丁尼终于攒足了对外发动大规模战争的资本，遂直接把矛头对准了汪达尔人。为了避免两面受敌，他马上和波斯人签订了停战协议，不惜支付1.1万磅黄金的巨额战争赔款。

533年，东罗马派大将贝利萨留远征北非，剑锋直指汪达尔王国。多年以前，两国曾经签订过和平协定，相约互不侵犯，北非长期无战事。后来汪达尔人肆无忌惮地迫害境内的罗马人，引起了东罗马政府的强烈反感。查士丁尼听说他的同胞在异国他乡遭到了惨无人道的残酷对待，有的锒铛入狱，有的被贩卖为奴，一夜之间失去家产、土地和自由之身，沦落到连乞丐都不如的境地，感到既震惊又愤怒，遂以此为由向汪达尔王国宣战。

罗马远征军数量少得可怜，加上雇佣兵勉强凑够2万人。为了补充日渐匮乏的兵源，东罗马政府被迫招募了一些蛮族士兵，致使利奥一世、阿纳斯塔修斯时期的军队本土化计划泡汤。大军搭船出海，一路乘风破浪，历尽千辛万苦，花了好几个月的时间，才登上非洲大陆。上岸后，统帅贝利萨留对敌方的情况一无所知，不仅不清楚对方的兵力和战斗水平，连一张像样的地图都没有。幸亏在当地雇用了一些向导，避免了误打误撞，十分顺利地遇上了汪达尔人的主力军。汪达尔国王盖利麦不曾把罗马人放在眼里，对备战不大热心，听到罗马军团抢滩登陆的消息，才漫不经心地赶到前线迎战，双方在汪达尔王国的首辅迦太基附近展开了恶战。

战斗刚刚打响时，彪悍勇武的汪达尔人取得了小胜，罗马军团明显落于下风。这一仗打得非常惨烈，相比于罗马远征军，汪达尔军团损失较小，但国王的弟弟当场阵亡。汪达尔国王盖利麦悲痛万分，无心指挥作战，伏在弟弟尸体上呼天抢地地大哭起来。军队无人指挥，陷入混乱。盖利麦对此无动于衷，依旧号哭不止，放弃了自己的职责，导致军心动摇。贝利萨留果断抓住机会，对汪达尔军队发起了猛烈的反攻，并采用迂回路线诱使迷惘中的汪达尔人分散在不同的地点各自为战，然后各个击破，不久即转败为胜，攻下了迦太基，灭亡了汪达尔王国。国王盖利麦狼狈逃往努米比亚。

东罗马完成了西罗马国主未竟的事业，收复了富饶的北非，将粮食盛产地和农牧业基地重新划入自己的版图，顿时国力大增。查士丁尼在当地恢复了古罗马时期的政治制度，并将被汪达尔统治者削夺的罗马人的财产全部物归原主。消灭了汪达尔王国，查士丁尼又把目标瞄准了盘踞意大利半岛的东哥特王国。发动战争的借口与上一次如出一辙，指责东哥特人迫害境内的罗马人，不由分说地出兵占领了西西里岛，随后进逼意大利。这次披肩挂帅的仍然是老将贝利萨留。远征军不足1万人，但气势逼人。东哥特国王迪奥达特惶恐万状，一度想开城投降。部下见国王如此懦弱无能，愤恨难当，当即将其杀死，拥立维提格斯将军为新国王。维提格斯同样不敢恋战，为保存有生力量，把军队主力转移到拉文纳。

贝利萨留带着罗马军团长驱直入，很快兵临罗马。城内居民为避免生灵涂炭，开城投降。维提格斯为了振奋军心，挥师南下攻打罗马。贝利萨留固守不出，企图把攻坚战打成消耗战，迫使东哥特人知难而退。东哥特军队发起了一轮又一轮进攻，收效甚微，城池久攻不下，士兵意兴阑珊，都想打道回府。恰好军中发生了瘟疫，维提格斯只好下令撤军。经过一段时间的养精蓄锐，罗马军队精神抖擞，士兵个个摩拳擦掌，都想再打一场漂亮的胜仗。贝利萨留遂挥师北上，围攻拉文纳。这次攻城行动进展得非常顺利，东哥特贵族主动向贝利萨留示好，明确表示只要贝利萨留同意当西罗马皇帝，他们就说服族人放弃抵抗。贝利萨留欣然应允，有了城内贵族的接应，罗马人轻而易举地攻下了城池，活捉了东哥特国王维提格斯。

贝利萨留和东哥特人的密约，很快被消息灵通的查士丁尼知晓。查士丁尼不清楚贝利萨留是假意蒙骗东哥特人，还是真有称帝的野心，感到十分不安，产生了戒心。两年后，东哥特人新国王托提拉创建了一支强大的海上舰队，悍然挑战东罗马。贝利萨留领兵迎战，由于查士丁尼对他的信任已经大打折扣，他只得到了一支规模很小的军队。第二次哥特战争持续了10多年，双方互有胜负，后来托提拉率军攻陷了罗马，东哥特人暂时占据上风。东哥特人以两败俱伤的沉重代价，获得微小的胜利，无心继续大规模的战争，于是主动向东罗马求和，双方暂时休战。贝利萨留因作战过程中太过残暴，受到严厉指控，被查士丁尼召回了君士坦丁堡，职位被纳西斯取代。时隔多年以后，罗马人和东哥特人在意大利中部战场相遇，罗马大获全胜，东哥特国王托提拉战死沙场。不久东哥特残部被全歼，东罗马成功收复了意大利全境国土。

紧接着，查士丁尼趁西哥特王国窝里斗，发兵攻取了西班牙东南海岸的广大地区，光复了罗马帝国大部分疆域。东罗马军团在收复失地的过程中，到处搜刮财物，军纪败坏，给当地造成了极其恶劣的影响，不仅为蛮族所深恶痛绝，连罗马人也厌恶他们的罪恶行径。战争会扭曲普通士兵、军官的心性，使人变得贪婪无耻、妄自尊大，自然也会影响到罗马皇帝。查士丁尼被胜利冲昏了头脑，作出了错误的决定，在第二次哥特战争尚未结束时，便重启了波斯战争，导致哥特战争的战火熄灭之后，罗马深陷波斯战争泥潭。为了全身而退，东罗马被迫每年向波斯进献贡金。

经过数十年的战争，罗马帝国基本已经恢复了原有的版图，但东罗马政府已经无力接管这么庞大的地盘了。国家兵力有限，控制不了如此辽阔的疆域。所以那些刚刚被征服的土地，随时面临被蚕食或被外敌吞并的危险。查士丁尼去世后，他武力收复的土地一点点丧失殆尽，东罗马帝国再次被打回原形，由一个庞然大物"瘦身"成军事小国。查士丁尼在位时期，几乎耗干了国库，政府课税很重，导致民不聊生，加剧了社会矛盾，加速了东罗马政权的土崩瓦解。

决胜伊苏斯——风云激荡的帝国争霸战

查士丁尼统治末期，由于战争和瘟疫的原因，帝国人口急剧下降，经济濒临崩溃，东罗马政府无力维持军队的正常开销，导致边防军残缺不全、野战军形同虚设。查士丁尼家族的末代皇帝摩里斯为了渡过财政危机，削减了军人的薪资，减少了救济金的发放，同时采用各种方法加派赋税，搞得帝国上下怨声载道。百夫长福凯斯趁机策动军队哗变，杀死了摩里斯及其子女，结束了查士丁尼家族的统治。这本是帝国的内部事务，却引起了波斯人的关注。

波斯国王科斯洛伊斯二世口口声声把遇害的摩里斯称为恩人，打着为恩人复仇的旗号，大举进攻东罗马。刚刚篡位自立的福凯斯因屡施暴政，引发了人民强烈的反抗，国内内乱不止，政府军四处扑火，无暇顾及波斯军，波斯人乘虚而入，轻松越过了罗马边境，接连攻取了多个城池和军事重镇，占领了幼发拉底河以东的所有行省。波斯大将沙赫巴拉兹连战连胜，在短短六年时间内，将叙利亚到埃及南境的土地全部收入囊中。波斯将军沙欣一直打到了君士坦丁堡附近的查尔西顿，直接威胁到帝都的安全。

621 年，波斯大军压得东罗马喘不过气来，东罗马时任皇帝希拉克略被迫反击。他离开了君士坦丁堡的宫殿，亲赴皮莱军营练兵，鼓励士兵为保家卫国而战。在他之前，将近两个世纪的漫长时间里，东罗马皇帝基本退居深宫，在大后方指挥作战，扮演着"运筹帷幄决胜于千里"的战略家角色，御驾亲征者寥寥无几。希拉克略的到来，给了士兵莫大的鼓舞，让大家又回想起了帝国昔日的光辉时刻。希拉克略趁机打出了收复失地的口号，把军队的士气调动起来。

与波斯人较量时，希拉克略走了一步险棋，他暂时放弃了叙利亚和埃及的领土，直接挥师东进，进入亚美尼亚，然后以此为跳板，企图攻入米底和两河流域，把战火引向萨珊王朝的腹地。这个大胆的举动惊动了波斯大将沙赫巴拉兹，他立刻采取紧急行动，调兵把手亚美尼亚的险要关隘。希拉克略随机应变，转而南下攻打伊苏斯，驻扎在北境的波斯人被迫远途行军，赶来迎战。622年，波斯和东罗马在伊苏斯战场展开了决战。波斯大军兵分三路，黎明之前便占据了山顶高地，天色破晓时，以排山倒海的气势呼啸着冲锋而下。

面对武装到牙齿的敌军，希拉克略毫不示弱，他把罗马军团的步兵排列成了三个整齐的巨型方阵，排在前列的是作战经验丰富的重甲兵，配有长矛、重型标枪、长剑、盾牌，阵中以轻步兵为主，包括弓弩手、投枪兵和投石兵。精锐部队排列在阵尾，全都是清一色的重甲兵。战场地形狭窄，战线不长，两大军团很快便短兵相接。第一轮恶战，骑兵对阵骑兵。东罗马重甲骑兵和波斯铁骑势均力敌，几乎打了个平手。之后，东罗马的重甲步兵发挥了更大的作用，有效拖住了波斯大军，延缓了对方进攻的速度。

随着时间的推移，波斯军占据的地利优势荡然无存。他们是从西向东攻击罗马人，冉冉升起的太阳发出刺眼的光芒，扰乱了他们的视线。伊苏斯的阳光非常耀眼，使人在短时间内难以适应。波斯人之所以要在日出之前，从山顶发动进攻，就是为了避开令人不适的光线。假如他们能速战速决，必能得天时和地利，取得压倒性的胜利。但计划赶不上变化，希拉克略巧妙地延长了作战的时间，使波斯人功亏一篑。处于背光方向的东罗马士兵，由于视线不受干扰，能轻而易举地躲过敌人的箭矢和刀锋，渐渐处于上风。

希拉克略不急于取胜，他深知波斯人顽强骁勇，一时难以击溃，于是佯装败退，引诱波斯人来攻。波斯人上当，在追击的过程中破坏了严整的队形，陷入一片混乱。迎着刺眼的阳光往前冲，又使得他们心情烦躁，妨碍了队形的调整。希拉克略觉得时间已经成熟，遂下令调转方向反攻。波斯大军猝不及防，被打得落花流水。冲锋在前的骑兵秩序混乱，导致步兵人心浮动，步兵看到前面的骑兵战死的战死、逃跑的逃跑，顿时丧失了作战的勇气，纷纷吓得四散遁逃。

溃退的波斯人躲进了深山密林中，罗马军队在后面紧追不舍，一直把他们逼向了悬崖。摆在波斯人面前的有三条路可走：一是跳崖自杀；二是缴械投降；三是负隅顽抗，壮烈战死。面对万丈深渊和凌厉的刀锋，最勇敢的士兵也打了退堂鼓，他们不约而同地选择了第二条路，纷纷放下武器，拱手投降。

这次大战罗马人获得了压倒性的胜利，以波斯败北而告终，但并不具备决定意义，波斯统帅毫发无伤地返回了故国，稍事修整之后，很快卷土重来，这说明东罗马帝国并没有因为这场战争，成功解除外部威胁。战争结束后，希拉克略打通了亚美尼亚的通道，把战线推到了波斯边境，但不久便因为阿瓦尔人的威胁，回到了国都君士坦丁堡，小亚细亚的门户仍然没有精兵良将驻守。伊苏斯战役在古罗马的军事史上战略意义不大，但对提升罗马帝国的士气、增强臣民共同御敌的凝聚力，却有着积极的意义，在这次战役中，皇帝希拉克略与士兵同甘共苦、荣辱与共，最终将侵略者赶出了国土，极大地鼓舞了灰心丧气的罗马人，使之重新看到了希望。

末代王朝的内讧与纷争

东罗马帝国的繁荣富庶，离不开小亚细亚的贡献，长期以来，小亚细亚一直是东罗马最繁华的地区之一，后来随着帝国国力的衰落，疫病的肆虐以及波斯人、阿拉伯人的强势入侵，小亚细亚迅速萧条败落了。1055年，土耳其异军突起，创建了强盛一时的塞尔柱帝国，攻占了小亚细亚和耶路撒冷的广大地区。塞尔柱帝国的步步紧逼，给东罗马带来了巨大的压力，皇帝阿里克塞三世走投无路，被迫向罗马教皇和西欧各国求助。罗马教皇把西欧各国的十字军派到了地中海一带，以期帮助东罗马解除危难。但这些救兵的到来，非但没有给危在旦夕的东罗马带来转机，反而严重威胁到东罗马的国家安全，这是教皇和罗马皇帝始料未及的。

　　1204 年，在威尼斯商人的煽动和挑唆下，西欧十字军倒戈，攻陷了君士坦丁堡，随之大开杀戒，抢掠财宝，推翻了东罗马的统治，在旧都原址上建立了拉丁帝国。可怜的东罗马不慎引狼入室，结果遭遇了灭顶之灾。但罗马遗民并未屈服，在长达半个世纪的时间里，他们一直与鸠占鹊巢的拉丁帝国进行着不屈不挠的斗争，并建立了三个政权，时刻准备着杀回君士坦丁堡、光复罗马。三个小国当中，尼西亚帝国综合实力最强，最有希望赶跑西欧十字军、收复首都。1261 年，尼西亚帝国和热那亚签订了互惠条约，热那亚为东罗马援助了 50 艘战船，尼西亚帝国国王迈克尔八世借助这支舰队，成功攻下了君士坦丁堡，终结了拉丁帝国的反动统治，恢复了旧都，并开创了巴列奥略王朝。

　　巴列奥略王朝是东罗马历史上统治时间最长的一个王朝，也是东罗马最后一个王朝。东罗马共历经 12 个朝代、93 位皇帝，到了巴列奥略王朝时期，已经日薄西山。迈克尔八世即便使出洪荒之力，也改变不了什么了。迈克尔八世在位期间做了两件大事：一是恢复旧有制度和秩序，重建公共建筑；二是削减军费开支，为政府减负。这些保守的策略，对东罗马恢复元气有一定的好处，不过副作用也很明显，削减了军人的福利，必然削弱前线部队的战斗力，这对饱受外敌骚扰的东罗马政府是非常不利的。

　　东罗马复国之后的版图大为缩小，几乎成了一隅之地，再也无力恢复古罗马时期的辉煌和荣光了。当时小亚细亚已落入土耳其人之手，希腊在战火中烧成废墟，鼎盛繁荣的君士坦丁堡人丁凋零、冷清凋敝，变得死气沉沉。由于威尼斯人垄断了贸易，向东罗马收取巨额关税，这对于财政崩坏的帝国来说，无异于雪上加霜。东罗马就像一个病入膏肓、气息奄奄的老人，连苟延残喘都觉得吃力，偏偏在这多事之秋，统治阶级还在忙着争权夺利，宫廷的血雨腥风和频繁的内战，耗尽了帝国最后一丝残存的生机，巴列奥略王朝不可避免地一步步走向覆灭，进而葬送了东罗马的千秋基业。

巴列奥略王朝的内讧是从安德罗尼库斯二世开始的。安德罗尼库斯二世非常疼爱孙子安德罗尼库斯三世，想隔辈把皇位传给爱孙，在安德罗尼库斯三世年纪很小的时候，便将其立为共治皇帝。可能是因为宠溺过度的缘故，安德罗尼库斯三世长大之后胡作非为、行为不端，安德罗尼库斯二世十分失望，遂剥夺了他的继承权。安德罗尼库斯三世愤而举兵叛乱，一场长达六年的祖孙之战拉开了序幕。宫廷大臣和地方将领几乎全都卷入了这场战争中，东罗马分裂成两大阵营，一派支持年轻气盛的皇孙，一派支持气数将尽的老皇帝。结果孙子打败了爷爷，成功入主皇宫。

安德罗尼库斯三世得意没多久，便死于一场精心策划的宫廷暗杀，他年仅9岁的儿子约翰五世即位。约翰五世的母亲安娜来自遥远的意大利，受到意大利人和热那亚人的拥戴。东罗马贵族担心国家受西欧势力的操控，遂合谋拥立出身小亚细亚的军事统帅约翰六世为皇帝。为了争夺帝位，"两约翰之战"打响。战争进入白热化时期，双方不约而同地向奥斯曼帝国求援。为了拉拢土耳其人，约翰六世不惜把自己的女儿嫁给奥斯曼苏丹。土耳其军队紧密配合约翰六世的军事行动，迅速深入巴尔干半岛和马其顿，开始围攻君士坦丁堡。

介于京都陷落的前车之鉴，约翰六世招揽外国军队入京，引起了东罗马人民的深度恐慌。为了保卫帝国，居民纷纷揭竿而起，军队临阵倒戈，约翰六世在一片唾骂声中被赶下了台。约翰五世成了东罗马唯一合法的君主。1377 年，36 岁的约翰五世在选定继承人时犹豫不决，犯下了致命错误，再度引发了内战。他本来想立皇长子安德罗尼库斯四世为储君，后来又想废长立幼，改立次子曼纽尔。安德罗尼库斯四世气愤不已，借助奥斯曼帝国的土耳其军队和热那亚军队兵谏宫廷，攻下了京都，自立为帝，把父皇和弟弟囚禁了起来。不久，约翰五世和次子逃出了幽禁地，借助威尼斯人的力量赶走了安德罗尼库斯四世。

约翰五世重登大宝以后，皇族内部达成了和解协议，赦免了逆子安德罗尼库斯四世，并指定安德罗尼库斯四世的儿子约翰七世为下一任接班人，但约翰五世不想遵守协定，仍想传位次子曼纽尔。约翰七世心怀不满，悍然发动叛乱，趁爷爷约翰五世辗转病榻之际，自立为帝。令人想不到的是，眼看要驾鹤西去的约翰五世居然奇迹般地康复了。又一场祖孙大战上演了。这次爷爷打败了孙子。约翰七世在位仅仅五个月，就被推翻了。约翰五世驾崩后，曼纽尔如愿当上了罗马皇帝，是为曼纽尔二世。曼纽尔二世在位时，巴尔干半岛几乎被军事强国奥斯曼帝国蚕食殆尽，东罗马政权危如累卵，君士坦丁堡再度面临失陷的风险。关键时刻，帖木儿大军的军事征服活动，意外地延缓了奥斯曼帝国对东罗马的武力进逼。一场激战之后，奥斯曼帝国大败，此后忙于养精蓄锐、恢复元气，暂时停止了对东罗马帝国的进一步侵略。

帖木儿帝国分崩离析后，奥斯曼帝国没有了后顾之忧，又开始虎视眈眈地盯着东罗马，灭亡东罗马的计划再次被提上日程。公元 1425 年，曼纽尔二世驾崩，临终前把皇长子约翰八世叫到榻前，再三叮嘱儿子不要把帝国的命运交给罗马教皇和西欧各国。约翰八世没有听从父王的告诫，继位后致力于与西欧加强联系，曾亲自率领使团访问意大利半岛，意大利虽然对他以礼相待，民众夹道欢呼，但没有任何一个国家愿意和东罗马建立实质性的外交关系。东罗马始终没有摆脱孤立的状态。约翰八世死前，没有留下子嗣，其弟奥洛格斯·君士坦丁在他驾崩后几位，是为君士坦丁十一世。君士坦丁十一世是最后一任东罗马皇帝，他见证了君士坦丁堡的陷落，并死在了任上，可谓一位悲情而又倒霉的皇帝。

君士坦丁堡的陷落

1453 年，奥斯曼帝国苏丹穆罕默德二世兵临君士坦丁堡。君士坦丁十一世镇守国都，东罗马进入紧急备战状态。当时曾经雄踞欧亚的东罗马帝国几乎丧失了百分之九十九的国土，只剩下君士坦丁堡一座孤城，国都陷落，就意味着东罗马彻底从地图上消失，因为没有了落脚的土地，东罗马遗民连建立流亡政府的可能性都被扼杀了。

君士坦丁堡三面临水，扼守博斯普鲁斯海峡入口，只要封锁海路，便可把敌人的舰队挡在国门之外。除了地利优势外，这座屹立千年的坚城，确实固若金汤，它有两重宽厚的城墙围护，墙体由结实坚硬的石料砌成，全场数十公里，外墙和内墙设有密集的瞭望塔，可随时监控敌人的动向，城墙上架着重型火炮，可大面积轰击来犯的敌人。穆罕默德二世知道强攻必定死伤很大，于是决定智取。他一边用和平的把戏迷惑君士坦丁十一世，频频抛出橄榄枝，一边抓紧时间备战。两国交涉时，他曾友好地对东罗马使臣说，奥斯曼将恪守与罗马人缔结的和平条约，绝不会轻易发动战争，然而不出数日，他便践踏了承诺，公然领兵进逼君士坦丁堡。

君士坦丁十一世无力抵御，只好主动进献黄金，幻想着花钱买和平。穆罕默德二世欣然笑纳了罗马人的财物，但并未放弃攻城的打算。榨干了东罗马的国库以后，他一改和颜悦色的态度，露出了狰狞的面孔，毫不犹豫地切断了君士坦丁堡的粮食和物资供给。面对敌人的恶意封锁，困守孤城的君士坦丁十一世陷入绝望，急忙向罗马教皇和西欧各国求援。可西欧国家反应十分冷淡，没有派兵支援。万般无奈之下，君士坦丁十一世又向穆罕默德二世进献了不少厚礼，并承诺说日后将献上更多的黄金。穆罕默德二世对黄金的渴望，远不如征服君士坦丁堡强烈，于是断然拒绝了财物诱惑。不久，他向君士坦丁十一世提出了一项建议，两国互换国土，东罗马交出君士坦丁堡，作为回报，奥斯曼帝国将把名下的希腊领土赠送给东罗马。

君士坦丁十一世担心其中有诈，否决了这项建议。即使穆罕默德乐于履行承诺，作为一国之君，君士坦丁十一世也不可能答应这个无理要求，国家的首都怎能拱手让出？谈判破裂后，穆罕默德二世立刻发兵攻打君士坦丁堡，这次他的目标不只是攻下一座千年古都。他渴望的是，看着东罗马灰飞烟灭，成为土耳其铁骑下的祭品。当时土耳其大军足有 10 万之众，而君士坦丁堡的守军和居民全部加起来，不过五六万人，且年轻力壮者少之又少，基本以老弱病残为主。双方的实力相差如此悬殊，这场战争的胜负没有任何悬念可言，东罗马人不可能守住君士坦丁堡，即便他们的城池像铜墙铁壁一样坚固。大战前夕，已有不少人出城逃跑，守军的力量进一步被削弱，加上威尼斯和热那亚的志愿军，总共也不超过 9000 人，面对 10 倍于自己的敌人，所有的人都感到不知所措。

穆罕默德从紧张的气氛中嗅到了恐惧的气息，他知道罗马人害怕了，非常得意地向君士坦丁十一世下了最后通牒，奉劝对方最好乖乖投降，免得城里百姓受苦，并虚情假意地承诺，只要出城投降，上至国王下至臣民，都将得到赦免，罗马人的生命和财产绝不会受到粗暴的侵犯。君士坦丁十一世早就看透了穆罕默德二世的真面目，不再对敌人抱有任何幻想，他态度坚决地表示一定会誓死捍卫自己的国家。穆罕默德二世丧失了耐心，不再浪费口舌，遂命令大军攻城。土耳其人运来了巨无霸大炮，炮管足有 29 英尺长，炮弹重达半吨，射程范围达到 1 英里，足以打烂附近的任何目标。这些火力强劲的笨重武器，须 60 头牛牵引，400 名身强力壮的士兵紧密协作，才能正常运行，每次往里面填装炮弹都要消耗整整 2 个小时的时间。

操纵如此复杂的大型杀戮武器并不容易，但回报十分可观，当这些身躯庞大的钢铁怪物闪亮登场时，确实让罗马守军大吃一惊。只见它们张着黑森森的大口，吐出一枚又一枚飞天陨石般的巨型炮弹，把坚固高大的城墙轰出一个又一个狰狞可怖的缺口，部分瞭望塔轰然坍塌，似乎整个世界都在它们的怒吼和淫威下颤抖。然而饱经风霜的老城墙依然纹丝不动，它实在太坚固了，大炮可以把它轰得百孔千疮，却不能使它倒塌。尽管土耳其人日夜不间断地轰击，用密集的火力和狂轰滥炸的方式，不停地摧残着静默千年的老城墙，城墙仍然没有出现坍塌，守军也没有屈服。罗马人多次打退土耳其人的进攻，并用最快的速度修复了部分破损的城墙。

穆罕默德二世见大炮轰不倒城墙，立刻改变了攻城方案，连夜建造了高达十几米的攻城塔梯。塔梯稳固高大，可供上百成年男子同时攀爬，一旦架上城墙，不日便可破城。可笑的是，土耳其人还没有来得及使用，它就被消息灵通的罗马人焚毁了。一计不成，穆罕默德二世又生一计，既然正面攻城久攻不下，不如从海路绕道，来一次出其不意的偷袭。君士坦丁堡三面被海洋包围，北面通往金角湾，海湾的湾口已经被罗马人用粗硬的锁链紧紧封锁住了，船只无法通行。针对这种情况，穆罕默德二世制定了一个大胆的计划，把舰队翻山越岭拖到海湾。他让士兵把战舰放到圆木上，船底抹上油脂，凭借人力和畜力把 70 余艘战船一步一步拖至山顶，然后顺着坡度越过山岭进入岬角地带。这是一个空前绝后的创想。人们只知道战船是在水面上航行的，从来没听说过有人会扛着舰队翻越高山，再进入海湾。此种疯狂的做法，不仅完全颠覆了人们的固有认识，而且彻底扭转了战局。

黎明时分，罗马守军惊讶地发现，土耳其人的舰队宛若从天而降一般，密密麻麻地排列在海面上，已经包围了君士坦丁堡。他们想不明白土耳其人是怎么做到的，震惊之余，陷入了深深的恐惧。君士坦丁十一世反倒变得豁达和坦然了，他发誓要誓死捍卫帝国的都城，城在人在，城破人亡，不到生命的最后一刻，绝不放弃。他义无反顾地爬上城头指挥战斗。副官觉得这样做太冒险，几次三番地劝他撤离。他丝毫没有离开的打算，阴沉着脸反问副官："国难当头，我怎能抛弃我的国家和臣民？无论如何，我不会离开你们，我决定和你们同生死共命运。"守军大为感动，纷纷爬上城墙，浴血奋战。虽然所有的人都知道守住城池是一种奢望，古都早晚都会沦陷，但没有一个人临战退缩。人们怀着必死的悲壮心情作战，越战越勇，杀死了不少土耳其士兵。

决战前夕，君士坦丁十一世用无比自豪的口吻发表了人生中最后一场演说："弱小的动物也许会被强大的天敌追得四处逃窜，但你们不会，你们是勇敢的战士，是伟大的罗马人的后裔，永远不会临阵退缩，永远不会当可耻的逃兵。"罗马人在国王的激励下，保住了最后的尊严，直到城破都没有屈膝求饶。土耳其军队劫掠了三日，杀死了城内大部分成年男子，将老弱妇孺掳为奴隶。妇人的号啕和幼儿的啼哭声，混杂在一起，伴随着土耳其士兵的呵斥声，交织成了一曲非常不和谐的交响曲，比刺耳的噪声和鬼哭狼嚎还要令人难以忍受。

　　穆罕默德二世踏着尸体进入了君士坦丁堡，惬意地沐浴着金色的阳光，以胜利者的姿态完成了对东罗马的最后占领。君士坦丁堡的主人君士坦丁十一世英勇战死，被掩埋在了尸体堆里，没有人发现他的尸骸。他践行了自己的誓言，和普通的士兵死在一起，免于受到敌人侮辱。后来有人发现了一具特殊的尸体，死者穿着御用的漂亮长靴，靴子上饰有象征皇家神圣权力的双头鹰。穆罕默德二世用长矛挑着死者的首级展览示众，告诉所有的罗马人，他们的皇帝已经悲惨地死去了。见过皇帝本尊的市民一点也不难过，因为皇帝的尸体不曾被亵渎过，穆罕默德二世所展示的只是一个籍籍无名之辈。土耳其人使出了浑身解数，仍然没有找到君士坦丁十一世的遗体，这位勇敢的帝王和他的帝国一同消失在历史长河之中，成为了不朽的传说。

一个腐朽世界的毁灭

　　东罗马灭亡了，但是它的国祚比西罗马多了 1000 多年，这不禁让人费解，东西罗马帝国何以有这么大的差距呢？东罗马得以长期存活的原因有很多，其中最为不可忽视的是，帝国所处的地理环境和地理位置。相比于积贫积弱的西部，帝国的东部经济发达，物产富饶丰美，财力雄厚，东罗马政府可利用唾手可得的财富和挥霍不尽的金钱拉拢利诱敌人，分化瓦解敌方阵营，还可通过上缴贡金的方式为自己争取更多的时间。当然，这种优势只能延缓国家的灭亡时间，不能从根本上解决外敌入侵的问题。

东罗马的国都被打造成了坚不可摧的军事壁垒，扼守小亚细亚通道，在一定程度上拱卫了叙利亚、小亚细亚、埃及等行省，使之在漫长的时间里免遭敌人蹂躏，这些富裕的省份给帝国带来了十分可观的财政收入，有效维护了帝国的稳定运行。纵观东罗马兴亡史，我们发现它彻底衰落，是从小亚细亚、埃及等疆域沦陷之后开始的，在此之前，它的运作状态堪称良好。这说明没有遇到死敌之前，君士坦丁堡一直发挥着拱卫国土的作用，而且成功保障了国家的经济安全。众所周知，君士坦丁堡是一座很难攻克的坚城，比罗马更适合作要塞和堡垒。罗马多次遭遇蛮族洗劫，君士坦丁堡则不同，大多数的敌人都会对它望而却步。它第一次沦陷，是引狼入室的结果，最后失陷，是因为遇到了擅出奇谋奇计的军事天才穆罕默德二世。

除却这些因素外，东罗马的优越性在于，它建立了一套行之有效的官僚制度和官僚体系，实现了军政分离，有效抑制了军人乱政。可惜到了统治中晚期，这套官僚体系受到了破坏，地方势力抬头，错综复杂的宫廷内斗导致内战不止。帝国不断自我消耗，各股势力自相残杀，致使敌人乘虚而入，最终把兴盛一时的东罗马引向了败亡。

东罗马的覆灭，并非因为客观因素造成的。外因只是催化剂，起决定性作用的永远都是内因。把东罗马的灭亡原因，简单归咎于蛮族王国和奥斯曼帝国的入侵，是不合理的。东罗马曾多次击退过入侵的蛮族，对外族的侵略并非毫无抵御能力。

它的消亡其实是由内部的腐朽造成的。在共和时代，公民是国家的主人，享有各种政治权利，但到了帝国时代，公民丧失了政治地位和政治权利，成了被压迫的对象，统治者霸占了所有的资源，将个人利益凌驾于国家利益之上，国家机器沦为个人意志的工具，进而变成压迫劳苦大众的工具，导致广大公民丧失了身为罗马人的荣誉感，公民意识日渐单薄。人们不再踊跃参军，致使帝国兵源枯竭，几乎到了无兵可用的地步，可调派的远征军仅有一两万人，待奥斯曼帝国十万精兵压境，守军的数量少得不可怜。兵力上的巨大差距，决定了君士坦丁堡注定要陷落。

集权的弊病和吏治的腐败，引发了一连串的连锁效应。各级官员以权谋利以权谋私，肆意挥霍民脂民膏，变本加厉鱼肉盘剥人民，加剧了社会矛盾，引发了无数内乱和起义暴动，使东罗马帝国长期处于内忧外患中无法自拔。帝国的专制制度有许多无法弥补的缺陷，比如皇权被包装得太过神圣，豪门大族被粉饰得太过高贵，没有人敢挑战帝王将相的权威，举国上下都是一片奉承之声，统治阶级闭目塞听，不能采纳良言，也发现不了贤能之人，难以采取有效的改革措施，根除时弊，善于溜须拍马的奸佞小人却找到了晋升的平台，这些跳梁小丑得势之后，往往作出许多祸国殃民的坏事，甚至搅乱乾坤，祸乱天下。

从人类社会的发展趋势来看，帝制的产生具有一定的必然性，它诞生初期便伴随着罪恶、黑暗、权谋斗争和各种流血纷争，这些负面因素将贯穿帝国的始终，直至帝国灭亡才能终结。

由于统治阶级太过自私自利，腐化堕落，不断考验民众的容忍度，一次次突破民众的心理底线，最终被人民抛弃，完全是咎由自取。

罗马的强大是建立在军事强大基础上的，它的衰退和消亡，与政治的腐败、军事的疲弱有着莫大的关系。表面看来，似乎与经济制度、文化传统毫无关联，事实却并非如此。罪恶的奴隶制经济，在罗马帝国衰亡的过程中起到了摧枯拉朽的作用。由于奴隶主疯狂压榨奴隶，使得奴隶劳动积极性不高，生产效率低下，影响到了帝国的经济命脉。随着军事扩张步伐的放缓，奴隶资源越来越少，奴隶经济逐渐走向崩溃。处境悲惨的奴隶缺乏生儿育女的意愿，影响了奴隶队伍的扩充，城区劳动力严重不足，经济持续低迷，帝国不可避免地要走向没落。正所谓经济基础决定上层建筑，经济基础崩坏之时，正是上层建筑坍塌之时，这是历史的一般规律。

罗马不是在一日之内建成的，自然也不是在朝夕之内灭亡的，它的覆灭是很多因素综合作用的结果，不能简单地归结为某一特定的因素。千年积累的时弊和各种调和不了的社会矛盾，在同一个时间节点上，以异常剧烈的方式显露了出来，从内部摧毁了罗马帝国的上层建筑，相较之下，外敌的入侵不过是导火索而已。罗马已经变成了一个高温高压的熔炉，一点点火星的刺激，就能让它瞬间爆炸。可惜的是，它并非以华丽悲壮的方式结束自己的生命，而是像其他腐朽的帝国一样，在狼狈、虚弱和苟延残喘中，呻吟挣扎着走向了终点。